高等院校通识类课程系列教材

U0745243

大学生创业基础

主编◎谢觉萍　齐庆祝

电子工业出版社.

Publishing House of Electronics Industry

北京·BEIJING

内 容 简 介

本书基于《普通本科学校创业教育教学基本要求》中的"创业基础"教学大纲编写，系统地阐述了开展创业活动所需要的基本知识，包括创业的基本概念、创业者与创业团队、创业机会、创业项目的选择与评估、商业模式开发、创业计划书、创业资源、新企业的开办与管理等相关理论和方法，以及大量的相关案例，提供了专业的创业项目调研和创业经营计划的分析模板等实战工具，从而使学生既掌握创业的基本理论，又具备必要的创业实践能力。

本书既可作为普通高等学校创业教育教学用书，也可作为创业者及有意于创业的人员阅读与参考用书。

图书在版编目（CIP）数据

大学生创业基础 / 谢觉萍，齐庆祝主编. —北京：电子工业出版社，2023.11

ISBN 978-7-121-46628-1

Ⅰ.①大… Ⅱ.①谢… ②齐… Ⅲ.①大学生—职业选择 Ⅳ.①G647.38

中国国家版本馆 CIP 数据核字（2023）第 214000 号

责任编辑：王志宇　　特约编辑：徐　震
印　　刷：三河市兴达印务有限公司
装　　订：三河市兴达印务有限公司
出版发行：电子工业出版社
　　　　　北京市海淀区万寿路 173 信箱　邮编　100036
开　　本：787×1 092　1/16　印张：12　字数：307.2 千字
版　　次：2023 年 11 月第 1 版
印　　次：2023 年 11 月第 1 次印刷
定　　价：45.00 元

凡所购买电子工业出版社图书有缺损问题，请向购买书店调换。若书店售缺，请与本社发行部联系，联系及邮购电话：（010）88254888，88258888。

质量投诉请发邮件至 zlts@phei.com.cn，盗版侵权举报请发邮件至 dbqq@phei.com.cn。

本书咨询联系方式：（010）88254523，wangzy@phei.com.cn。

前　言

新时代和新历史方位，全球经济融合更加紧密，在战略性新兴产业、服务业跨越性发展、技术变革和新兴业态等方面涌现出许多新的市场机会。国内掀起"大众创业、万众创新"的热潮，创业一度成为"干事创业"的代名词。与此同时，全面系统地推进创新创业教育已成为高校深化高等教育教学改革的重大战略举措，同时也是一次教学理念和模式的核心变革，更是国家实施创新驱动发展战略的需要。显然，大学生是未来创新创业的主力军，高校是培养创新创业人才的基地，创业之"业"既可是企业、职业，更是事业、志业、伟业。数据表明，越来越多的大学生愿意将创新创业作为未来事业的选择。

然而，由于对政策的了解不够、市场信息的匮乏、知识能力的欠缺、实践经验的不足等因素，使大学生在创新创业中面临诸多困难，迫切需要得到专业的指导和帮助。因此，如何提高创新创业教师教学与实战能力，全方位打造大学生群体创新创业的能力，建立健全教学与实践相融合的高校创新创业教育体系，对经济社会的长期、健康、可持续发展至关重要。

本书基于《普通本科学校创业教育教学基本要求》中的"创业基础"教学大纲编写，系统地阐述了开展创业活动所需要的基本知识，包括创业的基本概念、创业者与创业团队、创业机会、创业项目的选择与评估、商业模式开发、创业计划书、创业资源、新企业的开办与管理等相关理论和方法，以及大量的相关案例，提供了专业的创业项目调研和创业经营计划的分析模板等实战工具，从而使学生既掌握创业的基本理论，又具备必要的创业实践能力。

本书适用于所有的高校学生，以故事启发为线索，辅之以原理介绍和道理归纳，尽可能地做到通俗、富有启发性。

本书特点

系统性。本书强调了创新创业教育课程内容的连贯性与系统性，以问题为导向，将课程理论与课外实践有机结合，具有教材内容丰富，案例鲜活、贴近实际，注重素质培养和能力提升的特点。在编写过程中，内容取舍以实用、实际、实效为原则，精讲细练，对各知识点和技能进行着重叙述。

实用性。以案例贯穿全书，使得本书颇具可读性，更以训练、思考、实战等多种形式充分调动读者的思维活跃性，从而达到使其触类旁通、快乐学习的目的。

本书由天津工业大学经济与管理学院谢觉萍、齐庆祝、潘玉香、史容、徐可5位老师共同编写完成。全书由谢觉萍统稿，谢觉萍、齐庆祝担任主编。本书在编写过程中，得到了电子工业出版社的大力支持与帮助，同时还得到了教育部人文社会科学研究青年基金项目（项目批准号：19YJC880101）的支持。在本书撰写过程中，参阅了大量相关著作及文献，在此对相关作者表示衷心的感谢！

创业教育是一种通识教育，甚至是一种国民素质教育，因为新时代中国的高速发展靠的就是中国人的创业精神，实现中华民族伟大复兴的战略目标仍然需要这种精神。人人进取、人人尝试、人人干事创业，已经成为新时代的主旋律，大学生作为社会精英更是应该当仁不让。做小事，成大事，让我们一起在做中学，在行动中迭代进步。

鉴于时间和作者水平有限，书中不当之处在所难免，敬请广大读者不吝赐教，以便再版时加以修正。

编　者

目 录

CONTENTS ●

第 1 章

创业、创业精神与人生发展

学习目标

1. 了解创业的内涵及各创业阶段的基本特征，以及所需要的创业精神。
2. 以数字经济时代为背景认识创业。
3. 创业与个人职业生涯规划的相互关系。
4. 明确如何拉近与自身创业目标的距离。

知识要点

1. 创业的内涵。
2. 创业的要素与类型。
3. 创业阶段划分。
4. 职业生涯规划的含义。

1.1 创业与创业精神

1.1.1 创业的内涵与功能

1. 创业的内涵

杰弗里·蒂蒙斯（Jeffry A. Timmons）在其著作《创业学（New Venture Creation）》一书中指出，创业是一种思考、推理和行为方式，它为机会所驱动，需要在方法上全盘考虑并拥有和谐的领导能力。现在，大多数学者将创业的定义概括为：创业是指不拘泥于当前的资源约束，寻求机会并进行价值创造的过程。因此，创业的内涵可以从以下三个方面来进行理解和分析。

（1）创业需要突破束缚。

创业需要突破束缚，而突破束缚的关键是掌握资源并有效整合资源。创业初期往往面临着资源匮乏、能力欠缺和经验不足等问题，创业者需要突破两大资源的束缚，分别是资金和人力资本的束缚，资金为创业提供了物质基础，而人力资本是让物质基础发挥最大价值的必要条件。

资源整合能力是使创业资源转化为竞争优势的关键能力，具有稀缺性、不可模仿性、不可替代性。可持续性的创业资源对企业来说尤为重要，但这仅仅是启动创业的第一步，要想在竞争激烈的市场上获得竞争优势，更为重要的是对零散的资源进行整理和分类。资源整合是一个连续的、持久的过程，创业过程中会不断出现新的问题，需要不断改变资源的整合模式，从而推进整个创业活动的进程。

（2）创业需要寻求机会。

机会识别是创业者努力寻找事物之间的联系，以产生新产品或新服务的认知过程，只有识别机会才能把握机会并实现机会。机会存在于客观环境中，需要创业者发挥创造性的思维去发掘出来。机会识别水平高的创业者能够从丰富的客观环境中获取可利用的信息并把握机会，从而创造优势。

（3）创业需要创造价值。

创业的意义在于价值创造，与一般的劳动相比，创业更加注重具有创新性的价值。创业过程中创造的新产品、带来的工作机会，以及对社会行为的创造性影响都是创业所创造的价值，只有能够不断带来价值的创业型企业，才能在激烈的竞争中存活下来并获得持久的发展。

2. 创业的功能

创业是创业者或创业团队寻求机会、整合资源并创造价值的过程。对个人而言，创业是实现个人价值的过程；对整个社会而言，创业是为全社会各个领域带来价值创造的活动。创业的功能主要体现在个人价值、科技发展和社会经济三个方面。

（1）对个人——实现人生价值。

随着社会的发展进步，创办一个成功的企业越来越需要创业者拥有较高的知识水平和长远的战略眼光，个人在创业过程中会不断得到历练、积累丰富的人生财富，包括人生阅历和知识技能的提升，进而不断克服各种障碍，突破自身的极限，激发个人的潜能，最终实现人生的梦想。

（2）对科技——促进技术创新。

创业往往伴随着创新，无论是需求拉动创新还是技术推动创新，都离不开创业的手段，有创新的需求就需要创业去满足需求，有技术的支撑就需要创业去应用科技。所以说，创业是科学技术转化成生产力、带来市场价值的最有效途径。缺乏科技创新的企业，很难在当今竞争激烈的数字化时代中生存下去。因此，正是各种创业想法的存在，从而极大地推进了科技创新创造的发展进程。

（3）对社会——促进经济繁荣。

创业会不断为社会经济发展注入新的活力，有创造性的产品会激发消费者的购买欲望，进而刺激经济的发展，同时丰富人们的物质生活和精神生活。创业还为社会提供了丰富的就业机会，缓解就业压力，提倡和鼓励大学生自主创业是解决大学生就业问题的一个重要途径。

此外，创业还将提升国家的综合实力，核心技术的掌握使得企业在国际竞争中更加主动，进而提升国家在经济舞台上的地位。

1.1.2 创业的要素与类型

1. 创业的要素

目前较为认可的创业要素是蒂蒙斯创业过程模型中的创业三要素，分别是创业机会、创业团队和创业资源。

（1）创业机会。

创业机会是创业成功的首要条件，如果没有机会，创业就成为劳动力的简单投入，无法创造出真正的价值。应该说，创业机会是普遍存在的，而创业能否获得成功，关键还是要看创业团队是否能有效地发现机会，并高效整合资源以利用机会。

（2）创业团队。

创业团队是由多个创业者组成的互相协作的群体，这个群体并不是单个个体的简单组合，它需要各个成员所具备的能力具有一定的互补性，以使团队的作用发挥到最大，他们拥有一个相同的创业目标，整合运用彼此的资源并开发出创业机会。

（3）创业资源。

创业资源是创业的基础，包括资金等有形资产、专利等无形资产，以及各种人脉资源等一切有助于企业发展壮大的资源，缺乏资源、无法有效整合资源的创业团队会变得力不从心，从而难以把握住创业机会。

2. 创业的类型

（1）按照创业的动机划分。

① 生存型。该类型的创业者是受生活所迫，为了获得生存成本而被动地选择创业。通常具有低成本、低风险、低利润的特点，其创业者的创业目标更多的是实现顾客的价值，以期带来更多盈利。

② 机会型。该类型的创业者是为了获得更好的发展，通过寻求商业机会而主动地选择创业。通常对创业者具有较高的技术和管理能力的要求，其创业者的创业目标是实现自身价值，创造社会价值。

（2）按照创业的创新性划分。

① 领导型。该类型的创业企业是创新产品的首次推出者，在整个市场占据领导地位。通常，此类创业企业要面临较高的风险，从产品设计、产品生产到产品上市整个过程都面临着不确定性，还会面临模仿者的威胁，但是在产品成功上市后往往能够取得先发优势，从而赢得消费者的信赖。

② 模仿型。该类型的创业企业的创新性相对较低，通过对市场上的新产品进行模仿、改进来创业，其创业风险相对较低，更容易获得成功。

③ 生产型。该类型的创业企业的创新性极低，通过复制其他企业现有产品进行生产销售活动，主要靠降低成本来获得盈利。

1.1.3 创业的阶段划分

创业过程包括产生创业动机、识别创业机会、有效整合资源、创建创业企业、获得创业回报的整个过程。按照创业企业的发展，可以将创业的整个过程分为以下四个阶段。

第一阶段：生存阶段。该阶段企业初步产生自己的创业想法，有自己的产品和技术，依靠差异化的产品初步占领市场，并通过一些简单的人际关系来增加销量。企业的管理模式比较简单，多采取直线式的组织管理模式，即以创业者为中心，各种决策均由初始创业者做出，管理更多靠的是团队成员之间的信赖。

第二阶段：公司化阶段。该阶段企业开始拓展销售渠道，注重分销商之间的关系，构建完成了较为系统的销售链条。企业逐步开始规范自身的管理，通过科学的企业管理手段来降低各个环节的成本、增加企业的盈利，而决策由各个部门、不同职能的领导共同做出。

第三阶段：集团化阶段。该阶段企业拥有较强的市场竞争力，不断扩大企业规模，整个集团和子公司形成了较为完善的发展体系。企业管理由人治转变为公司治理，由产品销售转变为市场营销，区域性渠道转变成地区性的网络渠道。

第四阶段：集团总部阶段。该阶段企业开始突破国界的束缚，创建跨国公司，集团总部的系统平台和各子集团的运营系统共同形成一个有机整体，依靠强大的管理能力解决各种管理冲突与文化冲突，是企业发展所追求的最高境界。

1.1.4 创业精神

1. 创业精神的本质与作用

（1）创业精神的本质。

创业精神是创业者在创业过程中各种行为的高度凝练，包括具有开创性的思想、观念、个性、意志、作风和品质等，主要表现为乐于创新、敢于冒险、团结协作、坚持不懈等。

（2）创业精神的作用。

创业精神是创业者的内在驱动力，没有创业精神的人，很难迈出创业的第一步，而不能把创业精神坚持到底的人，很难在创业的道路上走向成功。对于个人而言，创业精神是支撑创业者克服各种障碍的力量；对于企业而言，创业精神是整个组织团结一致、为了同一目标而奋斗的凝聚力；对于社会和国家而言，创业精神是社会经济发展与国家科技创新的有效驱动力。

2. 创业精神的培育

创业精神是可以培养的，在我国"大众创业、万众创新"的社会背景下，高校应当注重对大学生创业精神的培育。具体可以通过以下几个途径。

（1）在课堂教学中培育创业精神。

具体方法包括增加与创业精神相关的课程体系，加强学生关于创业的科学理论学习，进而提升学生的创业意识及创业能力，健全学生的创业素养。

（2）在校园文化中融入创业精神。

更多地开展与创业相关的校园活动，激发学生的兴趣，使学生在校园中就能体会到创业的乐趣。

（3）在科学研究中融合创业精神。

通过创业导师的正确引领让学生减轻对创业行为的畏惧，通过团队的合作让学生建立创业的合作精神，进而提升学生的创业意识。

（4）在社会实践中融通创业精神。

校企合作是培育学生创业精神的一个重要途径，通过校企合作，学生可以切身感受企业的文化氛围，享受创新创业带来的乐趣，进而提升学生的创业意识。

1.2　数字经济发展与创业

1.2.1　经济转型与创业热潮的关系

信息技术、大数据、生物医药、移动互联网等战略性新兴产业是当前经济转型升级的新动力，也是创新创业的核心领域。

发展数字经济对于我国具有重要意义，它不仅是把握新一轮科技革命和产业变革的战略选择，也是推动高质量发展的关键所在。党中央高度重视数字经济的发展，并将其上升为国家战略。目前，我国已经建成全球规模最大、技术领先的网络基础设施，新兴技术也位居全球第一梯队，数字经济的规模在全球处于领先地位，数字政务治理服务的效能显著提升。

数字经济的崛起带来新机遇。通过数字平台的搭建和智能物流的支持，中小微企业有了更广阔的销售渠道和更高效的供应链管理，成功打破了传统零售的限制，实现了经济增长和就业机会的大幅提升。数字经济也深刻影响着人们的日常生活。移动支付的普及，让我国成为全球移动支付最发达的国家之一。无论是在城市还是农村，人们只需一部手机，即可完成支付、购物、转账等各种金融服务，方便快捷。同时，数字技术的应用也使得教育、医疗、交通等公共服务更加智能化和高效化。例如，通过远程医疗平台，人们可以在家中就诊，避免了长时间排队和交通拥堵的困扰，提高了医疗资源的利用效率。

企业积极探索数字经济与传统产业融合的路径，通过数字化转型，传统产业焕发出新的活力。例如，在工业制造领域，我国推动了智能制造的发展，通过物联网、人工智能等技术的应用，实现了生产过程的智能化和自动化，提高了产品质量和生产效率。

数字经济的崛起不仅改变了我国的经济格局，也对全球数字经济发展起到了推动作用。通过政府支持、技术创新和产业协同的方式，成功构建了数字经济的生态系统，实现了经济转型和社会进步。然而，数字经济的发展还面临着诸多挑战，需要政府、企业和社会各方共同努力，加强合作，解决问题，推动数字经济健康可持续发展，为实现数字化时代的繁荣与共赢贡献力量。

在数字经济迅猛发展下，城乡差距将进一步缩小，数字红利将进一步释放，从智慧城市到数字乡村，年轻人的创业天地将更加广阔。从整体上看，中小企业、微型企业占全社会就业的 80% 以上和创新成果的 70% 以上，是推动大众创新创业的主导性力量。大众创新、草根创新正成为重要的创新创业主体，"互联网+"正成为创新创业的重要推动力，新产品、新业态、新的组织形式、新的商业模式层出不穷，创新创业支持服务平台不断涌现，扶持创新创业的政策体系越来越完善。

当前，全球正处于大数据变革的新时代，新一轮信息技术影响经济活动的生产要素和生产关系发生变化，催生了数字经济的诞生。数字经济正在突破时空局限和产业界限，打破传统企业边界和成长规律，颠覆传统商业模式和资源利用方式，加速向经济社会各领域、各环节渗透和覆盖，日益成为经济发展的重要引擎。

在数字经济环境下，长尾需求将推动大量中小企业诞生，给中小企业带来众多的创新创业机会。未来创业需要敏锐地把握新技术、新产业、新业态、新模式等发展趋势，不断拓展新的发展空间，推动个人创业持续健康发展。创新创业正在成为一种价值导向、一种生活方式、一种时代气息、一种中国力量，在一定程度上有力地对冲了经济下行的压力。

1.2.2 数字经济时代创业活动的功能

数字经济时代的创业具有增加就业、促进创新、创造价值等功能，同时也是解决社会发展问题的有效途径之一。

1. 创业是社会就业的扩容器

数字经济只是在一定程度上改变了就业的方向和结构，而不可能自动解决就业的问题。创业可以通过提供就业岗位，服务社会来带动就业。创业型中小企业更是发挥了重要作用，创造了大部分就业机会，尤其是在大企业进行裁员时，中小企业能在稳定就业方面起着越来越重要的作用。鼓励大学生创业，一方面可以解决自身的就业问题，另一方面也解决了社会人员的就业问题。

2. 创业是科技创新的加速器

数字经济时代的创业可以实现先进技术转化，推动新发明、新产品或新服务的不断涌现，创造出新的市场需求，从而进一步推动和深化科技创新，进而提高企业或是整个国家的创新能力，推动经济增长。创新是新理论、新技术、新知识、新制度形成现实生产力的转化器，新建立的企业要想在激烈的市场竞争中站住脚，就要引进或开发先进的生产技术，采用科学的技术手段。因此，创业可以加速科技的创新。

3. 创业是经济发展的原动力

在数字经济时代，无论是在发达国家还是在发展中国家，创业都是一个国家经济发展中最具活力的部分，是经济发展的原动力。2007 年"全球创业观察"对 42 个国家的创业状况进行了研究，发现在主要的七大工业国中，创业活动的水平与该国的年经济增长是高度正相关的。因此，从全球视角来看，创业对一个国家的经济发展起着至关重要的作用。

4. 创业是社会进步的推动器

创业活动促进了社会经济体制的改革和深化，繁荣了市场，丰富了人们的生活，提高了生活质量，促进了社会稳定和谐，是实现共同富裕的有效途径。创业还可以激发整个社会的创新意识和创新精神，有利于社会文化、人民观念的转变。此外，创业使无数人进入了社会和经济的主流，对形成创新、宽容、民主、公正、诚信的社会价值观具有积极推动作用。

1.2.3　数字经济时代创业的重要意义

1. 推动宏观创新

美国著名管理学家彼得·德鲁克认为：“创业就是要标新立异，打破已有的秩序按照新的要求重新组织。”所以说，创业就意味着创新，创业的过程就是一个创造性地整合资源的过程，包含有许多领域的创新元素，比如技术创新、产品创新、组织创新、服务创新等。因此，创业活动可以推动社会的宏观创新。

2. 促进生产力发展

在数字经济时代，高科技产业的发展成为国家竞争力的主要决定因素，而高科技产业的发展不仅需要大批具有创新精神和创造力的人才，更需要一个完整的创业体系支撑。从某种程度上讲，创新的价值在于将潜在的知识、技术和市场机会转化为现实生产力，实现社会财富增长，造福人类社会，而实现这种转化的根本途径就是创业。通过创业可以实现创新成果的商品化和产业化，将创新的价值转化为具体、现实的社会财富。因此，创业可以使创新带来的高科技潜在的价值市场化，使创新成果转化为现实生产力。

3. 解决社会问题

创业伴随着大量新价值的产生，它是促进就业质量提升、改善人们生活质量、调整社会生产关系的有效途径之一。创业可以使社会资源在竞争状态下达到有效配置，从而实现人、经济与社会的科学、可持续、和谐的发展。以美国为例，目前，以比尔·盖茨、埃隆·马斯克等为代表的数字经济时代的创业者们已经彻底改变了美国和世界的经济，创造出前所未有的巨大价值，推动了整个社会经济、高科技产业和创新体系的蓬勃发展。

1.3　创业与职业生涯规划

1.3.1　创业者的特征

通过观察创业成功的创业者，我们发现创业者往往具有以下特征。

（1）“人缘好”——有能力建立良好的人际关系。

创业者往往拥有较强的交际能力，他们可以通过良好的人际关系为自己创业筹得更多的资源，也因为有较强的人际关系处理能力，使得很多人愿意追随他，与他共同为了同一个目标而奋斗。

（2）乐观主义者。

创业者更愿意冒风险，因为他们相对较为乐观，他们相信自己的投入一定能带来回报，他们有信心取得成功。

（3）能够接受不同的意见。

创业初期往往不可能立刻找到正确的发展方向、发展路径，创业者需要接受来自各种领域不同人物的建议，并仔细衡量，不断修正企业的发展方向，也只有这样企业才能灵活应对环境的各种变化。

（4）快速学习能力。

创业者往往具有超强的学习能力，他们能够快速地接受新事物，并将其为自己所用，通过自己的方式为这些技能赋予新的价值。

1.3.2　创新型人才必备的素质

1. 创新型人才应该具有进取心、开拓精神

具有创新精神的人，最明显的特征就是具有坚定的信心和持久的毅力，有强健的体魄和敏捷的反应能力，善于抓住机遇，整合资源。这是创新型人才区别于一般人才最重要的特征。他们能够在工作中始终保持积极主动、勇于进取的态度，而且能够在社会角色的冲突中构建新的人格。他们善于适应环境，并根据自己的爱好和兴趣、特长和优势，自主地选择事业目标和人生理想，发挥自身的主观能动性，为实现这个目标和理想而奋斗、拼搏。

2. 具有可贵的创新品质

当前，我国正处于发展的重要战略机遇期，大力培育创新型人才，为建设创新型国家、国家创新体系和全面建成小康社会，提供坚强的人才保证和智力保障，显得尤为迫切和重要。从一定意义上说，创新型人才正以前所未有的时代需求承载着推进国家自主创新，在激烈的国际竞争中占据主动，实现中华民族伟大复兴的历史使命。因此，创新型人才必须是有理想、有抱负的人，具备良好的献身精神和进取意识、强烈的事业心和历史责任感等可贵的创新品质。具备了这样一些品质，才能够有为求真知、求新知而敢闯、敢试、敢冒风险的大无畏勇气，才能构成创新型人才的强大精神动力。

3. 持续不断的学习是创新型人才的一个外显特征

当今社会是一个知识更新速度飞快的时代。我们日常生活中所了解的事业发展较好的人具有一个共同的特点就是坚持不断地学习，以保持自身不落后于知识的发展。这是一种在创新型人才身上表现出来的危机意识。不学习，事业的持续发展就缺少动力。因此，创新型人才最为明显的特征就是善于学习，善于持续不断地学习。创新型人才不但善于创造新事业，而且勇于推进新事业。

4. 勇于承担是创新型人才抓住机会的重要手段

事业的成功往往取决于某些重要机会的把握。无论对于实体创业者还是岗位创业者，勇于承担都是创新的一个重要前提。勇于承担，就是不回避风险，不回避艰难，敢于承担责任，表现出极强的责任心。勇于承担不等于冒险或蛮干。他们往往将对机会的把握建立在深厚的知识积累和较强的个人能力之上，表现出面对新事物、新问题、新挑战的信心。

5. 具有敏锐的创新观察

历史上的科学发现和技术突破，无一不是创新的结果。从这个意义上讲，创新就是发现。

要实现突破，就要求创新型人才必须具有敏锐的观察能力、深刻的洞察能力、见微知著的直觉能力和一触即发的灵感和顿悟，不断地将观察到的事物与自己掌握的知识联系起来，发现事物之间的必然联系，及时发现别人没有发现的东西。创新型人才的观察力同时还应当是准确的，能够入木三分，发现事物的真谛。

1.3.3　创业能力对个人职业生涯发展的意义

1. 职业生涯规划的含义

职业生涯规划（career planning）也叫"职业规划"。在学术界人们也喜欢叫"生涯规划"，在有些地区，也有一些人喜欢用"人生规划"来称呼，其实表达的都是同样的内容。职业生涯规划又叫职业生涯设计，是指个人与组织相结合，在对一个人职业生涯的主客观条件进行测定、分析、总结的基础上，对自己的兴趣、爱好、能力、特点进行综合分析与权衡，结合时代特点，根据自己的职业倾向，确定其最佳的职业奋斗目标，并为实现这一目标做出行之有效的安排。职业规划由职业定位、目标设定和通道设计三个要素构成。

2. 大学生职业生涯规划现状

随着我国教育事业的全面普及，逐渐进入大众化发展阶段，在较大程度上提升了大学毕业生的人数。根据劳动部门的相关调查数据可以看出，现阶段，社会上约有 45% 的企业招聘不到合适的人才，同时约有 50% 的大学生无法找到心仪的工作，从而导致社会就业出现了较大的矛盾。一方面，企业求贤若渴，另一方面大学生找不到工作。对该种矛盾现状进行分析后，发现当前大多数高等院校都没有全面落实职业生涯规划教育。其次，较多大学生都没有对自身职业规划进行准确定位。由于大学生正处在职业生涯初级探索阶段，因此合理的职业生涯规划能够在较大程度上帮助大学生树立明确的目标，实现人生追求。

3. 创业能力对个人职业发展的意义

众所周知，选择一个好的、适合自己的职业，对于大学生的未来发展可以说是非常重要的，而作为大学生职业发展中的新兴宠儿——创业在其中扮演着主要角色。

一个充分具备创新与创业能力的个人，可能创业对其来说就是最好的职业选择。对创新与创业充满兴趣的大学生，在职业生涯规划中不仅关注自身的组织能力、沟通能力和交际协调能力，在此基础上他们还会增强自己对于基本创新创业素质角度的学习。对创新创业的热情，帮助他们在发展创新创业能力的过程中找出努力的着眼点，满足自己职业发展的现实需求，最终促使真正有创业激情的大学生去大胆创业，这在一定程度上也缓解了当下国家面临的巨大就业压力问题。

1.4　创业及认识自我

1.4.1　认清自身现状

认清自己，不仅可以发现自己的优势及劣势，而且可以从中发现自己到底适合什么。在创业之前，每个人都应该评估自身的能力，认清自己所处的位置，知道自己的长处及短处，并善于挖掘自身的潜力，这样才能为前进的目标及方向提供有力的基础。

1. 发挥自身优势

每个人都有自己的优势所在，但往往很多人没有将这种长处发挥出来，这无疑不利于自身价值实现最大化。对于创业者来说，认清自己的优势是十分重要的，但认清往往还不够，而应该将这种优势在创业过程中得以展现，这样才能为创业成功提供有利条件。

2. 正视自身缺点

金无足赤，人无完人。每个人在拥有优点的同时，也存在许多不足与缺陷。但有缺点并不可怕，重要的是如何对待自身的缺点。其实，成功者往往不会回避自己的缺点，反而是正视这些缺点，然后将这些缺点转化为其对立面，即自身优势。对创业者而言，若想成功创业，则必须认识到自身的缺点，并能够克服这些缺点。除此之外，善于将所谓的缺点转化成能为自身所用的优势也是十分必要的。

3. 善于发掘自身潜力

古人言："每个人的身体内部都蕴含着巨大的潜能。"潜能就如宝藏一般，若能够发现并将其挖掘出来，必将获得十分宝贵的财富。当然，潜能挖掘后得到的财富，不仅是物质上的财富，更多的可能是精神上的财富，它将帮助人们实现人生目标，提升自我价值。不过，若想将自己的潜力挖掘出来，则必须要培养发现潜力的眼光。对于创业者而言，善于挖掘自身潜力也是十分重要的。要知道，成功的创业者往往就是那些善于开发自身潜力的人。

1.4.2　明确前进目标

古人云："人没有目标，便会像无头的苍蝇。"这句话的意思是，每个人要有自己的目标，这样才会有前进的方向；没有目标的人生，便会像无头的苍蝇一样，不知该往哪里飞。所以，在认清自我之后，要为自己制定一个清晰的计划，明确自身前进的方向。成功的创业者对于自己的目标及方向往往十分明确。

1. 认识并明确所要从事的行业

常言道："隔行如隔山。"在认清自身之后，已经对自己有了较为明确的定位，那么接下来就需要据此选择适合自己的行业。对于创业者来说，选择一个合适的行业无疑非常的重要，这直接关系到企业未来的发展，直接决定了创业的成败。创业者在进行行业选择时，应对行业进行深入的了解，包括行业现状、未来的发展潜力以及市场需求等等。

2. 选择自己的榜样

众所周知，人们在初次做某件事的时候，往往会找不到头绪。这个时候，找一个榜样作为标杆，来对自己的行为进行规范与指导，通常会非常有效，这点对于创业者来说也有十分重大的意义。在创业过程中，创业者可以选择一个在业内发展得较为迅速且成熟的企业作为榜样，以此作为自己前进的方向及目标，并对其经验进行借鉴与学习，使自身得以快速发展。

1.4.3 缩短与目标的差距

在明确目标后，便要致力于目标的实现，努力缩短与目标的差距。创业者为实现创业目标，应当培养企业家精神，同时要勇于为自己创造机会。除此之外，还要敢于直面一系列挑战。

1. 培养企业家精神

企业家精神是企业家建立及经营企业的综合素质的体现。对创业者来说，培养企业家精神是十分重要的，这将关系到企业的整体运营发展、战略布局等。具备企业家精神同时也是成功企业家的主要标志之一，创业者应以此为方向，提高自身的综合素质，以帮助企业实现迅速成长等目标。

2. 勇于创造机会

成功的人往往善于为自己创造机会，毕竟，机会不是别人给的，而是需要自己努力才可以得到的。创业者若想创业成功，就要勇于创造机会，替企业争取以及创造一切有利于企业发展的机会。在这个过程中，需要创业者拥有发现机会的眼睛，善于识别机会，并且不放过任何可以成功的机会。

3. 敢于直面挑战

人生从来就不可能是一帆风顺的。一个人在通往成功的道路上，也不可能所有事都如己所愿，遇到挫折是很正常的。成功与否往往在于如何面对这些挫折及挑战。作为创业者，创业途中必然会遇到诸多挑战，但如果敢于直面挑战，那么在这之后得到的将是挑战过后的成长，从中总结出经验及教训，对企业今后的发展会十分有利。

1.4.4 提高关系网络质量

俗话说："近朱者赤，近墨者黑"。一个人所处的环境，将决定其未来的发展。一个创业者若想成功，提高其关系网络的质量是十分有必要的。一方面，应当多与成功的同行进行经验交流及借鉴；另一方面，要与客户保持有效的沟通。

1. 与成功的同行往来

与成功的人进行交流，可从其身上学到许多经验，同时，还可以总结出一些教训，这样便可为自身的发展铺平道路。创业者通过与成功的同行进行交流及往来，可从其身上借鉴到诸多经验，帮助企业实现创业成功等目标。

2. 与客户保持有效沟通

对于企业来说，客户无疑是非常重要的。与客户之间关系的好坏，将直接关系到企业的生存与发展。于创业者而言，保持与客户之间的良好关系同时也非常的重要。为此，创业者需与客户建立有效的沟通，了解客户所需，并尽量满足客户的需求，以此与客户建立长期稳定的关系。

1.4.5 调节心理状态

人们常说，心态决定一切。一个人拥有良好的心态，往往可以比较轻松地去应对生活中的种种困难。对于创业者来说，创业过程中必然会碰到许多挫折，这时就需要创业者具备强大的心理素质。

1. 具备坚定的信念

一个人若想成功，坚定的信念无疑是必备要素之一。一个遇到困难便随随便便放弃的人，是无法在困难中成长的，也无法实现自己的最终目标。所以，在创业者明了了前进的目标及方向后，就要坚持下去，要有坚定的信念，相信自己可以成功，而不能遇到挫折就轻易放弃。

2. 时刻保持自信

自信是成功人士必备的素质之一。一个人必须要有自信，才能够实现自己的目标。同理，一个创业者应对自己的能力及企业的发展前景拥有足够的信心，这样才能让客户去相信企业，并能够放心地去购买企业的产品或服务。除此之外，若创业者可以时刻保持自信，那么企业的员工也会相信企业，并愿意为企业的长远发展不懈奋斗。

思考问题

1. 创业的功能在个人价值、科技发展和社会经济三个方面的主要体现是什么？
2. 按照创业的动机不同，创业可以分为哪几种类型？
3. 创业过程中四个阶段的特点是什么？
4. 大学生为什么要进行职业生涯规划？

拓展阅读

刘庆峰与科大讯飞的成长历程

你知道我国首批四个国家级人工智能开放创新平台都有谁吗？除了百度、阿里、腾讯（媒体简称这三家公司为 BAT）这三家我们耳熟能详的互联网科技巨头外，另一家叫作科大讯飞。这家公司的公众知名度并不高，它凭什么能与 BAT 并列？

人工智能领域的创新创业故事大多数是九死一生，步履维艰。1998 年，世界智能语音产业萌芽，1999 年，作为中国在校大学生创新大赛的成果，在挑战杯精神的感召下，年仅 26 岁的博士二年级学生刘庆峰联合中国科技大学的同学创立了科大讯飞，立志"中文语音技术要由中国人做到全球最好，中文语音产业要掌握在我们自己手中"。

"我们非常清楚，关键核心技术是要不来、买不来、讨不来的，必须自己撸起袖子实现从 0 到 1 的突破，核心源头技术必须牢牢掌握在我们自己手里。"科大讯飞高级副总裁杜兰说。但创立初期，整个团队非常痛苦，整整一年多的时间，几乎颗粒无收。"我们做第一次融资之前，账上只有 20 万元了，而每个月的开销需要 30 万元，很快就又揭不开锅了。一度我们有很多小伙伴说：我们干脆不要做语音了吧，语音技术太难挣钱，而且技术门槛太高。"刘庆峰回忆道。

2001 年底，科大讯飞召开了一场特殊的务虚会，这也是讯飞发展史上重要的"半汤会议"。"我在会上有一句话，叫'燃烧最亮的火把，要么率先燎原，要么最先熄灭'。"在刘庆峰看来，那个时候创业花了很多钱，用在对未来的创新。如果不能迅速地把语音产业做起来、规模做大、形成盈利，就可能率先流血过多，可能就率先熄灭了。"我们那个时候的心态是，肯定会率先燎原、意气风发。"这次会议也成为科大讯飞从实验室走向市场的转折点，它定义了科大讯飞的产业定位——要做全世界最大的中文语音技术提供商，未来要做全球最出色的多语种技术提供商，将来还能代表中国参与全球竞争。

刘庆峰曾经不止一次讲过："一定要对未来人工智能的核心技术突破，不能抱着急功近利的想法。基础理论的创新，源头技术的创新，往往具有最大的不确定性。人家说三年不鸣，一鸣惊人，事实上真正做原创，可能你要做好坐十年冷板凳甚至一辈子冷板凳的心理准备。"这种信念对讯飞科研人员的影响力是巨大的，他们对技术的追求，使他们坚信科技创新才能真正引领未来。

直到 2004 年，科大讯飞终于"挺"过来了，实现了盈亏平衡。2005 年，科大讯飞成立了研究院；2008 年，成功在深圳 A 股上市。"只有源于热爱的初心，才能在创新道路上长期坚守。"杜兰说。

2008 年，科大讯飞上市敲钟。刘庆峰常说，讯飞的发展走着弯曲的直线。"我们每一步的总体大趋势是一直往上的，但是每一步成长都是波浪式的。"刘庆峰认为，其中有全体员工的努力，也与讯飞一直以来制定的战略是密切相关的。

这些年的创业历程，讯飞走的是一条弯曲的直线。"我们一直表现出发展的张力，这种张力在任何时候也都是张弛有度的。"在刘庆峰看来，环境好的时候，开拓更快一点，但留住随时可收的底数；环境不好的时候，谨慎一些，但关键的战略性方向要加强。因为一旦环境好了，就是讯飞与众不同，形成独特的比较竞争力的时候。所以，在刘庆峰看来"每一次变化、每一次挑战，应该成为讯飞在业界进一步脱颖而出、进一步增强比较优势、进一步夯实'国家队'的非常难得的窗口期。"

讯飞为什么可以走着弯曲的直线？刘庆峰认为关键在于三大要素：第一，讯飞的特质，即创新和坚守；第二，讯飞的战略路线，GBC 联动下的根据地业务加系统性创新；第三，核心动力是源于热爱的初心，用人工智能建设美好世界。"我们喜欢这件事情，并充满自豪感、想象力、热爱地去坚持这件事。"从中文合成到语音识别再到语义理解，从中文到英文再到多语种，从语音到图像再到多模感知多维表达。从感知到认知，再到能理解会思考，是讯飞存在的逻辑和理由。

源于热爱的初心，讯飞抢回了中文语音主流市场的份额。2006 年，首次参加国际语音合成大赛的科大讯飞，成了当年最大的一匹黑马。科大讯飞总部园区内立有"顶天立地"四个大字。一直以来，讯飞坚持"顶天立地"的技术信仰，既要将技术做到全球最好，也要将技术和各行各业深度融合，用人工智能解决人们生产生活的实际需求。

如今科大讯飞的智慧教育产品已在海内外市场广泛应用，并与全国 5 万余所学校深度合作，服务师生超过 1.3 亿；讯飞医疗"智医助理"已在江苏、浙江、内蒙古、青海、新疆等

30 余个省市开展实际的应用。截至 2023 年 1 月 31 日，讯飞开放平台已开放 547 项 AI 产品及能力，聚集超过 384.8 万开发者团队，总应用数超过 160.5 万，累计覆盖终端设备数超过 37.2 亿，AI 大学堂学员总量达到 71.9 万，链接超过 500 万生态伙伴，以科大讯飞为中心的人工智能产业生态持续构建。

思考：

（1）刘庆峰及其创业团队的创业行为为个人、科技、社会带来什么样的价值？

（2）科大讯飞的创业团队具有什么样的创业精神？

（3）科大讯飞走的是一条弯曲的直线，创业过程中要求团队具备什么样的素质？他们是如何实现创业目标的？

第❷章

创业者与创业团队

学习目标

1. 分析创业者的创业动机及其对创业活动的影响。
2. 归纳创业者应具备的独特技能和基本素质。
3. 掌握优秀创业团队的标准及其对于创业成功的重要性。

知识要点

1. 认识创业者的基本特质及其应具备的基本素质。
2. 掌握组建和管理创业团队的关键要素及方式方法。

2.1 创业理念与创业者特征

2.1.1 创业理念

　　创业是可以学习的，学习创业的人，不一定都要去创办企业，但一定要具有创业理念。创业理念是任何人都不可或缺的一种关键竞争力，它可以帮助我们在从事任何事业时都具有创意和信心。创业理念是一种人生之道，它将帮助我们发现机遇、解决问题、面对挑战并实现理想。创业理念将确保我们从容面对全球化和社会变革带来的种种挑战。这些变化不仅来自技术进步，而且来自社会的变革和发展。我们将有能力把变革视作机遇，而不是把它们看成是问题或危机。

　　一个具有创业理念的人看见一堆废铜烂铁就能想到可以从中塑造出奇妙的雕塑来；一个具有创业理念的人驱车路过城镇破败的一隅，就能在脑海中浮现出开发新建住宅的规划来；一个具有创业理念的人也就是一个能在生活的方方面面发现创业机遇的人。

1. 创业活动

张玉利（2005）对创业活动的本质进行了系统归纳，认为创业活动的本质体现在六个方面：机会导向、创造性地整合资源、价值创造、超前行动、创新和变革、顾客导向，这六方面的特征也是创业者在创业过程中独特行为特征的高度凝练。

（1）机会导向。

在市场经济环境中，决定企业生存与发展的关键力量是顾客和市场。因此，创业者必须优先从市场和顾客需求中识别和发现创业机会，探寻生存和发展的空间。创业活动的机会导向进一步决定了创业活动的顾客导向，这也是创业与发明、创新不同的重要环节。大多数成功的创业者往往是那些对顾客有深入了解的人，他们创建的新事业往往是对原来工作的升华，是在原来工作基础上的创新，他们对顾客需求的感知是在长期工作中的认真思考。

（2）创造性地整合资源。

创业的本质是资源整合，熊彼特所强调的"新的组合"本质上也是资源整合。创业活动强调在资源不足的情况下把握机会，这并不等同于不重视资源，相反，这样的定义恰恰是在提醒创业者必须创造性地整合资源。对于创业者来说，自身所具备的知识、社会关系网络、专长、组织领导才能、沟通能力、对市场和顾客需求的洞察能力等都可能成为有助于其创业成功的重要资源，合理地运用这些资源，创业者有可能成功地整合到资金、人力和物力，进而为创业活动奠定基础。

（3）价值创造。

创业活动的机会导向和顾客导向的实质是创造价值，学者们对创业活动的分类本身也是为了引导创业者关注价值创造。价值创造首先意味着要向顾客提供有价值的产品和服务，通过产品和服务使消费者的需求得到实质性的满足；其次，价值创造强调的是对社会和经济发展的贡献，强调对人们物质和精神生活的丰富。只有突出价值创造的创业活动才有生命力，才更有助于生存和发展。

（4）超前行动。

创业活动的机会导向特征决定了创业活动必须突出速度，并做到超前行动。机会都具有时效性，持续存在的事件往往不是机会，至少是创业者无法在短期内把握的机会。现实生活中，创业者一旦有了创业的想法，往往会在比较短的时间里快速付诸实施，他们在实践中不断摸索、改进，寻求发展。在许多情况下，进行周密的市场调查，制定严密的工作计划和严格的预算等等，是大企业的做法，并不适合创业者创业。

（5）创新和变革。

创业的本质是创新，是变革。现实生活中大多数的创业行为，往往都是在做别人已经做的事情，海尔不是第一家生产冰箱的企业，联想销售计算机之前许多中国人已经使用计算机，他们把平凡的事情做出了不平凡的业绩。取得成绩的背后是创新，其中有技术创新，更有企业在创业导向与组织绩效间的转化路径中研究制度创新和管理创新。同时，创新与变革紧密关联。创业者不改变自己长期形成的思维模式，难以识别创业机会，也无法做到创新。对于创业者及其所创建的企业来说，创业与发展的过程永远是不断变革的过程。

（6）顾客导向。

这一点可以从美国弗吉尼亚大学教授萨阿斯·萨阿斯瓦斯（Saras Sarasvathy）对创业者

的创业思维所进行的分析中得到很好的印证。在因果关系下，营销方式首先从界定市场入手，然后依据年龄、收入等变量对市场进行细分，再依据预期收入等标准确定目标市场，最后设计产品提供给顾客，这并非顾客导向，因为最终达到的、最迟见面的是顾客；而在因果倒置的模式下，创业者先从识别顾客入手，根据顾客的需求提供产品和服务，借助战略伙伴关系来扩大销售，占有更多的顾客。

2. 创业者含义

创业者（entrepreneur）一词源于法语，表示某个新企业的风险承担者，因此，早期的创业者被视为风险的承包商（contractor）。欧美的经济研究通过风险的视角定义创业者，例如将创业者界定为一个组织、管理生意或企业并愿意承担风险的人。著名经济学家熊彼特（1934）进一步指出，创业者应为创新者。

2.1.2　创业者策略

构建个人创业策略，即制定个人创业计划，可以从许多方面为创业者提供帮助，为此，要求创业者事先对个人创业计划进行评估。

一是自我评价。根据创业的要求，客观地评价自身创业态度与行为是十分有用的，同时自我评价也是对管理能力、经验、技术以及需要建立的网络关系的评价。自我评价首先要从观察分析自我思想行为以及他人评价中获取信息，其目的在于了解创业者及其团队存在的认知盲点，加强自我认识，强化既有的特长，改变自身弱点。一旦获取所需信息，自我评价的后续步骤就是研究所获取的信息，得出相应结论，建立学习目标以获得创业的知识和经验，确定最终目标及要抓住的机遇。

二是获取信息。第一步，历史分析。每个人的经历都会深深地影响其价值观、动机、态度和行为。创业者的价值观和动机直接影响创业态度和行为。分析个人的某些经历能够有效地理解个体的创业倾向，也能以此准确地预见以后的创业潜力。第二步，现状描述。一些创业态度及行为同其成功创业有关。这些态度和行为有创业承诺、决心与坚持、主动性和责任感。另外，对机会的追求也会导致各种各样的个人创业定位。第三步，获取有效反馈。从熟悉和值得信任的人那里搜集反馈信息等对提高创业业绩和成功概率有重要意义。

三是综合分析。任何创业者都存在优点和缺陷，重要的是首先要认识自我的优点和缺陷，可以通过信息的收集来加强自我认识。首先，创业者需要把自我素质和创业机会结合在一起综合分析；其次，可以利用 SWOT 分析法从优势、劣势、机会、威胁四个方面综合评价创业机会的成功概率。

四是确立目标。目标的确立是一个过程，也是处理现实问题的一种方法。有效地确立目标需要时间、自律、承诺、风险及实践。确立目标需要明确而具体，使之具有可计量性、阶段性和可行性；优先确定矛盾并提出解决方案；确定阻碍目标实现的潜在问题和障碍；具体说明实现目标的行为步骤；确定评价结果；制定进度表；确定实现目标的风险、所需资源和帮助；阶段性审核并及时修正目标。

2.1.3 创业者品质与特质

1. 创业者品质

内地富豪榜的开创者胡润提出，作为成功的创业者，100 位内地最大的富豪们共同具有的品质有十项。其中，诚信列于十大财富品质排行榜之首，其他品质分别是把握机遇、创新、务实、终身学习、勤奋、领导才能、执着、直觉和冒险。尽管每个富豪获取财富的经历不同，对十大财富品质排行序列也有不同看法，但对这十项品质的认可却是基本相同的。

（1）诚信。"诚信"是企业家最看重的财富品质。大学生自主创业首先要学会诚信做人。创业的过程也是与他人交往的过程。创业如做人，诚信做人，诚信行事，持之以恒，才有可能成功创业。

（2）把握机遇。胡润认为，"把握机遇"的潜台词是"关系"，因为人际关系越好，机遇相对就越多。内地兴起的 MBA 热潮就是一个佐证，读书不仅为了知识充电，更为了搭建高品质的人际关系，并从中寻找商机。即使是哈佛商学院的毕业生，在总结读书的收获时，也把"建立朋友网络"放在第一位。

（3）创新。新经济的本质就是创新，为促使个人的潜能得到充分利用，要鼓励所有人在一切可能的方向上创新，创新与速度是新经济的真正内涵，是市场竞争的不败法则。具有创新精神，才能让创业者发挥自己的潜能，打破各种条条框框，开创新的局面。大学生自主创业要养成创新习惯。虽然创新有一定风险，但创新更能带来新的商机。故步自封只能在原地徘徊。模仿他人则前进的步伐不大，且只能让别人牵着鼻子走。若自己的命运掌握在他人手中，一旦市场饱和或衰退，则模仿者的事业将受到较大冲击。

（4）务实。创业是一种需要全身心投入的事业，积极的态度和务实的精神才能使创业获得成功。在这个过程中，没有人会给创业者制定计划，面临困难、问题、危机时，创业者只有积极努力、脚踏实地地奋斗，才有可能取得创业效益。

（5）终身学习。人类已步入数字经济新时代，终身不断学习，将越来越成为人们生存和发展的第一需要。学习将成为一种重要的生存方式和生活方式，同时也必将成为人们追求幸福与财富品质的主要诱发因子及原动力。

（6）勤奋。勤奋几乎是所有成功企业家的普遍特征，那些具有勤奋品质的人，面对任何工作总是全力以赴、追求卓越，不断以高标准激励自己，力求每次都交出一份最佳的成绩单。他们持之以恒的努力，终将带领他们驶向成功的目的地。

（7）领导才能。一个成功的创业者应当具备决策能力、理财能力、预见能力、经营能力、创新能力、交际能力和聚合能力等领导才能，并拥有一批坚定的追随者和拥护者，使组织群体取得良好绩效。领导才能已日渐成为衡量创业成功的重要标识，正直、公正、信念、恒心、毅力、进取精神等优秀的人格品质无疑会提升领导者的影响力和个人魅力，从而扩大其追随队伍。

（8）执着。执着的创业者个性坚定，做任何事都非常有毅力，坚忍不拔，有无比的耐性和持久性，能够产生创办企业的激情。创业的道路充满坎坷，无论是面对成功还是失败，创业者都必须充分发挥执着和坚韧不拔的品格。

（9）直觉。直觉是运用已有的经验和知识，对问题从总体上直接加以认识和把握，以一种高度简练、浓缩的方式洞察问题的实质，并迅速解决问题或对问题做出某种猜测的思维形式。直觉在寻求商机和科学发现等创新行为中具有极为重要的作用，直觉是一种内在本能，但本能不是天生的，而是来自经验的积累。

（10）冒险。当一个机会突然出现的时候，风险肯定也随之而来，只有敢于冒险才能果断地抓住机会，这种特质在转折时期至关重要。胡润说，在国外，人们通常认为，"企业家"是"有冒险精神的一群人"，冒险是他们区别于其他人群的显著特征。

2. 创业者特质

创业者究竟具有什么样的特质？为什么一些人选择了创业，而另一些人则不会？为什么有的人能够取得创业成功？创业者特质是指不同时代、不同环境或者同一时代、同一环境中新创企业家群体所具有的与众不同的能够提高新创企业绩效的素质特征及能力水平。

创业特质论以奥尔波特的特质理论为依据，认为人们行为的稳定性在很大程度上来源于核心成分特质：一种以某种特定方式行动的相对稳定而持久的倾向。从事创业活动的个体拥有一些独特的特质，这些特质使他们与其他对创业没有兴趣或不适合创业的人有所区别。综合不同学者的研究结果，创业者应该具备的特质包括：成就需求（need for achievement）、控制源（locus of control）、风险倾向（risk-taking propensity）、对不确定情况的容忍性（tolerance of ambiguous situations）、问题解决能力（problem-solving ability）、情绪稳定性（emotional stability）和团队能力（team ability）。

（1）成就需求

McClelland 把成就需求作为创业者区别于非创业者的一个显著特质，与非创业者相比，创业者具有较强的成就需求。他认为成就需求所促成的追求成就的行为，是由两种方向相反的心理需求作用产生的结果。其中一种需求是求成需求（need to achieve），另一种需求是避败需求（need to avoid failure）。只有在前种需求大于后种需求时，个人追求成就的行为才会显现。

McClelland 通过大量实证研究证实一个国家的成就需求和经济发展是有关系的，经济较好的国家的一个关键特点是较少强调规则制度，更多的是强调对别人及其价值观采取开放态度，以及重视人们之间的沟通交流，正是在这样的背景下，创业者成了一个国家经济发展的重要驱动力。换句话说，一个国家的成就需求水平通过创业者这个媒介被转化成经济成长。如果一个国家的总体成就需求水平比较高的话，就会有人出来创业。就这点而言，创业者就是一群有高度成就需求、高度自信、能独立解决问题的人，并且他们更喜欢以中等风险、能获得结果和反馈、个人愿承担责任为特色的环境。

成就需求是由想要获得专家肯定、想要赚钱、想要靠自己成功、想要受人尊重、想要获胜、想要成为优秀六个要素组成，人们在每个要素方面的成就需求并不一定相同，人们有时会集中精力获得某一要素方面的成就需求，此时这一要素方面的成就需求就比较大，而其他方面的成就需求就相对较小。成就需求是个人想要尽快地且尽可能地把事情做好的一种欲望或倾向。具有高水平成就导向的人往往愿意设立具有挑战性的目标，并且努力实现这些目标，这些人通过评价反馈不断衡量自己的成就，他们有着很强的自我效能感（self-efficacy），并且只有相信自己能够成功的情况下，才坚持自己的工作和目标。成就导向被认为是一个很重要的个性特征，并且深深地影响着一个人在工作中的行为特点。

（2）控制源

控制源的概念，源自社会学习理论（social learning theory），是创业者个性研究中另一重要领域，由社会心理学家 J.Rotter 提出。与自我效能感类似，控制源的概念也属于认知的范畴，它不再局限于对任务的控制感，而是将这种控制感扩散到生活的各个方面。控制源是指个人对行为后果或生活事件之责任归属的信念倾向，包括内控制源及外控制源。内控制源者采取积极、主动、自我导向、自我监控的特质，倾向自信、独立，认为事件无论正面或负面的发生是本身行为的结果，是本人可预测、控制及把握的。而外控制源者则反之。控制源是一项重要的人格特质的中介变量，对于个体的社会行为反应，其对事务的评价与对压力的感受及处置方式，都有很大的影响。

内控制源的个体很可能追求创业角色，因为他们渴望这种职位上的行动直接影响结果。内控制观念是和学习相联系的，因而能激励和鼓舞人们去积极地奋斗。然而，外控制观念则会妨碍学习，促使人们消极行事。内生控制观念通常就和创业者特质联系在一起，在一组学生样本中，内控制源与成为一名创业者的愿望有着较强的正向关系。早期的文献就证实创业者通常在控制内生观念这项特质上的得分相当高，偏内控的人通常喜欢一个他们对要发生的事能进行掌控的环境。内控型是只相信自己对结果有重大影响的人，而外控型的人则感觉到自己被外部力量如运气、命运或其他的因素控制着。创业者比非创业者倾向于有更高的内部控制力。

在大学生群体中，内控者和外控者的比例基本接近。有些学生遇到挫折和失败总是怨天尤人，责怪机遇不好，责怪任务太难，总是不会从自己身上寻找原因；有些学生有相似的经历时，会冷静地分析自己身上存在的问题并总结原因，以避免以后犯类似的错误。对于创业这样一项极具挑战性的活动，内在控制源是必须具备的一项特质。

（3）风险倾向

有学者指出，贯穿创业研究文献的主要议题是风险，以及创业者如何偏向于风险或者他们是如何管理风险的。在创业者的创业行为中，财务方面、社会方面及心理方面的风险，是创业过程不可分割的一部分，基于机会和创新来新创企业必须承担大量的风险，且新创企业在 5 年之内的存活率在 33%左右，由此可见，创业过程中存在的风险是非常高的，但始终有成千上万的人选择创业。因此，创业者是否比非创业者有更高的风险倾向性？为了解决这一问题，一部分心理学家试图检验创业者的差异，认为建立新创企业的个体有抓住机会的倾向，愿意将自己暴露在具有不确定结果的环境里，也就是说，表现出一种高风险的倾向；但这样的结果却遭到了许多学者的反对，他们认为创业者在风险倾向上并无实质性的差异，不同的是，他们比非创业者更加积极地看待某些新创企业状况，看到的是机会和优势，而其他人看到的是劣势和威胁。总的来说，对于风险倾向这一因素对创业决策行为的影响主要有两种观点：一种是认为创业者在风险倾向上与其他人没有明显差异，创业者是中等程度的冒险者；另一种认为风险倾向是创业者区别于非创业者或经营管理者的重要人格特质，风险倾向对创业决策存在影响。但无论如何，风险倾向是创业者特质研究中的一个重要维度，借鉴国外学者的观点，本文认为风险倾向是指在创业过程中一个人的冒险倾向，是一个人的行为表现为更具风险的方式或是风险较少的方式的一般可能性，风险倾向直接影响风险行为。

需要强调的是，风险倾向不是越强越好，它的最佳点应该保持在中间水平，适度为宜。

创业需要个体承担风险，在风险面前不退缩；但是，如果风险倾向过强，可能会转化为一种鲁莽，明知不可为而为之，将注定失败。因此，创业者所需要的风险倾向适度即可。

（4）对不确定情况的容忍性

事实上，创业活动本身就是一项具有不确定性的活动，是一项考验人忍耐力的活动。不确定、不一致、不完整、模糊性、矛盾性等情况在创业过程中均有可能会出现。个体能否承受这种不确定、如何承受这种不确定，将会成为创业成功的关键。当不确定的情境出现时，有些个体承受不住这种不确定所带来的压力，草率地处理和解决问题；也有一些个体会以一种耐心的态度，等情况明朗以后，再做出决定，即对不确定情况的容忍性更强。一些研究表明，与管理者相比较，创业者具有更强的对不确定情况的容忍性。

其实生活中，许多人天生或者心理上排斥和厌恶具有不确定的环境，包括很多非常优秀的人才都不具备应有的对于不确定性的容忍性。他们喜欢在确定的环境下，在确定的条件下，发挥出自己最好的能力。但是，就是有一部分人反而在模糊性的情况下，更加有干劲。至少，他们对于模糊性有着非同一般的忍耐力。他们可以在不确定的环境下，积极主动寻求机遇或者一旦遇见机遇就迅速行动。对不确定性的容忍能力首先就排斥了许多人不会选择创业，或者创业了也会非常不适应，最终以失败收场。

（5）问题解决能力

创业研究同样非常关注个体的问题解决能力。问题解决能力很难用一个统一的定义进行界定，它更多的是指一种综合能力。问题导向的个体通常会把困难的、不熟悉的、较糟糕的任务视为可解决的。具有较强解决问题能力的个体不愿意在工作过程中经常接受他人帮助，并拥有较强的领悟能力和较快速的信息处理能力。他们一般依据目标导向的问题解决策略，并经常能够找到一些创造性的方法解决问题。独创性、敏感性、对问题的重新界定，这些品质是个体在不利环境中成功解决问题的关键因素。

困难和挫折是创业的门槛，也是创业者大浪淘沙的筛选器。创业都是不同的，但是不同的创业却有一个共同的产品，那就是"问题"！可以毫不夸张地说，创业的过程其实就是不断产生问题，不断解决问题的过程。在这个过程中，如何避免出现短路，并不断坚持着，这是绝大多数人无法走到终点的原因。而且失败才是创业最大的一种财富：创业是不断犯错误的过程，失败是创业的朋友。最好的创业家说，"我们从错误当中学习。"这绝对不是一种说教，而是创业路上最深刻的一种体会。

（6）情绪稳定性

情绪不稳定的个体倾向于有心理压力、不现实的想法、过多的要求和冲动，以及不适应的应对反应。在这个维度上有 6 个子维度，分别是焦虑（anxiety）、生气敌意（anger-hostility）、沮丧（depression）、自我意识（self-consciousness）、冲动性（impulsiveness）、脆弱性（vulnerability）。

管理者的情绪稳定性越高，则越有可能获得上司和下属对其的积极评价，也越有可能增加下属的额外努力动机和组织承诺以及工作满意感。拥有高情绪稳定性的个体更能够肯定自己，更能从积极的角度思考问题，并对自己的生活感到满意，很少会感到气馁。低情绪稳定性的个体则表现为焦虑、不安、悲哀和喜怒无常。高情绪稳定性是创业者的优势所在。

控制情绪并能吸引很多人一起跟随他创业的人，一定是非常拥有人格魅力的人，这类人胜不骄、败不馁，总拥有超乎团队与常人的心理素质，总能根据环境调节及控制好自己的情绪。情绪的控制也要有意识地去培养，古来就有修身而养性的说法，很多时候看看别人怎么做的，你会发现可以借鉴很多。大学生群体的人生阅历比较简单，遇到问题的时候情绪容易受影响，起伏较大。因此，应该妥善管理情绪，做情绪的主人。

（7）团队能力

创业者不会单打独斗，他们会建立一个团队，信任并给予团队成员适当的权责，使他们成为能完成任务的英雄。他们会以自己愿意被对待的方式去对待别人，会和真正有贡献的人分享财富。这种团队合体精神，使得事业可以变得更大更好，他们具有凝聚团队成员共识，一起为共同目标努力的能力。

小米公司 2010 年 4 月成立，2018 年小米在港交所上市，市值突破千亿美元，2020 年，手机做到了全球第三，2021 年雷军宣布投资 100 亿美元造车。这样的发展速度是惊人的，经过短短 12 年的发展，2022 年小米已经名列世界 500 强公司的第 266 位，是历史上业绩成长最快的公司之一，除了众所周知的小米手机，小米还布局智能家居和汽车自动驾驶等创新领域。

小米的成功背后有雷军个人的资产和人脉积累，还有资本市场的加持和赋能，更重要的是优秀的团队和人才。为了说服某个人加入小米的创业团队，雷军能够与对方长时间交流，一谈就是数个小时，甚至是彻夜交谈。在创业的初期，雷军花了 6 个月时间专门寻找人才，最终才组建了自己满意的初始创业团队。

雷军组建的初始创业团队总共 7 个人，除了他自己，另外 6 人是：

林斌：曾经在微软公司担任高管，职务为谷歌中国工程研究院副院长，谷歌全球工程总监。

黄江吉：不到 30 岁就成为微软工程院的首席工程师。

黎万强：金山公司的高级管理人员，曾任金山软件设计中心设计总监，是国内用户体验领域的领军人物。

周光平：美国佐治亚理工大学电磁学与无线技术博士，曾经担任摩托罗拉北京研发中心高级总监。

洪锋：毕业于美国普渡大学，获得计算机科学硕士学位，是谷歌公司的高级产品经理，主要负责谷歌日历、谷歌地图 3D 街景等项目。

刘德：原北京科技大学工业设计系，系主任。

核心团队成员都是各领域的顶尖人才，汇聚一起，虽然只是喝了一碗小米粥，但产生的能量是巨大的。团队成员相互熟悉和无缝合作，让公司始终能够保持在一个团结、高效的状态下，同时执行力更强，对小米的发展起到了至关重要的作用。这也是小米能够少走弯路，快速发展的重要原因之一。

其实，人格特质是个体经过长期积累，受外界教育、环境等长期影响而潜移默化形成的性格特征，人格特质的形成和改变可能受到家庭、教育、环境等等一切可能接触到的外界事物、事件的影响，个体的主观努力同样也可以改变人格特质。我们发现很多成功创业者具有的核心特质与先天的心理和个性有关，但是更多的是通过后天心态的调整和技能的提高，从而得到根本的改善。因此，要提高大学生的创业能力，在人格特质方面应当注重教育和引导。

2.1.4　创业者素质测评

通过对创业领域的研究成果进行梳理，创业者的素质要求可归纳为七个，具体包括：资源（Resource）、想法（Idea）、技能（Skill）、知识（Knowledge）、才智（Intelligence）、关系网络（Network）和目标（Goal）。将这七个要素的首字母连起来是 RISKING，即"冒风险"的意思，恰好体现出创业是一项承担风险的活动的本质。

1. 填写测评表

下面的测评表（见表 2-1）基于成功创业者 RISKING 素质模型设计而成，专门用来测量创业者是否拥有足够的能力与素质去进行创业。

测试过程中，创业者只需要根据自己的实际状况，选择最符合自己特征的描述即可。应当注意的是：选择时请根据自己的第一印象，不要思虑太多；虽然没有速度上的硬性要求，但是最好在 5 分钟内完成所有题目。

测评表共有 30 道题目，请全部答完。对于每个题目，请选择最符合自己实际状况的答案，具体可在对应的选项中画"√"。答案选项分别为：A．很不符合；B．不太符合；C．不确定；D．比较符合；E．非常符合。

表 2-1　基于 RISKING 素质模型的创业者素质测评表

要素	评价题目	评价				
		A. 很不符合	B. 不太符合	C. 不确定	D. 比较符合	E. 非常符合
资源	（1）我能够挖掘理想的合伙人或经理人，雇用理想的专业人员和员工					
	（2）我有雄厚的资金和稳定的财务系统，至少可以保证企业第一年的正常运营					
	（3）我通过合理的途径以自己能够接受的成本募集资金，以获得充沛的资金流					
	（4）我可以获得对自己有利的物质来源，如原材料等，能够很好地控制成本					
想法	（5）我拥有丰富的想象力，并能把这些想法准确而生动地表达出来					
	（6）我的想法通常比别人有价值，更具有创造性					
	（7）我的想法通常并不是天马行空、泛泛而谈，而是切实可行的					
技能与知识	（8）对即将涉及的领域，我有很好的专业背景和技术					
	（9）我了解该行业目前的市场运作和竞争水平，并熟悉相关的法律政策条文，做好了充分准备					
	（10）我具备管理经验，并擅长组织活动					
	（11）我眼光长远，更加看重持续发展而不是短期盈利					
才智	（12）每天早晨我都是怀着积极的态度醒来，感觉今天又是崭新的一天					
	（13）我知道如何控制自己的生活、性情和脾气，并做到自律					

续表

要素	评价题目	评价				
		A. 很不符合	B. 不太符合	C. 不确定	D. 比较符合	E. 非常符合
才智	（14）当我开始创业时，我的家人能够理解我的不自由状态并支持和鼓励我					
	（15）失望时，我能够积极处理问题而不是逃避放弃，并能以积极的状态重新投入到工作中去					
	（16）我留心观察周围的事物，注意细节性问题，把握身边的契机，善于把不利局面转化为机会					
	（17）我更倾向于主动地去把握和解决问题，而不是被迫陷入被动					
	（18）我不是一个风险规避者					
关系网络	（19）我喜欢合作胜于凭一己之力完成工作					
	（20）别人认为我是一个值得信赖的人，并且充满活力、积极向上					
	（21）我善于和陌生人打交道，而不是仅局限于熟人圈内					
	（22）我具有影响他人的能力，并使人信服					
	（23）我善于向媒体公众推销自己的公司，吸引别人的注意力					
	（24）我能够和上下游行业保持紧密的合作关系，相互扶持，共同发展					
	（25）我能够同利益相关团体（如民间及政府机构、金融机构）形成良好的关系					
	（26）我同行业内的竞争者更容易实现竞合而非竞争					
目标	（27）与为别人工作相比，我更渴望有一份属于自己的事业					
	（28）我有一个很明确的创业目标，可以为实现这个目标而奋斗，即使需要付出一定的代价					
	（29）我有勇气和耐心去实现这个目标，即使需要承担风险					
	（30）我有信心最终完成这个目标					

2. 测评统计说明

测试完毕后，按照所选答案分别统计出 A、B、C、D、E 五类选项的数目，其中选项个数最多的那类就是创业者所属的类型。各类型的特征及创业建议如下。

A：你不适合创业或根本就没想过创业。你倾向于规避风险，喜欢安定的生活，并且不善于利用自己的网络去开拓事业。你的生活圈子只局限于所熟悉的那个圈子，因此更适合做一个普通的上班族。

B：你有创业的意识但是不愿意创业，在风险和安稳之间你更倾向于后者。

C：你具备一定的创业素质，但是由于缺乏信心致使你未能认清自己的这种能力。或许也可以说，外界的影响力经常会左右你的选择。

D：你适合创业且比较符合创业的要求，你所需要的是一种守业的能力，来保证公司的长期发展和完善。同时，你仍然还需要不断地完善自己，使别人更加信赖你，增强你的个人魅力。

E：你非常适合创业和守业。如果你能全身心地投入到一项激动人心的创业事业中，效果会更好，收益也会更多。但是，并非所有人都适合做企业家，即使恰好具备这些素质，你仍然不能忽略他人的帮助、忽略团队的力量，并应不断拓宽自己的视野，坚持学习，持续提升自己的能力与素质。

2.2　创业动机与创业者能力

2.2.1　创业动机

人们为什么要创业以及他们与非创业者（或创业失败的人）的不同，这一问题与创业者的动机密不可分。虽然对创业者心理特征的研究还没能得出一致结果，但认识心理因素在创业过程的作用还是很重要的。

人们选择创业的动机多种多样，调查发现，基本的创业动机有三个。

一是自己当老板。这是最常见的原因。然而，这并不意味真的创业者与他人难以共同工作，或他们难以接受领导权威。实际上，许多创业者想自己当老板，或是因为他们怀有要拥有一家自己的企业的恒久梦想，或是因为他们在传统工作中变得沮丧。

二是追求自己的创意。有些人天生机敏，当他们认识到新产品或服务创意时，他们就渴望看到这些创意得到实现。在既有企业环境下进行创新的公司创业者，常常具有使创意变为实现的意念。然而，绩优企业经常阻碍创新。当这种情况发生时，雇员常常带着未实现的创意离开企业。因为他们对创意的激情和承诺，一些雇员会决定离开雇佣他们的企业，开创他们自己的企业并将其作为开发自己创意的途径。

三是获得财务回报。这种动机与前两种动机相比明显是次要的，它也常常不能达到所宣称的那种目的。平均来看，与传统职业中承担同样责任的人相比，创业者并没有赚取更多的金钱。创业的财务诱惑在于它的上升潜力，但是有些人坚持认为，金钱并非他们的主要动机。

2.2.2　创业动机影响因素

从短期看，创业者的需求层次及其影响因素的共同作用形成了创业者不同的创业动机，不同的创业动机导致创业者创业行为过程与行为结果的差异。同时，创业者的创业活动导致创业者的现实需求得到满足。从长期看，由于需求在时间上的连续性，已有需求的满足又会导致新需求的产生，从而形成一个循环，最终变现为创业精神对经济增长的贡献与经济的繁荣。由此可见，决定创业者行为差异的深层次原因是创业者的需求层次及其影响因素。

创业决策是各种因素共同作用的结果。一方面包括创业者的个性特点、个人环境、相关的商业环境、个人目标和可行的商业计划；另一方面，创业者将预期的结果同自己的心理期望相比较。

创业者最初的期望和最终的结果会极大地影响到他们创建和维持一个企业的动力。当企业的经营业绩达到或超出期望，创业行为就会被正面强化，创业者将有动力继续创业。是留在现在的企业，还是创建另一家新企业就依他们的创业目标而定。当实际结果难以达到预期时，创业者的动力就会下降并负面影响继续创业的决定。这些对未来的预期同样会影响到后面的企业战略、战略实施和企业管理。

创业者的需求层次不同，由此产生的创业动机也存在差异。机会拉动型创业者的需求层次比生存推动型创业者高，机会拉动型创业者的创业动机受自我实现需求的推动，因为机会拉动型创业者大多没有生活压力，具备一定的知识、经验和能力，敢于承担风险，并相信能通过创业活动来实现自己的价值；生存推动型创业者则处于生理需求或安全需求等较低的需求层次，生活是生存推动型创业者处于生理或安全需求的根本原因。由此可见，不同的需求层次决定了不同的创业动机，从而影响了创业者行为过程与行为结果。

从间接影响创业动机形成的原因看，创业者的需求层次还受诸多具有长远意义的宏观因素的影响。一是社会保障。高水平的社会保障可以提高人们的需求层次，由于需求层次决定创业动机，从而可以得出：社会保障越高，机会拉动型创业比例就越高；社会保障越低，生存推动型创业比例就越高。二是收入水平。创业者作为理性个体，短期内的收入变化不会对创业者需求层次产生显著作用，长期内收入变化必然导致创业者需求层次变化，长期内收入水平提高有利于创业者需求层次的提升，反之下降。三是人口统计特征。人口统计也正是创业者自身特点的整体体现，主要表现为创业者群体的受教育水平、经验和经历等因素。由于人口统计特征的差异，相同的外部要素对创业者个体的作用产生不同的结果，从而形成了同一国家或同一地区创业者需求层次的多样性和创业者创业动机的差异。

2.2.3 创业类型

提起创业，人们想到最多的是开店、办公司、搞企业。随着时代发展的日新月异，创业方式正在不断发生变化，特别是 IT 业的崛起，令创业模式层出不穷：网络创业、加盟创业、兼职创业、团队创业。这些新鲜的创业方式吸引着每个创业者的眼球，它给人们带来的不仅仅是一种启示，更承载着一种希望。

1. 网络创业

优势：门槛低、成本少、风险小、方式灵活，特别适合初涉商海的创业者。像拼多多、阿里巴巴等知名商务网站，有较完善的交易系统、交易规则、支付方式和成熟的客户群，每年还会投入大量的宣传费用。

提醒：对初次尝试网上创业的人来说，事先要进行多方调研，选择既适合自己产品特点又具有较高访问量的电子商务平台。一般来说，网上加盟的方式更为适合，能在投入较少的情况下开业，边熟悉游戏规则，边依托成熟的电子商务平台发展壮大。

推荐人群：技术人员、海归人员、在校大学生、上班族。

2. 加盟创业

优势：加盟创业的最大特点是利益共享，风险共担。创业者只需支付一定的加盟费，就能借用加盟商的金字招牌，并利用现成的商品和市场资源，还能长期得到专业指导和配套服务，创业风险也有所降低。

提醒：随着连锁加盟市场规模的不断扩大，鱼龙混杂现象日趋严重，一些不法者利用加盟圈钱的事件屡有曝光。因此，创业者在选择加盟项目时要有理性的心态，事先进行充足的准备，包括收集资料、实地考察、分析市场等，并结合自身实际情况再决定。

推荐人群：各类创业者。

3. 兼职创业

优势：对上班族来说，兼职创业，无须放弃本职工作，又能充分利用在工作中积累的商业资源和人脉关系创业，可实现鱼和熊掌兼得的梦想，而且进退自如，大大减少了创业风险。

提醒：兼职创业，需要在主业和副业、工作和家庭等几条战线上同时作战，对创业者的精力、体力、能力、忍耐力都是极大的考验，因此要量力而行。此外，兼职创业族最好选择自己熟悉的领域，但要注意不能侵犯受雇企业的权益。

推荐人群：白领族、有一定商业资源的在职人士。

4. 团队创业

优势：俗话说，一个好汉三个帮，一群人同心协力，集合各自的优势，共同创业，其产生的群体智慧和能量，将远远大于个体。

提醒：创建团队时，最重要的是考虑成员之间的知识、资源、能力或技术上的互补，充分发挥个人的知识和经验优势，这种互补将将有助于强化团队成员间彼此的合作。一般来说，团队成员的知识、能力结构越合理，团队创业的成功性就越大。

推荐人群：海归人士、科技人员、在校大学生、在职人员。

2.2.4　创业者能力培养

1. 创业者能力要求

能力按照其获得的方式（先天具有和后天培养），可以分为"能力倾向"和"技能"两大类。

（1）能力倾向。

能力倾向是指上天赋予我们的特殊才能，如音乐、运动能力等。天生优势是先天的，而后天优势（知识和技能）可以通过学习和实践而获得。作为一名销售员，你能够学会如何介绍你的产品特性（知识），甚至能学会问恰如其分的问题来了解每个潜在客户的需求（一种技能），但是你永远不可能学会如何在恰到好处的时刻以恰到好处的方式，推动这位潜在客户掏钱购买，因为后者是一个人的天生优势。利用好上天赋予我们的特殊能力，这可能成为我们创业成功的发动机。我们熟知的比尔·盖茨，就是一位数学、计算机天才；股神巴菲特自小就觉得数字是非常有趣的东西，并显示了超常的数字记忆能力，5 岁开始做生意，11 岁开始炒股；还有维珍集团创始人兼 CEO 理查德·布兰森从小就具有商业头脑。一次，父母送给他一部玩具电动小火车，他自己动手改装小火车，提高车速，并定下每人 2 块巧克力饼干作为门票价格，请小朋友观看，一连半个月，布兰森都不愁没有饼干吃。

（2）技能。

技能是指经过后天学习和练习而培养形成的能力，如阅读能力、人际交往能力，表达能力等。从出生到长大，每个人都学会了无数技能。在现实生活中，个人的能力水平往往是能力倾向和技能两方面的结果。"勤能补拙"以及《卖油翁》中所讲的"无他，惟手熟尔"就是这个道理。

辛迪·梵和理查德·鲍尔斯将技能分为知识技能、自我管理技能和可迁移技能三种类型。

① 知识技能。

知识技能是指那些需要通过教育或者培训才能获得的特别的知识或能力，这些技能涉及学习的科目，它们是自己所懂得的东西，比如是否掌握外语、统计学、财务记录、计算机编程或管理学等知识。通常人们比较容易想到自己所具备的知识技能，但事实上，后两者更为重要。它使我们有可能不局限于自己的专业，可以在更广的范围内创业。

② 自我管理技能。

自我管理技能经常被看作个性品质，而不是技能，因为它们通常被用来描述或说明人具有的某些特征。它涉及个体在不同的环境下如何管理自己：是勇于创新还是循规蹈矩，是认真还是敷衍了事，能否在压力下保持镇定，是否对创业有热情，是否自信等等。自我管理技能举例：坚强的、积极的、值得信赖的、灵活的、精力旺盛的、自信的、理性的、负责任的等等。这些自我管理技能能够帮助个人更好地适应周围的环境。它们有助于推销自己和自己的才能，是成功所需要的品质。事实上，大学生创业失败更多的时候是因为缺乏自我管理技能而不是因为缺乏专业能力，"缺乏敬业精神，没有服务意识、眼高手低、不认真不踏实、没有主动进取精神"，"处理工作问题和人际关系上往往显得不成熟、以自我为中心"，这些都是与自我管理技能相关的。

③ 可迁移技能（或称通用技能）。

可迁移技能就是你会做的事，如教学、组织、说服、设计、安装、帮助、分析、决策。可迁移技能也被称为通用技能，如沟通能力、领导能力、人际交往能力、适应能力、分析和解决问题的能力等等。当需要勾画出个人最核心技能的时候，可迁移技能是需要被最先和最详细叙述的，因为它是最能持续运用和最能够依靠的技能。比如，你不是营销专业的学生，但凭着良好的人际交往技能，你曾经担任过某杂志的校园代理，并在地区销售评比中取得过第二名的好成绩，从可迁移的角度看，这样的经历可以使你成功地应聘一个公司的销售职位。

创业者应该具备哪些典型的技能？蒲拉斯（Price）2008 年在为斯里兰卡政府所做的研究中，总结了创业者所应掌握的、具有代表性的 21 条技能。

a. 对自己的优点与弱点有自知之明

b. 能开创新的思路

c. 具有管理财务的能力

d. 具有有效地开展沟通的能力

e. 具有与他人共事的能力

f. 具有开展研究活动——定性/定量研究——的能力

g. 具有评估一个小组所承担的工作任务的能力

h．能对机会做出评估

i．具有创造力

j．能为了进一步行动而评估新的思路

k．能建立起有效的团队

l．能建立起人际关系网络

m．在职务范围内具有创新精神

n．支持他人的工作

o．确认知识产权（包括知识产权、作品或成果的独特性、复制权）

p．能对客户的利益开展评估

q．能撰写（商务、社交、研究方面的）计划

r．具有管理他人的能力

s．能推销自己的（技术性、职业性的）技能

t．具有利用机会的能力

u．具有有效地开展谈判的能力

可以看到，其中 b、d、g、h、i、j、k、l、p、r、u 都属于可迁移技能；a、e、m、n、s、t 都属于自我管理技能；c、f、o、q 都属于知识技能。

（3）自我效能感。

与能力有关的还有一个重要概念，就是自我效能感。所谓自我效能感，是指个人对自己的能力，以及运用该能力将得到何种结果所持的信心或把握程度。自我效能感的概念被创业研究领域引入后，成为预测创业行为和创业成功的重要变量，被重新定义为"创业自我效能感"（Entrepreneurial Self-efficacy，ESE），也叫创业效能感（Entre-preneurial Efficacy），是指个体相信自己能够成功扮演各种创业角色，并完成各项创业任务的信念强度，创业效能感是创业者的一种信念和自信，具体是指创业者对其能力能够影响所处环境并且通过相应行为获得成功的自信。

研究表明，创业自我效能感在创业过程中起着稳定积极的作用。Chandler（1994）通过对美国 150 位制造行业创业者的调查检验了创业自我效能感在创业者能力与创业绩效之间的缓冲作用。结果显示，创业者对自己商业机会识别能力的效能感与其创业绩效呈显著正相关。同时，李蕊（2006）通过调查研究发现：创业自我效能感对创业决策有正向影响，即创业自我效能感越高，个体越容易做出创业选择。Hmieleski 和 Baron（2008）发现自我效能和创业项目的增长呈正相关。总之，自我效能高的创业者在他们领导的公司，比那些低创业自我效能的创业者领导的公司增长更迅速，利润更高，绩效更高（Hmieleski 和 Baron 2008）。

早期的创业自我效能感研究大都始于职业生涯的研究领域。因此，创业自我效能感一开始被充分地描述为一般管理职能效能感。但是经过近 20 年的发展，国内外关于创业自我效能感结构与测量方面的研究也得到了很大的发展。创业自我效能感概念与自我效能感概念不一样，不是指某种人格特质或创业行为能力本身，而是基于对自身创业行为能力的判断和评估所形成的对自身能力的信心或信念。同时，基于不同领域的自我效能具有各自的领域特殊性，作为自我效能感在创业领域的具体体现，创业自我效能感还包括个体对自己的那些与创业活动相关的任务或行为能力的觉知和信念。

2. 创业者能力培养途径

（1）创业者知识技能培养。

知识技能不可迁移，需要经过有意识的、专门的培训才能掌握。但是专业知识技能并非只能通过正式的专业教育才能获得，通过课外培训、专业会议、讲座或研讨会、自学等都可以获得。创业知识大致有三类：一是与创业企业相关的专业技术知识，如电子类创业，应该知晓与电子技术产品相关的知识；二是创业之后使得创业企业持续发展下去的经营管理知识，创业者除了专业创业外，他还应该是一个管理者，使企业可持续发展；三是与社会各方面交往所需要的知识。实践证明，一种有利于创业的知识结构，不仅需要具备必要的专业知识、经营管理知识，而且还必须具备综合性知识，如有关政策、法规等知识，以及更广的人文社会科学知识。前两类知识往往是实用性的，一般容易被创业者注意到，而后一类知识则是一项事业可持续性发展的底蕴，应该得到越来越多的关注。

对大学生创业而言，他们在大学阶段的主要任务就是学习各类知识和技能，将创业教育纳入人才培养体系，将创业类相关课程列入教学任务，学习法律、财税、经营管理等方面的知识。

（2）创业者自我管理技能和可迁移技能培养。

自我管理技能无论是先天的还是后天的，都需要训练和培养。它们可以从生活领域迁移转换到创业领域。也就是说，耐心、责任、热情、敏捷这些技能并不是通过专门课程学习到的，而是在日常生活中随时随地培养的。

可迁移技能的特征是它们可以从生活中的方方面面特别是工作之外得到发展，却可以迁移应用于不同的工作之中。比如在大学宿舍里发生大家争用宿舍电视的矛盾时，宿舍长可以组织室友们一起开会讨论，协商解决问题。在这里，就用到了组织、商讨、问题解决、管理等重要的可迁移技能。因此，在大学阶段，参加学生组织或社会实践活动，有助于大学生可迁移技能的培养。

过去十几年中，我们的创业教育侧重点在如何创办新企业以及如何写计划书这样的知识技能培养上，而当前，我们的创业教育侧重点转移为："以提升学生的社会责任感、创新精神、创业意识和创业能力为核心，以改革人才培养模式和课程体系为重点。"

（3）创业自我效能感的形成与培养。

创业自我效能感是在成长过程中学习得来的，是在我们的成长过程中通过生活中的点点滴滴和各种形式社会经验中学到的。研究表明，在一个商业家庭中长大的孩子能够形成更多的创业思维。这些经验让孩子们很早就知道他们在生命中能做些什么，他们怎样影响自己的生活，他们面对什么样的选择和环境将做出什么样的反应。个体对创业者生命的诠释的发展变化可能取决于他头脑中的生活经验对自身的不断调整。

① 家庭环境的作用。

父母对个人的创业自我效能感的影响是巨大的，是其他任何人都无法取代的。研究发现：过度控制的教师、父母很容易阻碍大学生创业行为发展。大学生独立成功处理麻烦的情境会对一个人的能力灌输更坚定的信念，这会增强他在应对其他困难时候的忍耐力，能独立地制定应对策略的大学生更有机会成为成功的创业者。遭受家庭破碎、贫困或虐待的青少年有可能由于这个糟糕的成长经历产生一个消极的自我效能观，也可能学习到在混乱的环境中成功驾驭和克服这些困扰的问题的能力，获得高水平的自我效能。

② 学校教学的塑造。

教师在教学过程中，使用互动教学方法并提供丰富教学经验更能影响自我效能的培养。在互动的教学过程中，学生可以表达自己的思想，通过师生互动、生生互动从而达到建立自己的知识结构的过程。在此过程中，学生通过自己建构知识框架的过程形成自我效能感。通过模拟而不是讲课及案例分析的实践学习，也能增强学生的自我效能和战略规划与思维能力。创业教育要融入专业教育之中，即使是体育专业的大学生也同样可以。例如，竞技体育培养不断提高自己、吃苦耐劳和应对压力等这些特质，它有助于改善对环境的不确定性的看法和解释，在创业竞争领域提供应对战略，这些特征是创业自我效能感的关键因素。因此，参与竞技体育的大学生倘若成为一个创业者，他们会更具有竞争力。他们在遇见困难时可能会觉得刺激而不是感到沮丧。会使用在以前的体育活动中所发扬的精神，如坚持和拼搏，从而成就杰出的商业成果。

③ 社会的反馈和自身学习的影响。

媒体依靠外表（力量或美貌）影响个人的自我效能的自我模式，并且产生敏感的社会评价。大学生在媒体的宣传影响下，会按照许多媒体节目的评价设立评估自己的准则。展现创业者的纪录片节目能够教授一些关于创业的适当经验教训，因为大学生通过利用媒体陈述和评估他们自己的生活，从而模仿创业者的各种成分，生活方式等。如果大学生看到一个具有社会价值观的个人能够成立一个公司并能有稳定的收入，有他们某种高尚的生活方式，他们也许会尝试着复制这一行为。

2.2.5　创业者方式选择

1. 创业者类型

创业者有不同的类型，各自在不同的环境中创业。表 2-2 总结了创业者的类型和特点。可以看到，这里所说的"创业者"的概念是广义的，并不仅仅指创办新企业的个人。

表 2-2　创业者的类型和特点

类型	特点
具有创业素质的员工（内部创业者）	大型企业或公司内部的那些具有开创精神和能力的员工
创业型管理者	能激励员工自主解决业务问题
公共部门创业者	能开创性地整合公共部门或非公共部门的资源，开拓社会机遇，为民众创造价值
具有创业理念的大学毕业生	能以高水平的专业技能，取得事业的发展
女性创业者	一个易被忽视的群体，常常出现在传统的女性职业领域，例如零售、餐饮和护理行业
社会创业者	将商业原则和商业创业技能运用于社会公益事业的人
年长创业者	他们工作时间灵活，有丰富的经验和创业技能，一般来说他们人脉广，资金和资源都比较充足
不断创建新企业的创业者	他们善于创办新的企业，很快开拓业务，而后又并购和发展一个又一个企业

2. 大学生创业模式

（1）按照大学生参与创业的时间划分。

大学生的创业模式，按照大学生参与创业的时间可以划分为以下三种：兼职创业、休学创业和毕业后创业。

① 兼职创业。

兼职创业是指学生不放弃或中断自己的大学学习而采取在课余时间从事创业活动的创业模式。我国目前的大学生创业者对于这种模式的倾向性很高，这种模式要求学生在创业的同时不能影响大学课程的学习，因此选取这种模式的创业者在创业活动中所涉及的行业通常都是对创业者时间投入要求较灵活的行业，而创业者本人对于学习和创业的时间、精力安排必须合理，否则将会是一事无成。从大学生创业者的角度来看，选择此种模式主要有以下三种情况。第一种，创业的目的是为大学学习服务的，即大学生创业是为了更好地完成大学的学习而开展的，通常可以归为两类：一是为了筹集上学费用开展创业，二是为了锻炼自己的实践能力开展创业。第二种，创业的风险性太高，即大学生创业者认为创业的风险太高，为了给自己创业失败后多一种选择，因此选择了兼职创业。第三种，迫于社会、家庭的压力，我国大学生对于家庭、社会的依赖在前面已经阐明，所以大学生在对创业模式进行选择时，往往需要征得家庭、社会的同意。

兼职创业模式的特点：一是企业经营模式多样性，由于创业者不仅要面对创业的风险和挑战，还要完成繁重的大学课程，因此创业者只能利用课余时间从事创业，而由于我国的教育体制并不灵活，因此企业的运营模式只能根据创业者的实际情况进行调整；二是企业组织形式的多样性，一方面这是由于创业资本来源的多样性造成的，另一方面由于大学校园相对于社会的相对独立性，一些创业者的创业活动仅局限其中甚至没有正规的法律形式；三是创业企业的平均科技含量较低，这一方面是由于我国创业大学生的整体现状决定的，另外一方面在校大学生尤其是低年级学生的专业技术知识上不完备也是一个重要原因。

根据大学生创业的影响因素，选择此种模式的原因主要有以下两点：一是大学生对于创业本身缺乏必胜的把握；二是家庭、社会要求大学生在创业的同时不能影响学业。

② 休学创业。

休学创业是指学生为了创业而申请休学从事创业活动的一种模式，这种模式受教育体制的影响较大。选择这种模式的大学生不仅要面对创业的风险和挑战，还要应对周围环境的压力。从另外一个角度看，由于这部分创业者创业失败后还有另外的选择，如回到大学继续读书，所以在创业过程中更要有充分地应对风险和困难的准备，否则容易半途而废。这种模式也可以称之为缓冲模式，即创业大学生可以在休学期内通过自己的实践和创业企业的发展能更有针对性地对创业模式做出选择。

休学创业模式的特点：一是创业大学生有较为充裕的时间和精力进行创业，休学可以为大学生创业者提供更为充足的实践和经历，这对于创业的成功是大有裨益的；二是创业者承受失败的能力相对较强，在同等条件下这种模式又给创业者提供了一种退出机制；三是可变性，由于休学的时间限制，最终大学生创业者还要根据休学期创业实际，在其余两种模式之间做出选择转变为其余两种模式中的一种。

从创业的影响因素来看，首先，此种模式要求，大学生对自己的创业计划及自身的能力要有较大的把握；其次，需要得到家庭、学校、社会的认可和支持。

③ 毕业后创业。

这种模式是指大学生在结束大学课程之后走上创业的道路，选择此种模式的大学生其动机通常都是出于自我实现或就业的需要，这种模式对于高等教育的冲击较小，而且创业者在接受高等教育的过程中实践能力、自身知识水平等各方面素质也会有较大提高。同时由于自身的素质提高，其在创业的过程中可选择范围也较大，这对创业者的成功都起到了很大的作用。从大学生的从业意义角度来讲，这种模式的大学生创业对于社会经济发展和缓解大学生就业压力的作用都非同一般。因此，这种模式应该是我国应该大力提倡和引导的。

毕业后创业的特点：一是对高等教育没有冲击；二是创业企业的组织形式、经营模式相对稳定，大学生毕业后创业直接面对市场经济的机遇和挑战，正规的企业形式是不可缺少的，因此，选用此种模式要求创业者必须提高自己的管理技能；三是创业企业的平均技术含量较高，大学生在接受完大学教育之后，自身的专业技能、社会实践能力都有很大的提高，使得利用自有技术创业的可能性得以增大，同时对于相关技术领域的发展也会有更好的把握，这也提高了创业企业利用先进技术的可能性。

根据参与创业的时间还有一种模式，即退学创业。但是大学生如果放弃高等教育阶段的学习对大学生的成长是弊大于利的，因此不予提倡。

（2）按照大学生参与创业的途径划分。

① 立足校园创业。

学校本身就是一个大市场，学生的消费力随着经济水平的提升也在日益提高，基于自身对学生消费习惯、需求偏好的清晰了解。大学生立足校园创业是一条不错的思路。如何在校园挖掘商机并将之转化为财富，关键是要处处留心。

② 互联网创业。

信息技术的飞速发展，杨致远等先行者的步伐，让互联网创业大潮汹涌澎湃。有个好的想法就可以吸引到风险投资，可以圆自己做老板的梦想，这样的神话一再上演，更是让互联网成为年轻人创业的梦工场。关键是仅有想法是远远不够的，成功更需要实实在在的盈利模式与经营管理能力。

③ 发挥专长创业。

专业划分让大学生学习与研究的侧重点各不相同，往往也形成了他们各自的专长。专长是大学生所拥有不多的资源之一，在资金、经验相对匮乏的时刻，如何将专长发挥到极致对创业尤为重要。

④ 抓住商机创业。

智者培根说："机遇老人第一次给你送上的是他的头发，如果你一下子没抓住，再抓就只能碰上他的秃头了。幸遇良机，就要及时把它抓住，一旦错过，连朱庇特也无法将它追回。"对于经验、资源积累都不够丰厚的大学生创业者来说，一次难得的商机更不容错过。

⑤ 加盟创业。

选择一家知名度高、信誉好、管理规范的企业，成为其加盟商或代理商，背靠大树好乘凉，当是初涉商海的大学生创业者较为省事、省心、省力的办法。没能力登高望远，至少还有巨人的肩膀可供攀爬。

⑥ 概念创业。

顾名思义就是凭借创意、点子、想法创业。当然，这些创业概念必须标新立异，至少在打算进入的行业或领域是个创举，只有这样，才能抢占市场先机，才能吸引风险投资商的眼球。同时，这些超常规的想法还必须具有可操作性，而非天方夜谭。一种新的经营模式能带来一个行业的飞跃。联邦快递之所以成功,与转运中心式创新经营模式、"隔夜送到"的新颖承诺是密不可分的,由此也带来了物流业的革命。

⑦ 企业内部创业。

内部创业是由一些有创业意向的企业员工发起,在企业的支持下承担企业内部某些业务内容或工作项目,进行创业并与企业分享成果的创业模式。相对于另立山头,自力更生的创业方式,内部创业在资金、设备、人才等各方面资源利用的优势显而易见,由于创业者对于企业环境非常熟悉,在创业时一般不存在资金、管理和营销网络等方面的困扰,可以集中精力于新市场领域的开发与拓展。

2.3 创业团队及其构成

2.3.1 创业团队内涵

1. 创业团队概念

狭义的创业团队是指有着共同目的、共享创业收益、共担创业风险的一群经营新成立的营利性组织的人,他们提供一种新的产品或服务,为社会提供新增价值。广义的创业团队不仅包括狭义的创业团队,还包括与创业过程有关的各种利益相关者,如风险投资商、供应商、专家咨询群体等。

2. 创业团队属性

组成创业团队是一种结合远景、理念、目标、文化、共同价值观的机制,使之成为一个生命与利益共同体的组织。一般而言,成功的创业团队运作应该具备以下八大特征。

(1)凝聚力。

团队是一体的,成败是整体而非个人,成员能够同甘共苦,经营成果能够公开且合理地分享,团队就会形成坚强的凝聚力与一体感。

(2)团队利益至上。

每一位成员都应将团队利益置于个人利益之上,而且充分认识到,个人利益是建立在团队利益基础上的,每一位成员的价值,表现为其对于团队整体价值的贡献。成员愿意牺牲短期利益来换取长期的成功果实,而不计较短期薪资、福利、津贴,将利益分享放在成功后。

(3)与企业同成长。

团队成员保持对企业长期经营的信心,对于企业经营成功给予长期的承诺,每一位成员均了解企业在成功之前将会面临的挑战,并承诺不会因为一时利益或困难而退出,同意将股票集中管理。如有特殊原因而提前退出团队者,必须以票面价值将股权转让给原公司团队。

(4)企业价值发掘。

团队成员全心致力于创造新企业的价值,认为创造新企业价值才是创业活动的主要目标,并认识到唯有企业不断增值,所有参与者才有可能分享到其中的利益。

（5）合理分配股权。

平均主义并非合理，团队成员的股权分配不一定要均等，但需要合理、透明与公平。通常创始人与主要贡献者会拥有比较多的股权，但只要与他们所创造价值、贡献上能相配套，就是一种合理的股权分配。有一家创业公司的四位成员以平均方式各拥有 25%股权，但其中两位几乎对于新企业发展完全没有贡献，这样的创业团队其实是不健全的，也很难吸引外部投资。

（6）公平弹性的利益分配。

创业之初的股权分配与以后创业过程中的贡献往往并不一致，因此会发生某些具有显著贡献的团队成员，拥有的股权比例较低，贡献与报酬不一致的不公平现象。因此好的创业团队需要有一套公平弹性的利益分配机制，来弥补上述不公平的现象。例如，新企业可以保留10%盈余或股权，用来奖赏以后有显著贡献的创业成员。

（7）完美能力搭配。

创业者寻找团队成员，应该基于这样的考虑，主要是弥补当前资源能力上的不足，也就是说考虑创业目标与当前能力的差距，来寻找所需要的配套成员。好的创业团队，成员间的能力通常都能形成良好的互补，而这种能力互补也会有助于强化团队成员间彼此的合作。

（8）互相信任。

建立和维护创业团队成员之间的信任，简单地说，一是要增强信任，二是要防止出现不信任，避免信任转变为不信任。信任是一种非常脆弱的心理状态，一旦产生裂痕就很难缝合，要消除不信任及其带来的影响往往要付出巨大的代价，所以防止不信任比增强信任更加重要。

当然创业团队也并非一蹴而就，往往是在新企业发展过程中才逐渐孕育形成完美组合的创业团队。在这一过程中，创业成员也可能因为理念不合等原因，在创业过程中不断替换。有人统计，在美国创业团队成员的分手率要高于离婚率，由此可见团队组成的不易。虽然有诸多不易，团队组成与团队运作水平对创业融资与创业成败都具有关键影响力，因此创业者必须重视如何发展创业团队的问题，并培养自己在这一方面的能力。

2.3.2　创业团队组建

创业团队的组建是没有任何神奇公式的，它类似于把拼板玩具的每一块拼凑起来，而能否搭建起来，关键是合适。

1. 创业团队整合过程

许多学者认为，为了更好地理解创业团队特性，应该要了解创业团队形成的过程。创业团队的形成虽然有一定的偶然性，但一般主要表现为两种模式。在第一种模式下，往往是一个人首先有了一个事业设想或创业的渴望，进而吸引、招募其他人加入进来组成创业团队共同实现创业。而第二种模式下，一开始创业团队就成立起来，此时可能还并未形成明确的创业理念，进而团队共同寻求事业机会，这样的团队组建可能源于共同的理念、相似的经历或者友情关系。

无论创业理念来自个人还是得益于已有的团队组织，创业团队的形成和新成员的加入，其内在机制无非有两种：① 资源寻求，创业团队的新成员加入是为了增强创业团队目前或者未来资源的存量；② 个体之间的吸引，创业团队的新成员加入目的在于满足现有团队成员社交心理的目的。

Bird（1989）定义了创业团队形成过程中的五个关键步骤：吸引、结合、规划、冲突及发展，并结合社会心理学的一些概念，对小型创业团队的形成过程中成员加入的动因进行了研究与总结。她指出人们"会走到一起"可能出于这样一些原因：爱好、亲近、享受彼此陪伴、相似及性格互补等。在创业的背景下，拥有能够带来创业成功的投资资金、经验及专业技术同样也会吸引潜在团队成员加入团队。Katz（1993）却认为团队形成过程更多是依赖于时间或者任务的需要，而并不是遵循什么特定的发展阶段。

Chandier 和 HankS（1998）对 12 个创业团队进行了个案分析，结果显示，公司成立时，创业团队的选择多是因为彼此间有相同的兴趣，而非团队成员的个别专业能力互补。其中，仅有 2 家公司在寻找团队成员时有考虑成员在管理职能上的互补以及曾经的管理经验；有 7 家是因为团队成员对技术或是所提供服务有共同的兴趣；其余的创业团队则是考虑到加入创业团队可以增加个人财富或被企业成长的机会所吸引。因此，整体而言，很少有团队一开始就考虑成员间管理职能上的互补性，更重要的原因是出于共同的兴趣和对机会的认同。

上述研究表明，创业团队必定是一个动态的团队，这种动态发展既可以表现在团队成员组成的外在变化上，也能体现在团队能力的内在变化中。

2. 创业团队组建原则

创业之初，困扰最大的是团队的组建和管理，团队是人力资源管理的核心，而人力资源是企业的根本，一个企业要是不能拥有自己优势的核心人力资源，其成功的可能性几乎为"零"。为此，组建一个合适的、具有战斗力的创业团队就是团队首领的当务之急。

（1）互补原则。

建立优势互补的团队是创业成功的关键。"主内"与"主外"的不同人才，耐心的"总管"和具有战略眼光的"领袖"，技术与市场两方面的人才，都不可偏废。创业者寻找团队成员，首先要弥补当前资源能力上的不足，要针对创业目标与当前能力的差距，寻找所需要的配套成员。

（2）合伙人原则。

一般企业都是招员工，而员工都是在做"工作"。但创业团队需要招的是"合伙人"，因为合伙人做的是事业，一个人只有把工作当作事业才有成功的可能，一个企业只有把员工当作"合伙人"才有机会迅速成长，所以，创业团队要先解决价值分配障碍，然后再去找自己的"合伙人"。

（3）激情原则。

激情是衡量一个人是否能够成功的基础标准。创业团队一定要选择对项目有高度热情的人加入，并且要使所有人在企业初创就要有每天长时间工作的准备。任何人，不管其有无专业水平，如果对事业的信心不足，将无法适应创业的需求，而这种消极因素，对创业团队所有成员产生的负面影响可能是致命的。创业初期，整个团队可能需要每天 16 个小时不停地工作，并要求在高负荷的压力下仍能保持创业的激情。

（4）团队原则。

团队是企业凝聚力的基础，成败是整体而非个人，成员能够同甘共苦，经营成果能够公开且合理地分享，团队就会形成坚强的凝聚力与一体感。团队中没有个人英雄主义，每一位成员的价值，表现为其对于团队整体价值的贡献。每一位成员都应将团队利益置于个人利益之上，个人利益是建立在团队利益基础上的。这样的团队才更有可能成功。

此外，创业团队还要注意个人的性格与看问题的角度，团队里必须有总能提出建设性意见和不断发现团队问题的成员，一个都喜欢说好话的组织绝对不可能成为一个优秀的团队！

2.3.3　创业团队类型

创业团队组建模式大致可以总结为以下七种类型。

1. 父子兵型

父子俩通常情况下是近乎绝对的利益共同体，但由于各种客观条件的限制，父子在创业时就齐上阵的情形不太多见，父子兵更多表现在后创业时期，或者子承父业上。父子兵创业大致又可以分为如下几类。

齐头并进（三株集团吴氏父子）；

分工协作（天通股份潘氏父子）；

青出于蓝（方太厨具茅氏父子）；

承袭余荫（格兰仕梁氏父子）。

2. 兄弟班型

在家族经营过程中，兄弟创业的故事远比父子创业要浪漫得多。兄弟创业的成功事例很多，比如鼎鼎大名的刘永行、刘永好兄弟，远大空调张剑、张跃兄弟，新闻不断的吉利集团李书福兄弟等，人们早已耳熟能详。兄弟企业给人的感觉往往是生龙活虎，而风险便是兄弟易阋于墙。大致又可以分为如下几类。

骑驴找马型（鹏润公司黄氏兄弟）；

一技傍身型（铭泰科技何氏兄弟）；

众星拱月型（吉利集团李氏兄弟）；

张仪相秦型（招宝珍禽蓝家兄弟）。

3. 夫妻店型

夫妻创业有相当的特殊性，因为在其创业的过程中，不可避免地要掺杂进感情的因素，这有时是动力，有时也是阻力。在全球华人中，成功的夫妻企业有很多。像曾跻身中国大陆100 富豪的阎俊杰、张璨夫妇这样耳熟能详的搭档自不必说，还有在纳斯达克成功上市的软件公司 Vitria，其创办人张若枚、Dale Skeen 夫妇也是知名的例子。大致又可以分为如下几类。

同舟共济（美团王兴夫妇）；

贤内助当家（豪杰梁王夫妇）；

举案齐眉型（东方爱婴贾余夫妇）；

夫唱妇随型（GRIC 通信陈刘夫妇）。

4. 好汉帮型

朋友创业比起父子、兄弟等亲戚创业的类型，多元性是其显著的特点，而且在责权利的划分及管理上，更会多几分理性和约束。同时，朋友间的创业具有选择性，不像亲戚创业那样会受到创业者个人能力、素质等问题的局限。这是一种介于传统家族企业和现代企业之间的企业形态。大致又可以分为如下几类。

"发小"型；

同窗型；

家族联合型；

志同道合型；

合纵连横型。

5. 亲帮邻助型

靠向亲朋好友借钱起家的创业者，不论是过去还是现在，都是一种很主要的创业方式。因为最容易实现，所以也是最具普遍性的创业方式，但是要想成功也绝非易事，因为借钱者通常身单势孤，而且还款压力巨大，稍有不慎，滑下水的也大有人在。亲帮邻助起家的创业大致又可以分为如下几类。

顺风扯帆型；

腆颜相求型；

众人拾柴型；

情非得已型。

6. 个人英雄型

个人英雄型的创业企业，是指由个人先打拼出一片小天地，然后吸收家族成员参与企业管理；或者在创业时"携妻抱子"，一个人像当年关云长千里走单骑那般打出一片新天地。大凡这样的人，意志、胆略诸方面都有过人之处。大致又可以分为如下几类。

走投无路型；

志向高远型；

逼上梁山型；

心思活泛型。

7. 综合创业型

既然是创业，就没有什么固定的招式。我们可以把家族企业的创业类型大致分成上述父子兵、夫妻档、兄弟班等若干种，但也有一些不能够归到上述分类之中的企业。比如北京大名鼎鼎的"公关怪杰"——百龙绿色科技所（集团）的老总孙寅贵的创业经历，以及正泰集团总裁南存辉的创业故事，都不能归入上述哪一类，他们稍显复杂的起家过程，都或多或少地综合了上述方式中的几种，如孙寅贵的"黄埔军校"、南存辉的"自剪羽翼"。

2.4　创业团队管理

2.4.1　核心创业者领导才能

优秀的创业团队善于根据独特的创业理念来发展愿景，这种重要理念的作用在以后成功的企业实践中将得到充分体现发挥。根据对全球 500 家成功创业企业的调查，成功的创业都有令人神往的创业远见并坚持信念、付诸行动、力求成功，最后梦想成真。优秀创业团队的杰出理念虽各有不同，却基本上具有以下几个共同点。

（1）凝聚力。

创业团队中每个成员都是紧密相关、不可分割的，企业的成果既是每位成员共同努力的目标，也能使成员从中获取精神和物质上的收益。优秀的创业团队中的每一位成员都会认为单纯依靠个人力量不可能单独成功，任何个人离开企业的整体利益都不能单独获益。同样，任何个人的损失也将损害整个企业的利益，从而影响每一个成员的利益。

（2）合作精神。

具有成长潜能的企业最显著的特点就是创业团队的整体协同合作能力，而不仅仅是一个培养一两个杰出人物的场所。优秀的创业团队注重相互配合以减轻他人的工作负担，从而提高整体的效率。他们注重在创业团队的成员中树立榜样，并通过奖励制度激励员工。

（3）完整性。

任务的完成必须建立在保证工作质量、员工健康与其他利益不被侵犯的前提下。因此，艰难的选择和利弊权衡应综合考虑顾客、公司利益及价值创造，而不能以纯粹的功利主义为依据，或是狭隘地从个人或部门需求的角度来衡量。

（4）长远目标。

和大多数组织结构一样，新企业的兴衰存亡取决于其团队的敬业精神，一支敬业的团队，其成员会朝着企业的长远目标而努力，而不会指望一夜暴富。创业在团队成员眼中是一场持续 5 年甚至 10 年以上的愉快经历，他们将在其中不断奋斗直到取得最后的胜利。没有一家企业能够靠今天进入、明天退出（或经营发生困难之际退出）而在短期内获得意外横财。

（5）收获观念。

成功收获是创办企业的目标，对于创业团队成员而言，企业最终获得的收益才是衡量成功程度的标准，而非他们个人的薪水、办公室条件或生活待遇等。

（6）价值创造。

创业团队成员都致力于价值创造，即努力把蛋糕做大，从而使所有人都能获利，包括为顾客提供更多的价值，帮助供应商也能从团队成功中获取相应收益，以及使团队的赞助商和持股人获得更大的盈利。

（7）等中不等。

在成功的新创企业中，简单民主和盲目平等显然都没有什么利用价值，企业所关注的是如何去选定能胜任关键工作的适当人选及其职责所在，而公司总裁是负责制定基本行动准则和决定企业文化的关键人物。公司的股票在创始人或总裁及主要经理人之间并不是平均分配，不能简单追求所谓的平等，而对企业今后的经营产生巨大的负面影响。

（8）公正性。

对关键员工的奖酬及职工股权计划的设计应与个人在一段时期内的贡献、工作业绩和工作成果相挂钩。由于贡献大小在事前只能做一个大概的估计，而且意外和不公平的情况往往在所难免，因此必须随时做相应的增减调整。

（9）共同分享成果。

尽管法律或道德都没有规定创业者在企业收获期要公平公正地分配所有利益，但看起来越来越多的成功创业者都已经这样做了，通常他们会把企业"盈利"中的 10%～20%留出来分给关键员工。

2.4.2　团队内部冲突协调

在一定范围内，冲突有助于团队成员激发和分享不同的观点，进而形成更好的决策，但如果冲突超越了认知的范畴，就可能导致创业团队的决策失效，进而会引发团队分裂和解散。因此，管理团队冲突是核心创业者必须具备的才干之一。

在冲突管理中，核心创业者首先要注意利用激励手段来鼓励正面冲突，让团队成员感受到能通过知识分享实现创业成功后，能获得相应的利益和价值。在制定激励方案时，创业者需要注意以下几个方面。

（1）差异化。

虽然民主方案可能行得通，但是与个人贡献价值不同而实行的差异化方案相比，它包含的风险更大，缺陷也更多。一般情况下，不同的团队成员很少对企业做出同样大小的贡献。因此，合理的薪酬制度应该反映出这种差异。

（2）关注业绩。

报酬应该与业绩挂钩，而且该业绩指的是每个人在企业早期过程中所表现出来的业绩，而不仅仅是此过程中某个阶段的业绩。有许多企业，他们的团队成员在企业成立后几年内所做出的贡献程度变化很大，但报酬却没有多大变化，这种不合理的薪酬制度使企业很快就土崩瓦解了。

（3）灵活性。

无论哪个团队成员在哪个既定时间段的贡献多大或多小，这种情况都很可能随着时间的改变而发生变化，而且团队成员的业绩也会和预期的有很大出入。另外，团队成员很可能会由于种种原因而必须被替换，这样的话就需要另外招聘新成员并添补到现有团队中去。灵活的薪酬制度包括年金补助、提取一定份额的股票以备日后调整等，这些机制有助于让人产生一种公平感。

除了规划科学的激励机制，创业者要保持开放的心态，要塑造创业团队是一个整体而不是特意突出某个个人的集体印象，这样有助于把团队成员之间的观点争论控制在可管理范畴之内，而不是演化为团队成员之间的矛盾。一旦发生情感冲突，创业者就应该理性地判断团队存续的可能性，通过替换新成员来及时化解情感冲突，比维持旧成员处理情感冲突往往会更加有效。

2.4.3　创业团队创业创新精神

创业团队创业创新精神对企业绩效的影响程度是决定性的。总体上，创业团队创业创新精神包括四个维度：集体创新、分享认知、共担风险、协作进取。

（1）集体创新。

一般地说，创业团队并不是一群散兵游勇式成员的简单集合体。它与群体的最大区别在于团队成员间具有相互依赖和密不可分的联系，而群体则没有这种特征。但是，作为具有团队创业精神的创业团队组织还应当具备更高的标准。第一，要求创业团队内部能够正确对待个体成员之间所发生的冲突；第二，要求团队内部个体成员与组织之间能够在相互信任关系的基础上形成有利于企业成长的心理契约关系。在此基础上，创业团队可以凝聚全体团队成员力量，并通过这种团队成员对团队组织的向心力来推动创新方案的形成和创业决策方案的执行。

（2）分享认知。

创业机会可以视为创业的逻辑起点，这种创业机会可以理解为通过创业者对资源的创造性组合来满足市场需求，并为自己获得超利润的一种可能性。相较于个体创业来说，采用团队方式可以极大地提高对创业机会的认知水平。首先，不同的个体成员具有不同的先前知识和多种个性特征，从而可以通过集体意义上的综合"警觉性"，更为有效地保持对外部客观存在的创业机会的认知；其次，团队内部的异质性成员可以从不同的角度对创业风险和创业收益进行更为科学的评价，从而获得更为理想的创业租金（表现为组织建立、配利行为、企业成长等多种方式）；最后，通过不同个体创业者所具有的社会关系间的整合，将有助于形成复杂的社会网络系统，从而为团队接近创业机会和获得所需创业资源奠定基础。

（3）共担风险。

作为一支富有创业精神的创业团队，在共担风险维度上至少具备以下特征。第一，具有异质性的创业团队成员可能具有不同的风险偏好，创业团队中既可能有极端的风险爱好者，也有可能存在极端的风险厌恶者，更多的创业团队成员可能处在风险连续统一体中的某一点。如果不同的团队成员能够就同一事件发生的风险偏好最终达成共识，那么冒险成功的可能性就会加大。第二，利用团队成员的异质性，不同的团队成员可以从自身的知识视野认知、分析和评价风险，如果就不同的风险感知能够得到有效的整合，那么对风险正确感知的可能性就会得到提高，进而可以做出更为有利可图的冒险行为。总体上说，团队创业精神要求具有异质性的创业团队能够以一种积极的姿态共同判断事件发生的可能性风险，并采取共同承担风险的方式，以减缓由个体成员独自承担风险所带来的巨大精神压力和经济损失压力。

（4）协作进取。

传统的观点往往是把自治作为创业导向的重要维度，它在分析个体创业精神时特别合适，但盲目地套用"自治"的维度来研究创业团队的创业精神是不合适的。创业团队企业精神的进取力则是建立在协作基础上的，这种"协作进取"的创业团队企业精神维度体现在三个方面。第一，团队成员在知识、能力、角色等方面的互补性；第二，团队内充满学习型氛围；第三，团队内具有创业型组织文化。

2.4.4　创业团队管理模式

1. 创业团队四种不同角色的管理

以下按照不同人员在团队中所扮演的角色和作用，对一个创业团队做基本的划分，分别为战略管理层（王者）、智囊团（丞相）、开拓者（将军）、核心团队（士兵），同时描述各自的处理方法。

（1）战略管理层。

战略管理层，包括企业的发起者和战略合作伙伴。战略合作伙伴是与创业发起者处于同样地位，同样持有公司股份，把握公司的战略规划，生死与共的伙伴。无论是企业发展初期的资金筹集、战略规划，还是企业危机时的力挽狂澜，战略管理层都发挥着极端重要的作用。显然，战略合作伙伴的选择至关重要，他们不仅需要与企业发起者有性格上的互补，还需要有能力及所拥有的资源上的互补。当然前提还要是一个正直诚信的人，在此前提下处理与战略合作伙伴的关系，用八个字概括为"肝胆相照，荣辱与共"。当然，一些基本的协议和规范要求还是要签的，这样可以避免以后很多不必要的矛盾。创业发起者与战略合作伙伴一同构成企业的灵魂和心脏，一定程度上决定着企业的兴衰。

（2）智囊团。

智囊团，也就是出谋划策的小部分精英人士。他们分别擅长不同的领域，拥有某一方面超人的能力和丰富资源（诸如企业融资、项目运作、资金管理、市场开拓、对外关系处理、宣传推广等等）。当企业存在哪一方面的问题时，他们将协助企业的战略管理层共同处理问题。由此可见，正确处理与智囊团的关系，并整合他们的能力、智慧是一个企业成长的关键。用八个字概括为"分而治之，礼贤下士"。智囊团的每一个成员都具有某一方面的专长，如果他们联合在一起，其作用力和权威将远凌驾于战略管理层之上，造成公司的动荡。所以，应该"分而治之"，同时建立较好的内外监督机制。每个智囊团的成员都是某个领域的成功人士，某种程度上他们更看重荣誉感和成就感，而不是利益，自然"礼贤下士"是处理方法之一。

（3）开拓者。

开拓者，我们称之为将军。他们具有很强的能力和抱负，不满足于现状。开拓者在很大程度上决定着一个企业能否快速发展起来，处于十分重要的地位。但是，开拓者也是一个企业潜在的危险敌人，当他们在企业中占有一定的资源，能力提升到一定程度后，他们极有可能背离公司，另立门户。这些开拓者直接联系大客户，开拓市场，管理下属，占有公司的资源，了解公司的一些机密，犹如引领企业发展的将军。从古至今，拥有兵权者自然是最易造反者。对此，我们采用"制衡、联亲"方法。一个拥有五十万兵权的人和五个拥有十万兵权的人，自然是后者存在的威胁小。对于开拓者，不能让少部分人具有过高的影响力，包括占有太多资源，了解公司太多的机密，而这也就是"制衡"的原则。对于这一阶层的人，不需要高的工资，可以让他们占用公司小部分股份，使之建立与企业的密切利益关系，也就是"联亲"的方法。

（4）核心团队。

核心团队是一个企业的基本劳动力，他们从事企业日常运营的琐碎事情，看似无关紧要，却又不可或缺。他们没有太高的抱负，比较满足于现状，只希望有基本的物质保证，同时每天重复着流程化的事情。我们称之为"士兵"。处理核心团队，遵循传统的"大棒加萝卜"的做法。一方面，需要有强有力的制度约束、监督机制，培养他们的纪律感和责任心，做到令行禁止。另一方面，又需要有一定的奖励刺激措施，提升他们的积极性。在企业中形成这样一种氛围，做得好者，可以得到奖励，做得不好者，就必须收拾包袱走人。招聘核心团队时，不求文凭、能力，只求勤劳肯干、老实守纪。当然，如果是有意通过基层训练而培养人才的除外。战略管理层，必须在核心团队中树立自己的绝对威信和权威，确保企业按照正确流程日复一日地运行。

2. 企业不同发展时期的团队建设问题

按照企业发展的不同时期，分为建立初期、稳定期、成长期、昌盛期。不同时期所需要处理的主要关系不同，分别为：战略管理层的内部关系、企业与核心团队的关系、企业与开拓者的关系、企业与智囊团的关系。企业不同发展时期，团队建设的主要策略分为："自由治""法治""利治""文治"。企业创业团队的四支队伍，相互渗透，只是不同时期矛盾的处理重点不同。各种矛盾关系，各种处理策略相辅相成，相互渗透。

（1）建立初期。

这个阶段主要是由战略管理层共同担负起企业的命运。战略管理层在这个阶段也是一个大浪淘沙的过程，不需要太在意伙伴的流失，这是普遍和正常的。许多人并没有足够的创业毅力和刻苦奋斗的精神，在创业初期往往承受不住磨难而选择放弃。在企业建立初期，团队中的主要矛盾是处理核心管理层内部的矛盾。团队建设采用的主要策略是"自由治"，可引用马克思主义哲学的四个字"解放思想"作为团队管理的战略统领。许多创业者在创业初期，就大搞制度和文化建设，却不注重原始资金的积累。须知，没有物质基础，谈何上层建筑。奢望在没有物质保障的前提下，借用制度和文化去套住团队成员，有如螳臂当车。即便强留下你的伙伴，他的心也不在你这里。在创业初期，资金的不足使得很多很好的项目胎死腹中。这个阶段，关键是生存下来，这才是最重要的。即使从事的不是最初的规划（公司的主营项目），也没有关系，只要中心不偏离。

（2）稳定期。

熬过了困难期后，便进入企业的稳定期。公司注册下来后，开始招募基本的员工（核心团队），由核心团队处理企业运营的日常事务，确保公司的稳定，使公司的基本事务逐渐走向流程化。这个时期，团队中的主要矛盾是处理与核心团队的矛盾。团队建设采用的主要策略是"法治"，也就是通过各种制度、规范以及必要的激励措施来管理团队。确保公司的每一个人都严格遵守规章制度，做到令行禁止。只有稳定下来，才谈得上发展。核心团队就是一个"企业王国"的士兵，而战略管理层在这一阶段则充当其他一切职能，包括战略规划、市场开拓等。

（3）成长期。

企业成长期，是一个企业很关键的阶段。许多中小企业也就是因为没能跨越这个瓶颈，最终避免不了灭亡或被吞并的结局。经过企业的稳定过渡后，我们主要介绍另外一支队伍"开拓者"（也就是将军），由他们去开拓市场，带领公司快速发展。这个时期，团队中的主要矛盾是处理与"开拓者"的矛盾。团队建设采用的主要策略是"利治"，也就是"让利于兵"的做法，将公司利润的相当一部分，用来刺激和鼓舞团队士气，特别是"开拓者"的战斗激情。

在整个公司，打造一种蓬勃向上的生气，让团队的每一个人都清楚，只要肯干肯拼，就会有报酬。其中包括各种通用措施，诸如让出部分股份、表彰先进、业绩提成等等。

（4）昌盛期。

企业经过快速发展后进入昌盛期，此时正确采用团队管理建设方法，才能确保企业的长久昌盛。在"战略管理层""核心团队""开拓者"的基础上，我们最后介绍一支队伍"智囊团"，也就是王国的丞相。这个时期，团队中的主要矛盾就是处理与智囊团的关系。团队建设的主要策略是"文治"，也就是企业的文化建设。日本企业在这一方面是做得很好的。借用某种文化理念，通过各种培训、实践，打造一种"家"文化，培养员工的归属感和责任心，形成企业的文化。同时积极从事各种社会慈善事业，树立企业形象，注重产品服务，打造企业品牌。

总之，在一个企业中，正确地划分团队人员，并采用正确的处理策略，同时判断企业不同发展时期团队建设存在的主要矛盾，以及相应的主要策略，将在一定程度上决定着企业的兴衰成败。

思考问题

1. 什么是创业动机？它是如何影响创业活动过程的？
2. 创业者应具备哪些独特技能和基本素质？
3. 优秀创业团队的标准是什么？创业成功的重要性体现在哪些方面？

拓展阅读

从估值一亿到一夜分家：一个曾经存在过的教育产品的故事

不知从什么时候起，泡面吧的介绍变为了"曾经存在过的一个教育产品"。让我们一起回忆这个曾经的创业故事。

泡面吧是面向中文用户的在线计算教育平台，采用伴随式教育的概念，让用户可以像泡面一样更高效、更主动地进行学习。简单而言，这是一家教人编程的网站，开放的课程包括编程初学入门常识、C语言入门、C语言进阶、C++入门等。泡面吧项目的产品代码最初是由1992年出生，在伊利诺伊香槟分校读计算机专业的俞昊然写出来的，后来陆陆续续地有人参与过产品的开发和迭代，直到第8号成员严霁玥、第10号成员王冲的加入，团队才有了固定的三位合伙人。严霁玥的角色是负责公司行政，而王冲因为此前在投资机构的经历，负责内容、商务拓展和寻找融资。

2013年4月，泡面吧内测上线。2013年底，泡面吧引入天使投资，融资100万元，随即成立了众学致一网络科技（北京）有限责任公司。

2014年5月，这是一家估值过亿的公司，转折的节点出现在泡面吧即将签下A轮融资协议的前一个晚上，2014年6月17日，几位创始人因为最终没有厘清股权分配的方案，导致了创业团队的决裂。事情的经过大概是这样的。

2014年6月16日，经过王冲的努力，泡面吧A轮融资收到了多家投资机构给出的风险投资协议书。据了解，其中条件最优的一家愿意出资300万美元，占股20%，此时公司总估值接近1亿元人民币。

然而，就在6月17日，三位创始人在讨论股权融资协议时，为股权比例和谁是老大的问题发生了激烈的争执，俞昊然说自己是公司的创始人，是公司的老大，理应持有最多的股份，要跟王冲股份对调；而王冲说股权要平均分配，这是怎么回事儿？难道作为原始创始人的俞昊然没有拥有最多的股份？

原来，在泡面吧天使融资的时候，天使投资人要求公司要有一人股权独大，考虑到俞昊然在外求学，决定由王冲占大股，调整过后的股权比例是王冲占65%，俞昊然占25%，严霁玥占10%，三人拟定了一份创业意向书，确定了分工、股权、期权和决策机制，但没有签署。

也就是说，俞昊然和王冲口头协议股份对调，先满足投资人的要求，让王冲成为第一大股东，等到融资成功，两人的股份进行对调，俞昊然仍为第一大股东。

但是，王冲却说两人口头约定的是股权平均，在后轮融资中，先稀释王冲的股份，等到王冲的股份和俞昊然的股份相近，再稀释王冲和俞昊然的股份，最后达到股权平均。

事情的真相究竟如何，已经无从考证了，因为两人曾经只是口头协议，没有落实到白纸黑字。但是，这场A轮融资前夜的争执最终的结果是，俞昊然、王冲、严霁玥三人彻底闹翻，"泡面吧"核心创业团队就此解散。之后，俞昊然将"泡面吧"更名为计蒜客，王冲和严霁玥成立萌码，曾估值上亿的泡面吧不复存在。

泡面吧短暂的创业历程令人唏嘘不已，为何最终它在即将闪耀的时候，却快速陨落，发生了所有人意料之外的事情。其中的前因后果是什么，参与其中的人的心理冲突是什么，以致有最终这个结局？总结来看，最关键的可能就是天使轮的协议到底是怎么签的，以及口头协议到底是怎样的？

其实，创业首先是人合，其次是力合，也就是选对人，做对事。泡面吧是许多创业团队经历的缩影，集中体现了创业团队经常发生的问题，主要集中在两个方面：一是创业团队的合伙人精神，也就是股东的选拔，二是股权分配的科学设计。

思考：

（1）泡面吧成立之初如何设计股权，团队有可能不解散？为什么？

（2）结合案例分析，创业团队组建的原则有哪些？创业团队如何管理？

第 ③ 章

创业机会识别与评价

学习目标

1. 掌握创业机会概念和特征。
2. 了解创业机会的识别过程。
3. 理解创业机会的来源。
4. 了解创意生成的过程。
5. 理解创业机会评价的方法。
6. 了解创业风险概念和防范方法。

知识要点

1. 创业机会定义和主要特征。
2. 识别创业机会过程。
3. 创业机会来源分析。
4. 创意生成障碍。
5. 创意生成方法。
6. 创业机会评价。
7. 创业机会风险识别和防范。

在创业时机来临时，天时、地利、人和缺一不可。在知识经验日积月累后，创业者需要积极地洞察环境中的机会，识别并解决市场存在的问题，准确评价与适时把握创业机会是创业过程的关键环节。创业机会识别和把握，还需要创意或创新思维的助阵，对现实世界进行重新认知和解构。本章介绍创业机会识别、评价和风险的分析，帮助创业者领悟创业机会的真谛。

3.1 创业机会概述

3.1.1 机会的概念

机会，一般有两种解释：时机或机遇。

1. 时机

具有时间性的机会，或有利的关键时刻。辨认是否是恰当时机，是对客观存在的主观认知与判断。具有时间限制和时代特点，主要强调大环境和大趋势，是各项社会活动中突然出现的具有带动性的新形势。孔子云："天下有道则见，无道则隐。"苏轼说："速则济，缓则不及，此圣贤所以贵机会也。"

2. 机遇

在特定环境中，某种事情积累、发展和变化到一定程度，从量变到质变，产生有利于事物本身或相关方的过程，视为机遇。若产生不利，则视为危机。

（1）两重性。

机会来临，既包含成功的希望，也包含失败的风险。

（2）偶然性。

机会是历史的、时间的、空间的巧合，事先很难预料，刻意寻找往往寻他不到。但偶然中也存在必然，当事物量变发展到质变，你可能毫无防备，机会却悄然而至。

（3）隐蔽性。

虽然机会客观存在，但却无形、无色、无味，正如法国文学大师巴尔扎克所说："机会往往披着神秘面纱，难以看到她的真面目。"因此，需要我们认识和判断这些潜伏在生活中不易发现的有利条件，意识到困境走向成功过程中偶遇的转折点。

（4）易逝性。

所谓"机不可失，时不再来"。

（5）可逆转性。

虽然机会总是"可遇而不可求"，但是在一定范围内控制和逆转机会的发展方向，"危机"就会变为"机遇"，塞翁失马，焉知非福。

机会往往是给有准备的人。"机会成事，机遇成人"。机会对每个人，每时每刻无处不在。只有有准备的人，才能在事物从量变发展到质变之时，在特定环境、特定时刻，运用自身的能力，识别和把握机会，驾驭其朝向有利于自己的方向发展，终而成事，正如"成功属于有准备的人"。这是一个长期积累和沉淀的过程。

【读一读】

机会，你是谁？

"你是谁？""我是征服一切的机会。"

"你为什么踮着脚？""我时刻在奔跑。"

"你脚下好像长着双翼？""我在乘风而行。"

"你的前额为什么长着长发？""好让幸运者把我抓牢。"

"你的后脑勺为何光秃秃的？""为了不让坐失良机的人从背后把我抓住。"

3.1.2　创业机会的概念

在创业学中，"创业机会"这一关键学术概念，目前尚未统一共识。

关于创业机会的概念，Shane 和 Venkataraman（2000）定义为"新的产品、服务、原材料和组织方式能以高于生产成本价格引进和销售的可能情境"，这一定义体现了创业机会"方式和目的"的关系，已被广泛采纳。Singh（2001）从未被开发的机会角度入手，认为创业机会是"一个可行的、寻求利润的、潜在的商业活动，能够为市场提供创新产品和服务，改进现存产品和服务，或未饱和市场中模仿可盈利产品或服务"，超越的仅仅是按照全新的"方式-目的"模式判断创业机会的框架。在此基础上，Smith（2009）更详细地定义了创业机会，是"利用市场不完善性追逐利益的一种可行的未来情景，在这种情境中，市场能够提供一个不断创新的或在未饱和市场中模仿的产品、服务、原材料或组织方式"。

将创意转换为创业机会的关键环节之一，是把创意发展为可以在市场上检验的商业概念。商业概念既体现了顾客需要解决的、创业者有能力和方法解决的各类问题，也体现了解决问题所带来的各方利益，以及获取这些利益的手段。

创业机会是预期能够产生价值的"目的—手段"过程中各要素的组合。从本质上看，创业机会是具有时效性的有利态势，是未明确的市场需求或未被充分使用的资源或能力。创业机会连接着市场目的（即顾客需求或顾客利益）与企业手（即满足顾客需求或实现顾客利益的方式），二者缺一不可。成功地识别和利用创业机会的起点是发掘顾客需求、痛点或问题，即目的，再与创业者所能提供和创造的解决方案，即手段进行匹配，进而锁定创业机会。今日头条建立和发展的过程正是创始人张一鸣先识别到有价值的"目的"，进而构建有效的"手段"，最终发掘和转化了"个性化资讯推荐服务"的"目的—手段"组合过程。今日头条定位为一款基于数据挖掘的智能推荐内容产品，其自称"不做新闻生产者，只做新闻搬运工"。当用户使用微博、QQ 等社交账号登录今日头条时，它能在 5 秒内通过算法解读使用者的兴趣DNA，用户每次操作后，10 秒更新用户模型，使用次数越多，越了解用户，从而为用户提供精准的阅读内容推荐。

3.1.3　创业机会的特征

创业机会一般具有五大特征。

1. 蕴藏真实客户需求

创业机会中蕴藏着具有购买能力和欲望的目标客户尚未被满足的需求。在需求识别过程中，避免把创业者的需求强加给客户，避免不切实际的需求。创业者需要进行不断学习和经验积累，擅长从宏观环境趋势和产业市场中，挖掘客户亟待解决的问题。辨析潜在客户的深层需求，也可识别出成功概率高的创业机会。

2. 能够收回投资

即在承担风险和努力工作后，创业机会也可为创业者带来可观回报和预期收益。这也和创业者采用的商业模式，特别是盈利模式相关。

3. 具备竞争能力和竞争优势

目标客户即便具备购买意愿，也爱货比三家。要么提供独特产品，让目标客户无法比较；要么让目标客户感知到，购买创业者的产品或服务比购买竞争对手的能够获得更多期望价值。做到知己知彼，扬长避短，另辟蹊径，巩固优势，弥补不足，不断反省，自我完善。

4. 实现既定目标

无论把握何种创业机会，都要设立目标，利用有限资源向关键目标和战略项目努力，实现创业愿望、创业盈利目标和价值终极目标。

5. 有效资源技能

在创业者具备资源、能力、法律等必备条件的范围内，借取、利用、掌握必要的人、财、物、信息、时间等关键资源，进行资源有效组合和优化配置，实现创业活动的高效率和最优效果。

【案例】

两个青年一同开山。小青把石块砸成石子运到路边，卖给建房人；小白直接把石块运到码头，卖给杭州花鸟商人。三年后，小青成为村里第一个盖瓦房的人。后来，不许开山，只许种树，这里成了果园。每到秋天，漫山遍野的鸭梨招来八方宾客，梨汁浓肉脆，香甜无比；小白和其他村民把堆积如山的鸭梨运往国内的北京、上海，还发往韩国、日本，大家为小康生活欢呼雀跃。小青发现客商不愁买不到好鸭梨，但发愁买不到盛梨子的筐，因此小青卖掉果树而种柳树。五年后，小青成为第一个在城里买房的人。后来，铁路从这儿贯穿南北，果农开始发展果品加工，小青在地头砌了一道300米的墙，面向铁路，背依翠柳，两旁是万亩梨园。坐火车的人经过这里，欣赏盛开的梨花之时，看到醒目的四个大字：可口可乐。据说这是五百里山川唯一一个广告，每年小青凭这个广告，多了4万收入。20世纪90年代末，韩国公司人士来此地考察，听到这个故事，认为小青具有商业头脑，当即决定找到此人。找到此人之时，小青正跟对面店主吵架，原来他把衣服标价800元，对面标价750元，他标价750元，对面标价700元，几个月下来他仅卖几套，对面却客户越来越多，发出800套。韩国人对小青失望不已，但弄清真相后惊喜万分，当即决定百万年薪聘请小青，原来对面那家店铺也是小青开的。

3.2 创业机会的来源

创业机会的出现可能源于诸多方面因素，如宏观环境变动、市场的不协调或不完善、信息滞后、环节缺口，以及各种各样其他因素的影响。当行业和市场中存在变化的环境、混乱、混沌、矛盾，以及落后与领先、知识和信息、时间或者空间差距，创业机会就会在其间产生。创业者要对现有市场条件和不能控制的外部环境因素可能带来的影响有深刻的认识和具体理解。我们一般将创业机会的来源分为宏观环境的机会来源、行业环境的机会来源。

3.2.1 宏观环境的机会来源

宏观环境不仅间接影响现有企业的生存和发展，而且很多企业的成功正是从宏观环境中洞察了发展方向，适时进行战略转型，才能发展壮大，比如海尔。而且宏观环境的变化也孕育着新的创业项目和创业机会。创业机会的来源分析，首先是辨识宏观环境的现状与发展，洞察社会发展趋势，把握社会整体的变化和前进方向，顺势而行，而非逆势而动。宏观环境的分析一般包括经济环境、政治和法律环境、社会文化环境及科学技术环境四个方面。

1. 经济环境与变化趋势

经济环境主要包括经济发展水平、经济体制状况、国民经济结构、当前经济状况及国际经济因素等。

（1）经济发展水平，包括经济发展规模、速度及已经达到的水平。

相关的评价指标主要包括，国内生产总值（GDP）、国民收入、人均国内生产总值（GDP per capita）、人均国民收入、GDP 的增长速度等。例如，我国虽然 GDP 世界第二，但据专家预计，我国人均 GDP 与发达国家仍具有一定差距，这也预示随着经济的快速发展，我国的消费水平还有很大发展空间。

（2）经济体制状况，例如计划经济、市场经济。

（3）国民经济结构，例如产业结构、分配结构、交换结构、消费结构、技术结构。

目前，我国产业结构中，第一产业（农林牧渔）比例有所下降；第二产业（工业）比例较大，发展趋缓；第三产业比例增长迅速。2022 年，第一、二、三产业增长值为 88 345 亿元、483 164 亿元和 638 698 亿元，比上年分别增长 4.1%、3.8%、2.3%，三次产业占比分别为 7.3%、39.9%和 52.8%。

（4）当前经济状况，例如税收水平、通货膨胀、贸易差额、失业率。

（5）国际经济因素。

某位女士看重希腊加入欧盟的长期经济效应，2007 年在希腊开办高级粤菜饭店，但没想到后续欧债危机导致消费热度下降，希腊人从每周吃一次中餐，变成了半个月甚至半年才吃一次，只能停止了中餐运营。

2. 政治和法律环境与变化趋势

政治环境具体包括政局稳定、政治制度、政企关系、党和国家的方针政策等。政治因素对企业活动影响力非常大。由于政治环境因素导致企业出现变动的情况有时不可预测，一旦发生则不可避免、不可逆转。一般情况下，在国内识别机会过程中，了解党和国家的方针政策的变化，尤其是政策鼓励领域和不鼓励领域，是非常必要的。这些方针政策对企业活动往往具有调节和控制作用。在国际政治环境中，不仅蕴含机会，也蕴含不稳定风险因素。2022年2月爆发的俄乌冲突，给中国在俄乌两国投资的企业造成数百亿美元的直接损失。

法律环境是指与企业运行相关的社会法律系统及法规，主要包括国家相关的法律法规、国家司法与执法部门、法律意识等。法律环境对企业影响力具有刚性约束，新的法律法规的实施，会影响到创业项目的选择方向。

随着经济发展和科技变革，政府也在不断完善法律和调整政策。而政府法律和政策的变化，就可能给创业者带来新的商业机会。特别是在社会处于转型期或变革之际，政府在产业发展等方面的法律或政策出现调整变化，实际上是对产品或服务范围和结构的新调整，在这种情况下，就会出现新的市场机会。例如，我国实行的"新能源汽车"补助政策，是应对全球性金融危机而采取的扩大内需举措之一，这为许多创业者提供了难得的机遇。

【案例】

法律环境变化和365私人飞机网的创业机会

2010年11月，国家逐步开放低空领域，出台的"十二五"规划明确提出提速通用航空发展，这个领域被5个小伙子看中，希望做通用航空领域的"阿里巴巴"。他们问，10年前你能够想到现在汽车这么普及吗？5年后，开跑车不如开飞机，你会相信吗？于是，黄拓担任董事长兼法人，注册资本10万元（自己打工和家里支持）；李鹏、何浩森负责网络技术，搭建互联网平台；陈志勇负责市场信息收集、网站推广、内容更新；周鑫科负责对外联络事宜。他们认为，私人飞机，专业用语叫作通用航空，是指除军事、警务、海关缉私飞行及公共航空运输飞行外的航空活动，如赵本山的私人飞机。他们要做类似阿里巴巴，通过互联网搭好平台，把和私人飞机有关的东西串联起来，例如二手飞机、航材、租赁服务、飞行员培训等等，涉及整个产业链条。他们建起网站——365私人飞机网，上面有200多个型号的飞机、44个品牌，全是高清图片，从100万元以下到5 000万元以上分类得清清楚楚。曾经有风投愿意用300万元买断他们的网站。虽然卖二手飞机很多人认为不靠谱，但是网站建起来没多久，就有人上门来让他们帮忙选购，虽然最后和欧洲卖家没有谈妥，但是，他们的信心开始坚定起来。

根据案例思考问题：针对近几年我国政府的政策和法律完善，你看到了何种商机？

3. 社会文化环境与变化趋势

随着社会和人口因素的变革，会产生新的创业机会。人的需求是变化的，不同时期的社会和人口因素变化，会产生不同需求。随着现代社会加快发展，变化中的需求也更明显。例如，农村人口就业和家政服务业的兴起；老龄化问题和老年服务市场的发展；单身贵族及其衣食住行问题；中国文化产业，如中医、中餐、太极拳等在国外市场逐渐发展。

4. 科学技术环境与变化趋势

技术变革，主要源自新的科技突破和多种技术组合，可能给创业者带来某种创业机会，具体表现为三个方面。

（1）新技术替代旧技术。

当在某一领域出现新科技突破或新技术，足以替代某些旧技术时，就会产生创业机会。例如，智能手机取代传统手机，移动互联网技术带来的随时随地办公。

（2）实现新功能、创造新产品的新技术出现。

当一种能实现新的功能、创造新的产品的新技术出现之时，无疑会给创业者带来新商机。例如，更轻薄便捷的内衣保暖面料的诞生。

（3）新技术带来的新问题。

多数新技术都有利与弊的两面性，在给人类带来新利益的同时，也会带来新的灾难。这就会迫使人们为消除新技术的弊端，而开发新技术使其商业化。例如，互联网和移动互联网的出现，带来计算机隐私信息的泄漏问题和安全防范问题，解决此类问题的同时也会带来新的机会。

宏观环境的来源分析方法，可参考战略分析工具之 PEST 分析。PEST 这四个大写字母是政治（Politics）、经济（Economy）、社会（Society）、科技（Technology）的英文的头字母，PEST 分析是对宏观环境竞争状况分析，这些因素往往不受企业掌控。

3.2.2　行业环境的机会来源

行业环境也称微观环境，微观环境会直接影响企业的生存和发展。

1. 产业结构变革

企业提供目标客户或产品变化，兼并合作带来的行业结构变化，会改变行业竞争状态，孕育创业机会。例如，比亚迪的总裁王传福创业之初，日本充电电池一统天下，国内厂家多是买来电芯组装。结果日本宣布本土不再生产镍镉电池，引发镍镉电池生产基地的国际大转移，王传福意识到了新的机会，马上涉足镍镉电池生产，成就了电池大王基业。

2. 行业分析和竞争变化

采用波特五力分析模型（如图 3-1 所示），分析行业现有竞争者、新进入者、替代品、供应商和购买者的议价能力，了解行业的竞争状况，预测行业发展趋势，看到新的行业增长潜力，或老的行业留存机会，都属于行业环境的机会来源。

（1）现有竞争者分析。

选择未饱和非垄断市场和非成熟行业，防止同类竞争过度激烈，同时具有发展空间。对目标群体提供同类产品或同类服务的现有竞争者的资源和能力进行系统梳理，找到对手的优势和劣势，并分析比较，扬长避短，击其软肋，知己知彼，百战不殆。

（2）新进入者威胁分析。

新进入者是行业重要的竞争力量，虽然创业者往往是行业新进入者，但也会面临其他意识到类似创业机会的创业者或模仿者进入威胁，这些力量对创业成功与获得收益带来挑战。这些新进入者的力量取决于行业市场进入障碍高低和创业企业可反击能力，具体影响因素包括产业或企业的规模经济状况、产品差别优势、资金需求、转换成本、销售渠道等方面。

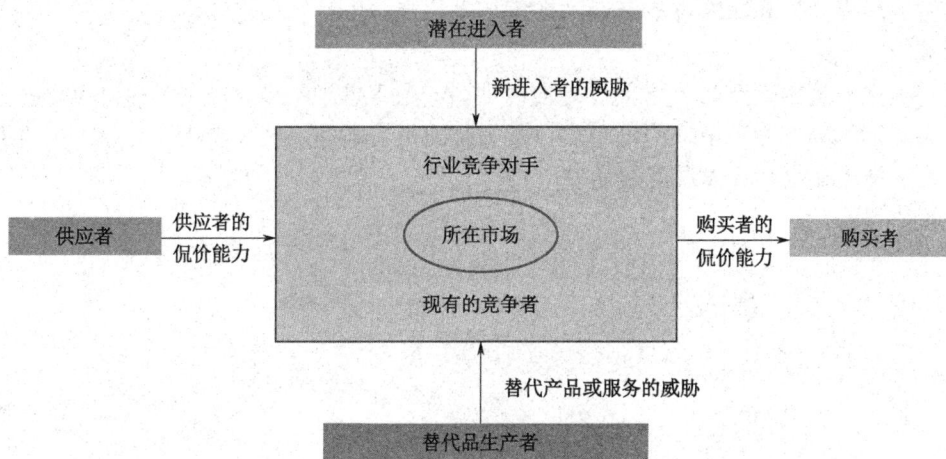

图 3-1　波特五力分析模型

（3）替代品的竞争压力。

科技发展导致替代产品层出不穷。要想缓解这类竞争压力，不妨抓住新科技带来的新机会变化，自我反省、自我淘汰、自我竞争。

（4）购买者的议价能力。

新创企业如果力量较弱或竞争者众多，就容易缺乏对购买者的议价能力。新创企业的产品较独特，或能与目标客户建立关系，才能取得更强的议价能力。

（5）供应商的议价能力。

尽量避免有制衡自身特殊材料的供应商，才能取得更强的与供应商的议价能力。

当然分析过程还需考虑到其他利益相关者，主要包括股东、员工、政府、社区、借贷人等，它们各自对企业的影响大小不同，创业者从创业初始就应适当考虑与利益相关者的价值均衡问题及他们对创业的影响。

3.2.3　创业时机与机会窗

蒂蒙斯认为，好的创业机会必须在机会窗口存在期间被实施，所谓机会之窗就是创业想法被推广到市场上所花的时间，即时机。创业机会存在于动态的、发展的背景中。因此，在有利时机抓住创业机会非常重要。行业或市场从诞生到发展，一般具有一定生命周期和有限时间长度，创业者最好能在市场初步打开和行业开始迅速发展，直到市场接近于饱和与行业趋于稳定之间，及时识别和利用创业机会，从而获得盈利与投资的回报。

如图 3-2 所示为蒂蒙斯机会窗口模型，描述了新兴行业或市场快速成长的生命周期模式，如软件产业。一般行业或市场的生命周期，是起步—加速—放缓—衰落的过程。

（1）第一阶段（如图 O～A），行业机会窗口未开启期。市场发展前景不明朗，竞争者少，抓住创业机会的创业者拥有先入者优势，但市场风险较大、失败率高。

（2）第二阶段（如图 A～C），行业机会窗口期。这个时期内，市场份额快速增长，市场规模不断扩大，企业较易实现盈利。

（3）第三阶段，行业发展趋缓期（如图 C 点之后）。在这个时期内，市场竞争比较激烈，进入门槛逐渐提高，利润率逐渐降低，市场基本稳定，供给接近饱和，企业难进入，机会窗口基本关闭。

值得关注的是零点到 B 点之间的这段时期，一般人意识不到这就是一个非常不错的市场机会。当然，不同产业和市场的机会窗口敞开时间长短不同，创业者需辨识清楚，在有利时机进入，方能增加存活和发展的成功率。

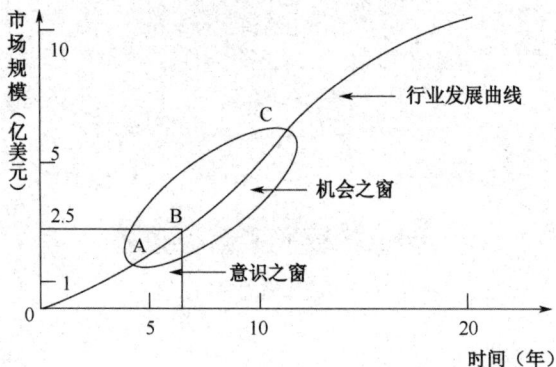

图 3-2　蒂蒙斯机会窗口模型

3.3　创业机会识别

即使创业机会存在，也只有能敏锐地识别和捕捉到它的人才能掘得第一桶金。正是这种识别能力才使得创业机会显现出来。创业机会对于大部分人是不明显的，只有少数人才能发现。创业者是特立独行的，他们能做出常人做不出的决策。

另外，创业者在识别创业机会过程中，也往往需要拒绝很多机会，而后抓住少数的机会，所以本质上，成功的创业者就是成功的机会决策者。

3.3.1　影响创业机会识别的因素

1. 创业者特征

在创业机会的识别过程中，除了掌握外部创业机会来源及分析方法，创业者的能动性也发挥着重要作用。影响创业机会识别的创业者特征因素，主要包括了先前经验、认知因素、关系网络及创造性四个方面。

（1）先前经验。

先前经验，是创业者在先前创业经历和其他工作实践中，累积获得的各种先前知识和感性观念的总和，前者构成创业者的"知识走廊"，后者强调对先前经历的反思性学习。先前经验主要包括行业经验、职能经验和创业经验。行业经验是对行业环境、竞争状况的认知，职能经验是对研发、生产、营销等企业职能知识和能力的积累。个体先前知识差异，导致个体机会识别差异，与先前知识密切相关的创业机会更易被创业者识别。具有创业经验的创业者具有独特的思维模式，更容易找到最佳创业机会。先前经验愈丰富，创业机会识别和评价成功率愈高。类似经历的成功经验，可增强创业者的效能感，使创业者更乐观地面对困难，更坚持不懈，更积极地解决问题。先前的受挫经验可帮助创业者在机会识别时更好地规避创业风险。同时也要注意，经验也可能禁锢创业思维，要尽量打开思路。

（2）认知因素。

人的认知会随着外部环境变化、自身经验积累、学习领悟提升而变化。创业者的认知因素是创意激发、机会识别的连接线。机会的识别和认知是复杂的学习过程。先前经验是感知和解读新信息的认知基础，即便是类似的外部环境，先前经验，尤其是反思学习有所不同的两人，由于对同一事物的先前知识基础不同、知识结构不同、认知观点不同、格局眼界不同、信息加工方式不同，因此对机会信息背后价值的解读就会产生一定的差异。创业认知的警觉性越高，越会察觉别人不觉察的事物信息。

（3）关系网络。

先前经验和认知因素对创业机会识别固然重要，外部联系和关系网络也有利于创业信息的共享和传递，从而带来新的创意和创业机会的认知。张玉利（2008）在实证分析后发现，社会交往面越广泛、交往对象越多样化、与社会地位高的个体联系越密切，越有利于创业者发现新的机会。Hill 等（1997）发现，利用社会网络资源获悉创业机会的创业者比单独创业者能识别更多创业机会。

（4）学习与创造的过程。

在创造性思维应用下，创业者能触类旁通，联想借鉴一个领域已有的方法解决另外一个领域的创业问题。或在探索学习中受到启发，产生灵感，带来解决问题的新方法。以往对事物的细致观察、深刻理解、经验积累和实践锻炼，是提高悟性和灵感的重要基础。

3.3.2　影响创新思维的障碍

创意是新颖的、创造性的创业想法，是个人或组织识别市场需求问题与发现创业机会的回应。创意生成，需要创新思维的激发和创新意识的应用。创新思维、创意思维亦称创造性思维，是在创造者已有知识体系和经验积累的基础上，以新颖独特的思维活动，揭示客观事物本质及内在联系，获得对问题的新解释，产生崭新的思维成果。创新思维不神秘，每个人都拥有创新思维的潜能，可以通过创新思维的学习和训练，提高创新能力。创新思维就像埋藏在后花园的宝石，需要有一个善于主动思考的头脑和恰当的方法去挖掘。

（1）克服思维定式（或称思维惯性）。

思维定式是先前活动而造成的心理活动所形成的准备状态。是人们把平时学习和实践中获得的知识、经验、观念、方法等要素积淀后，固定于大脑之中，构成一定的思维方式。久而久之，在思维过程中形成相对固定的认识、分析问题和解决问题的固定模式，很难改变，因而称为定势。在环境不变时，思维定式帮助人运用已经掌握的方法迅速解决类似问题。而环境变化时，容易妨碍人们思考和使用新方法，成为创造性思维的枷锁。

常见思维定式类型分为从众定势、书本定势、经验定势和权威定势。针对不同的思维定式类型，我们可采取不同的方法积极应对。

① 克服从众思维定式，勇于坚持己见。

从众定势是人云亦云，不敢思考和大胆表达与大多数人所认同的不一样的想法。克服从众心理，就要进行充分的自我提升，既要对众人一致想法保持开放心态，也需在严谨思维论证后，能够坚持自我想法。美国特斯拉和 SpaceX 的创始人马斯克坦言，在创业的探索过程中，遭遇偶像的质疑、民众的质疑，甚至是总统候选人的质疑，但他仍旧坚持开发新能源汽车，改变了汽车行业的未来。

② 克服书本思维定式，具体问题灵活处理。

在思考问题和解决问题时，不顾实际情况，不怀疑书本的知识，认为书本知识都是对的，不假思考盲目运用书本知识，这样的行为是不合适的。当书本知识与客观事实出现了差异，就会禁锢创新思维的产生。

③ 克服经验思维定式，突破经验限定的框框。

我们的确需要重视和借鉴经过长时间学习和实践积累的知识和经验，这些经验可以帮助我们更快速和精准地进行决策。但是利用经验去解决问题的时候，也需要抱着质疑和批判的态度，否则一味相信经验，就会形成经验打造的框框，束缚我们的思维，墨守成规，让我们无法创新和变革。

④ 克服权威思维定式，勇于质疑，寻求新观点。

很多人会不假思索，以权威是非为是非，认为与权威观点相违背的观点，就是错误和不可支持的。但是随着人们对事物认知的发展变化，权威虽然起到重要引领作用，但是也可能成为创新的阻碍。因此，即便是权威反对的事情，也要辩证地看待，如果发现与权威相左的观点或想法，可以实现新的发展和进步，我们也需要勇敢地质疑和突破。

为突破思维定式和思维惯性，还建议采用空杯心态和逆向思维法。保持空杯心态，对现有问题解决方式保持质疑与反思，对学习新事物保持开放的包容心。

【案例】

2018 年，中国青年女科学家奖获得者许琪，是中国医学科学院基础医学研究所的研究员，许琪带领的团队，突破了世界著名实验室研究了几十年甚至上百年都没解决的问题。例如癫痫，除了可治愈的癫痫，还有 30%目前无法治疗的癫痫，按照以往的科学研究思路和治疗方法，都是针对细胞膜离子通道设计抗癫痫药物，效果并不理想。

许琪所带领的科学团队通过五年研究，发现难治性癫痫的问题出在胶质细胞上，进而影响了神经元的放电。在星形胶质上，找到了起关键作用的蛋白，在动物身上实验达到非常好的控制癫痫的效果。论文被药物类的著名综述性杂志《自然综述：药物发现》选为 2017 年 2 月的全球新药发现两点，拿到专利权。此后，她和团队在抗癫痫类药物的研发上不断突破，不仅拓展了难治性癫痫的病理生理机制，还为颞叶癫痫等难治性癫痫的治疗提供了新思路。

此外，许琪曾做过关于抑郁症的易感基因方面的研究，其成果发表在《自然》杂志上。通过全基因组测序技术，在一项关于女性复发型重性抑郁症的遗传学研究中，许琪团队发现了两个与抑郁症相关的"漏网"基因——这是世界第一次在全基因组水平上发现抑郁症基因，进一步研究将可能找出针对抑郁症基因缺陷的治疗方法。

思考：
通过上述案例，请分析案例中思维定式的表现类型、表现内容和突破方法。

（2）惧怕失败。

除了思维定式，惧怕未来不确定性带来的失败结果，也影响创新思维的激发和运用。创业失败是经常发生的，要学会从失败中汲取经验教训，而非怨天尤人，放弃重新努力的机会。人生无论顺境还是逆境，都是宝贵的体验和经历，有时反而会有意外收获，正所谓"塞翁失马，焉知非福"。

3.3.3　创新思维的训练方法

在创业机会开发过程中，创业者需要具备识别机会的能力，积累相关知识经验和提升创造性思维识别力。为更好激发创新思维和创意，可以尝试以下几种方法。

第一，学会观察周边事物。对周边事物保持好奇心，仔细观察事物的细微变化，发现和收集被别人忽视的东西。

第二，学会反思和冥想法。每天或每周找出固定时间，让自己从繁杂事务中解脱，平静阅读自己的内心世界，摆脱已有信念对创新的阻碍。中国科学院实证研究发现，冥想能促进顿悟和创造性思维。乔布斯曾说过："冥想时光塑造我的世界观，并最终影响了苹果的产品设计。"搜索引擎巨头谷歌公司为员工开设正念冥想培训课程，并修筑公司内冥想用的迷宫。

第三，学会质疑和多提问。古人云，小疑则小进，大疑则大进，无疑则不进。所谓不破不立，不疑不进也。怀疑是创新动力的源泉，怀疑源于对社会惯常事物的困惑。通过质疑和提问，对现有的常规方法、过程和结果，多问几个为什么，从而找到新的可能思路和解决方法。

第四，提高可迁移技能和多联想。联想是由某一事物或方法想到另一事物或方法的心理认知过程。可迁移是将某一领域方法应用于其他领域或将某一角色应用于其他角色。事物虽归于不同类别和领域，但有很多相通的本质联系和内在规律。如果能够透过现象看到本质和事物之间的联系，由此构成新的想法和解决方案，可实现创新思维的迸发。通过某一领域的方法运用于另一领域，或进行跨界组合，实现新突破，也会带来新的想法和解决问题的妙招。

例如，我国汉末医学家华佗，偶然看到蜘蛛被马蜂蜇后落在一片绿苔上打滚，肿痛便消失，联想到用绿苔给人治病。通过多次试验诞生了消肿的良药。再例如，美国工程师斯潘塞在做雷达起振实验时，发现口袋里巧克力融化了。由此他想到用类似方法加热食品，诞生微波炉。

第五，头脑风暴法。头脑风暴是一个创造性解决问题和产生新想法的方法。目的是尽可能多产生新想法。它经常从一个问题或一个难题陈述开始，每个想法又导致更多想法。组织小组成员用头脑风暴法，集思广益，努力提出创造性观点或解决问题方法，详细记录各种可能的解决法，不做评判。讨论结束之后，评判观点价值和优缺点，选取更可行的方案。

第六，发散思维训练。发散思维是以某思维或目标为起点出发，跳出既定的思维框，寻找不同解决问题的可能方案。通过发散思维训练，换角度看问题，可分解复杂的问题，找到新出路。例如，思考产品新功能、新用途、新形态、新结构或新组合。

第七，逆向思维训练。逆向思维是对司空见惯的定势观点反过来思考的一种思维方式。逆向思维训练具体包括：① 反转型逆向思维法。从已知事物的相反方向思考，产生解决问题的途径。例如，某顶级吸尘器将集尘袋从底部放到机器头，无线充电，机器灵巧，不笨重拖沓，销路大开。② 转换型逆向思维法。例如"司马光砸缸"，突破常规解决问题思维"救人离水"，而是"让水离人"。③ 缺点逆向思维法。尝试找到事物缺点可利用的方面，将缺点变为可利用或有利的事物。

第八，联想思维练习。联想思维是人们在头脑中，将一种事物形象与另一种事物形象联系，探索它们之间共同或类似的规律，从而产生解决问题的思维方法。例如，天空与茶的联想训练：天空——土地，喝——茶。

在创意生成过程中，除了积极使用上述方法，还要注意结合机会来源几方面，通过围绕市场需求、观察市场变化、意识内在认知变化，挖掘其中的变化规律，找到问题和解决问题创新方案之间的合理联系，才能更好地把握新机会。因此，创新思维和创意激发，需要在创业者平时训练思维，准备相关素材，才能更好地孵化创意和洞察机会，同时还需要对创业机会进行评价，找到可以真正商业化的可操作的创业机会，用合适的商业模型和商业模式阐述，才能真正完成创业机会的识别和利用过程。创新思维和创意激发过程如图 3-3 所示。

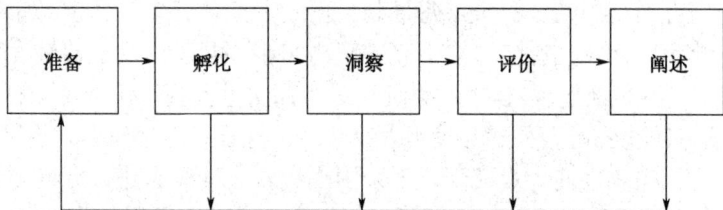

图 3-3　创新思维和创意激发过程

【案例】

1．只雇佣聋哑人的快递公司。印度聋人快递公司，给社会边缘化人士工作，让其独立和感到满足，运用关键能力，充实尊严生活，社会和经济效益兼得！

2．五副眼镜代表的服务。WarbyParker 让你一次可选五副眼镜，快递把眼镜送到家，让你挑选，然后把不要的四副再邮递回 WarbyParker。

3．神秘独特的就餐体验。餐饮服务进入概念和特色时代，只有存在差异性才能生存。Charlie's Burgers 神秘地下餐馆，"挑选客人"而非被挑，从来不告诉你今天晚餐将在哪里开宴，也不告诉你吃什么。你能做的，只是上网递交用餐的申请。有幸被选中的客人，会在指定地点（如地铁站免费报纸箱），收到类似藏宝地图指示，跟随指示线索一路寻找用餐地点，可能是画廊、工作室等一般不招待食客的场所。和你一起用餐的，会有 30～250 人不等，就像一个神秘派对，收费却比高级餐馆低。在美食包围中，陌生人开始变得熟悉。

4．移动式家庭看护系统。社会老龄化日益严重，老人看护市场潜力巨大。MedCottage 远程监控家庭病房，可置于房屋内部，整个装置包含空气过滤系统、通信视频、监测信号设备及传感器，可供子女远程看护老人。

3.3.4　创业机会的识别过程

创业过程始于创业者对创业机会的感知和认知。创业者在纷繁复杂的创业线索中寻找并选择他们主观上认为合适的创业机会，通过资源投入进行机会开发，推动新创企业的创建和成立，直至最终获得成功。如图 3-4 所示为创业机会的识别过程。

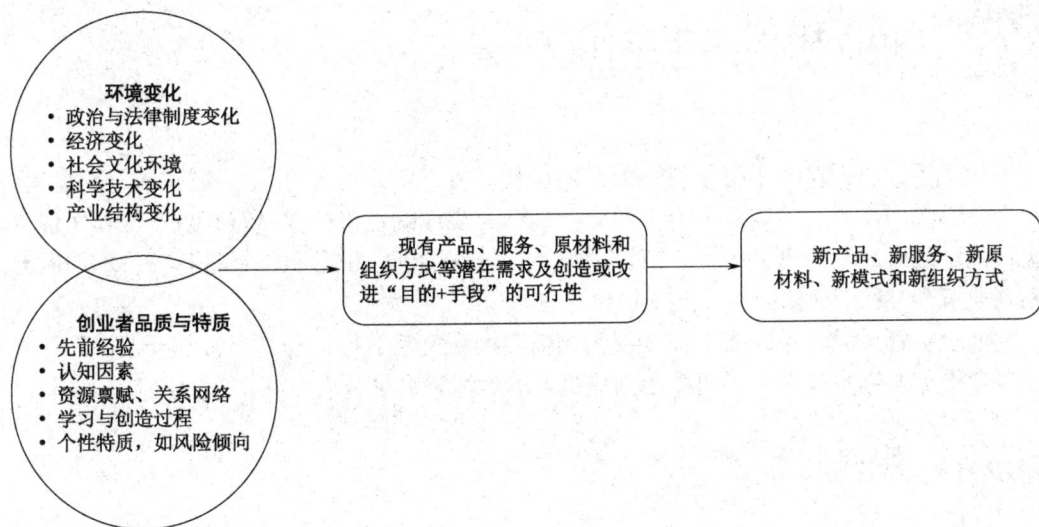

图 3-4　创业机会的识别过程

当然，在现实世界中，创业机会的识别过程更多地依赖于创业者的把握能力。在这一过程中，机会的潜在预期价值被反复权衡，创业者的自身能力得到提高，创业者对创业机会的战略定位也越来越明确。这一过程在 Lindsay 和 Craig（2002）看来，其实是创业者对信息的不断内在化和"读懂"的过程，可以分成三个阶段。

阶段 1：机会的搜寻（opportunity searching）。在这一阶段，创业者会对整个系统中可能的创意展开搜索，如果创业者意识到某一创意可能是潜在的创业机会，具有潜在的发展价值，就将进入机会识别过程的下一阶段。

阶段 2：机会的识别（opportunity recognition）。相对整体意义上的机会识别过程，这里的机会识别应当是狭义上的识别，即从创意中筛选合适的机会。这个过程包括两个步骤：首先是通过对整体的市场环境及行业进行分析来判断该机会是否在广义上属于有利的创业机会，Noel 和 Craig 称之为机会的标准化识别阶段（normative opportunity recognition phase）；其次是考察对特定的创业者和投资者来说，这一机会是否有价值，也就是个性化的机会识别阶段（individualize fit opportunity recognition phase）。

阶段 3：机会的评价（opportunity evaluation）。实际上，这里的机会评价已经带有部分"尽职调查"的含义，相对而言比较正式。考察的内容主要是各项财务指标和创业团队的构成等。通过机会的评价，创业者会决定是否正式组建企业，吸引投资。

事实上，在一些研究中，机会识别和机会评价是共同存在的，创业者在创业机会识别时也有意无意地进行评价活动。创业者需要对机会开发中的每一步进行评估，也就是说，机会评价贯穿整个机会识别过程。在机会识别的初始阶段，创业者可以非正式地调查市场的需求、所需的资源，直到断定这个机会值得考虑或进一步深入开发，在机会开发的后期，这种评价变得较为规范，并且主要集中于考察这些资源的特定组合是否能够创造出足够的商业价值。

3.4 创业机会的评价方法

听起来不错的创意并不等于可行的创业机会。可行创业机会应有五大特征，即真实客户需求、能够收回投资、具有竞争能力和竞争优势、实现既定目标并具有有效资源和实现目标所需技能。同时，创业机会识别之后，需要对所识别的创业机会和创意进行评价，同时充分识别创业机会存在的风险。

创业机会评价时各种因素都需要权衡，需要循环反复进行识别、评价与开发，让最初的商业概念或创意逐步完善。下面介绍创业机会的定性和定量分析方法。

3.4.1 定性分析

定性分析方法，这里介绍 Timmons 机会评价框架。Timmons 提出的评价指标体系，具体包括 8 个一级指标和 53 个二级指标。这是目前最为全面的创业机会评价指标体系。8 个一级指标具体包括：经济条件、行业和市场、收获条件、竞争优势、管理团队、致命缺陷问题、创业家的个人标准及战略差异。对各指标吸引力得分包括最高和最低潜力，并对最高和最低潜力分别进行描述。具体指标见表 3-1。

表 3-1 Timmons 机会评价框架

经济条件	1. 达到盈亏平衡点所需时间在 1.5~2 年
	2. 盈亏平衡点不逐渐提高
	3. 投资回报率 25%以上
	4. 项目对资金要求不很大，能获融资
	5. 销售额年增长率高于 15%
	6. 良好现金流量，占销售额 20%~30%
	7. 能获得持久毛利，毛利率达到 40%以上
	8. 能获得持久税后利润，税后利润率超过 10%
	9. 资产集中程度低
	10. 运营资金不多，需求量会逐渐增加
	11. 研发工作对资金要求不高
行业和市场	1. 市场容易识别，可带来持续收入
	2. 顾客可接受产品或服务，愿意为此付费
	3. 产品附加价值高
	4. 产品对市场影响力大
	5. 将要开发的产品生命周期长短
	6. 项目所在行业是新兴行业，竞争不完善
	7. 市场规模大，销售潜力达到 1 000 万~10 亿元
	8. 市场成长率在 30%~50%

续表

行业和市场	9. 现有厂商生产能力几乎完全饱和
	10. 在 5 年内能占据市场领导地位，市场占有率达 20%以上
	11. 拥有低成本工艺，功能方面有成本优势
收获条件	1. 项目带来的附加价值具有较高的战略意义
	2. 存在现有或可预料的退出方式
	3. 资本市场环境有利，可实现资本的流动
竞争优势	1. 固定成本和可变成本低
	2. 对成本、价格和销售控制较高
	3. 已获得或可获得专利所有权保护
	4. 竞争对手没有觉醒，竞争弱
	5. 拥有专利或具有某种独占性
	6. 拥有发展良好的网络关系，易获得合同
	7. 拥有杰出的关键人员和管理团队
管理团队	1. 创业者团队是一个优秀管理者组合
	2. 行业和技术经验达到本行业的最高水平
	3. 管理团队的正直廉洁程度能达到最高水准
	4. 管理团队知道自己缺乏哪方面知识
致命缺陷	不存在任何的致命缺陷
创业家的个人标准	1. 个人目标与创业活动相符合
	2. 创业家可以在有限风险下实现成功
	3. 创业家可以接受薪水减少等风险
	4. 创业家可以承受适当的风险
	5. 创业家渴望进行创业的生活方式，不只为赚大钱
	6. 创业家在压力状态下状态依旧良好
理想与现实战略性差异	1. 理想与现实情况相吻合
	2. 管理团队已经是最好的
	3. 在客户服务管理方面有很好的服务理念
	4. 所创办的事业顺应时代潮流
	5. 采用的技术具有突破性，不存在许多替代品或竞争对手
	6. 具备灵活的适应能力，能够快速取舍
	7. 始终在寻找新的机会
	8. 定价与市场领先者几乎持平
	9. 能够获得销售渠道，或已拥有现成销售网络
	10. 能够允许失败，具有容错空间

3.4.2　定量分析

定量分析具体介绍标准打分矩阵法。

选择创业机会成功的重要影响因素，专家对各个因素打分，然后求出各个因素在创业机会的加权平均，比较不同创业机会并进行决策。标准打分矩阵法见表 3-2。

表 3-2 标准打分矩阵法

标准	专家评分			
	极好（3分）	好（2分）	一般（1分）	加权平均分
易操作性				
质量和易维护性				
市场接受度				
增加资本能力				
投资回报				
专利权状况				
市场大小				
制造简单性				
广告潜力				
成长潜力				

借鉴上述定性评价和定量评价方法，创业者需综合识别和评价创业机会价值。一般情况下，可选商机应有如下特征。

① 具有真实需求的目标客户，相应产品具有可观的市场前景和成长空间。
② 创业者能够具备有效利用机会的关键资源、合作关系，有竞争的优势。
③ 创业者能够承受一定时间无利润的成本投入，抗衡可估计的风险。
④ 具有独特的商业模式，能够利用机会创造额外利润。
⑤ 创业机会无致命的问题。

3.5 创业机会的风险识别

创业活动的过程和结果具有不确定性，是一把双刃剑，既有机会也有风险。

3.5.1 创业机会风险界定

创业机会存在风险。一是识别与机会并存的不确定风险因素，如估计创业机会带来价值的可能性，但也有可能带来投资的失败和负利润。二是利用机会过程的不确定风险因素，即便利用创业机会可盈利，但在实现过程中，由于团队、机会和资源匹配出现问题，也会带来相应的风险。

3.5.2 创业机会风险分类

创业机会风险分类，一般分为系统风险和非系统风险。
（1）系统风险。
系统风险是指创业环境的不确定性带来的风险。例如未预料的政策变化、市场供需估计的偏差、市场竞争估计的偏差等。

（2）非系统风险。

非系统风险是指创业者自身行为不确定性带来的风险。例如，创意实施过程预先未估计的问题、团队能力无法实现创意、低估创业资源带来供给不足或其他的团队、机会、资源的不匹配问题。

3.5.3　创业机会风险防范

（1）系统风险规避。

① 宏观环境风险规避。

以国家政策和法律变化为例。若国家政策和法律变化超出创业者预期，创业者需要通过关系途径和自身领域力，做足功课，对国家政策和法律敏感风险地带，切勿带着投机或侥幸的心态进行投资。例如，转基因或克隆技术的应用。对有负面社会价值的创业，切勿贪恋利益而铤而走险，一旦国家采取措施，这些开发负面效应的企业必然遭受不小损失，例如以破坏环境为代价的产品生产企业。

② 商品市场风险规避。

若新产品上市缺乏认可或引发质疑，商家需努力采用适当渠道进行充分市场推广，不断"教育"客户让其打消疑虑或得到客户认可。例如微波炉刚上市时，客户对微波炉的辐射问题有担心。若新产品的需求成长速度难以估计，则无论高估还是低估，创业者都可用步步为营策略边试边看。若竞争态势无法准确预测，则可在识别和利用机会的同时，加强市场情报工作，让创业者更好地了解市场竞争态势，快速准确做出新的战略决策。

③ 要素市场风险规避。

要素市场主要涉及资本市场、技术市场、人力市场和上游的供应原材料市场。资本市场的资金获取是最大的不确定性。创业者往往依赖亲朋好友的借款和银行小额贷款，很少创业机会能换取大笔的风险投资，因此，创业者需要开拓创业融资更多渠道，规避风险。目前新技术开发迭代速度加快，开发也具有不确定性，要对应用技术进行科学系统评估，尽量采用成熟且争议小的技术。在人力市场资源获取中，创业者存在劣势，在保证工资预估和足够融资的前提下，保证向员工提供一定时期最起码的薪资待遇，并且用企业文化和其他激励方式，与员工结成紧密关系，才能共同熬过创业早期人才供给匮乏的风险。

④ 上游供应市场的不确定性带来的系统风险。尽量不要依赖单一供应链关系，尽量形成供销联盟，并提前考虑风险防范预案。

（2）非系统风险规避。

非系统风险在每个创业企业的表现有所不同。下面叙述几个常见风险规避类型。

① 团队表现与机会的匹配风险。

若要规避团队与机会的匹配风险，则要保证团队人心团结，团队领军人物要具有牺牲奉献精神与团队的协调沟通能力，保证团队在一致的愿景和目标基础上，共同努力克服困难。设定权责明确和利益分享制度，防止这类问题影响创业机会的实现。

② 财务资源与机会的匹配风险。

由于新产品研发和新市场推广资金需求很难实现准确估计，因此创业者要防范此类问题，尽量保证充足资金的供应，而不是一意孤行铤而走险，把资金孤注一掷投入，期待转机。例如乐视事件，新产品投入大量研发资金带来资金链断裂，导致企业陷入还债危机。

③ 技术资源与机会的匹配风险。

新产品研发和批量生产具有不确定性，相关行业的配套也具有不确定性，因此期初具有产品原型、相对成熟批量化技术和行业是否具有较为成熟的技术配套，也是创业者必须要提前考虑的若干问题之一。

④ 经营决策风险。

很多创业者虽然有良好的创意，但缺乏管理经验，早期经营决策的失误或过早多元化，都会带来不确定风险。由于初创企业抗风险能力差，某项决策失误往往就会带来创业命运的终结。

创业机会的风险防范，需要创业者提前认识到风险存在，建立风险评估和防范机制，谨慎决策，努力分散、转嫁和回避风险，这样可以避免大部分风险对创业带来的致命打击，保证企业健康良性发展。

思考问题

1. 什么是创业机会？创业机会具备哪些特征要素？
2. 创业机会的来源大致分几个方面？如何更好地识别机会？
3. 请用 PEST 分析不同宏观环境趋势变化，引发何种机会和代表企业？
4. 请用五力模型分析你所熟悉行业的五种力量最近两年发生的变化和存在的问题。
5. 影响创意生成的障碍是什么？如何提高创意生成能力？
6. 列举创业评价的主要因素。
7. 什么是创业机会的风险？大致分几类？如何进行防范？

拓展阅读

乐视的机会与风险

1. 乐视的诞生

乐视移动传媒科技（北京）有限公司，即乐视网前身，于 2004 年正式成立，创始人是贾跃亭，主要从事基于自购版权资源的影视剧长视频点播业务。乐视致力于打造一个基于视频产业、内容产业和智能终端的"平台+内容+终端+应用"的完整生态系统，被业界称为"乐视模式"。乐视垂直产业链整合业务涵盖互联网视频、影视制作与发行、智能终端、大屏应用市场、电子商务、互联网智能电动汽车等；旗下公司包括乐视网、乐视致新、乐视影业、网酒网、乐视控股、乐视投资管理、乐视移动智能等。

2. 乐视的机会和发展

随着视频行业的繁荣发展，人们已经不再满足于在电视上被动选台，在电脑上接收视频。

由于移动互联网的迅速繁荣，智能终端快速升级，视频的传播渠道向着更便利的平台迁移。每时每刻碎片化及触动消费场景化，视频行业面临目标客户行为、接触渠道和消费方式的深刻变化。

在乐视成立几年之后，视频行业对网络版权的重视程度日益增加，实力雄厚的门户网站纷纷加入，版权价格一路飙升。乐视网的影视版权资产价值2011年一度达8.56亿元，4年增长450倍。随后视频行业的上市潮带来行业版权费用继续升高，多家视频公司整合造成了更高的行业竞争门槛，令乐视陷入资金和竞争的困境。恰逢此时智能家居兴起，乐视欲将其长视频优势复制到智能电视上，利用重要引流途径摆脱困境，通过电视这种传统媒介的创新，优化目标用户人群的体验。

借助智能电视，乐视业务延伸至硬件领域。此时面临的主要问题是，电视更新周期长，用户不会轻易换电视，而且新产品上市存在滞销风险。但是现有电视无法与视频网络对接。因此，乐视嗅到新的市场机会。此时若大胆进行产品创新，企业就能够抢占先机，把握新市场更多份额。乐视发现对电视盒子的改造，风险系数低，但市场潜力大，既可以实现更好的用户体验，将海量影视资源内容迁移到电视上，也避免了顾客更换电视的麻烦。但是后来，在研发过程中，发现盒子带来的用户体验不够理想，于是乐视开始计划掌握硬件制造，通过与内容有效协同与持续优化，改善用户体验。2012年后，大屏幕智能电视日益普及，家庭用户面临从功能机向智能机的需求升级。乐视又实时把握新的商机，通过用户深度参与的众包研发、轻资产制造、营销和盈利模式等创新摸索，在智能电视领域另辟蹊径，使得终端业务成为其快速发展新的增长点。2013年5月，乐视发布的超级电视X60及普通产品S40，终端收入呈爆发式增长，总营销收入占比达到29.1%，同比增长近8倍。至2014年9月，乐视超级电视市场份额占6.12%，奠定了智能终端市场地位。

在4G牌照发放后，手机流量成本大大降低。2015年，乐视发布四款手机，通过复制智能电视终端商业模式，整合乐视网内容、乐视平台账号、乐视商城及第三方应用，完成视频内容、软件应用到终端硬件的全面覆盖。同年手机出货量达450万部。乐视将用户及流量嵌入内容中，增强手机的内容优势和用户黏性，提升产品盈利能力。乐视也积极推进平台搭建，主要涉及电商、广告、云视频和大数据四个领域，借此成为覆盖全终端网络视频服务商，完善用户互联网生活方式体验，持续创造顾客价值。

3. 乐视的陨灭

此时，乐视创始人不满足于现有互联网商业王国，开始跨领域试水。乐视尝试打造自主研发的互联网智能电动汽车，成为首个提出造环保汽车目标的互联网公司。2014年12月，贾跃亭宣布乐视"SEE计划"，即打造超级汽车及汽车互联网电动生态系统。多元化的发展，让乐视占尽行业先机，但快速过度膨胀发展，也带来很多问题，如2015年"919发货门事件"、用户签到领手机维权事件等市场营销和售后问题。2016年11月，乐视深陷"欠款危机"。在创始人自曝乐视资金链紧张，美国汽车工厂欠款等系列负面消息后，乐视的股价如同瀑布般飞流直下，自11月2日起至11月18日，乐视网市值蒸发63.63亿。乐视网在2016年11月8日发布公告称，预计乐视影业无法在2016年完成注入，同时拟继续推进本次重大资产重组项目，选择2017年、2018年、2019年这三年作为乐视影业业绩承诺期。从2017年6月开始，乐视供应商们纷纷来乐视大厦要账。2018年上半年公司亏损11亿元，导致公司2018

年 6 月 30 日归属上市公司股东净资产为负。

　　思考：

　　（1）请具体描述不同阶段乐视识别的机会来源和机会风险。

　　（2）若你是乐视创始人，你会如何对识别的机会进行战略决策呢？

第❹章

商业模式开发与设计

学习目标

1. 了解商业创意与商业模式的关系、商业模式的核心原则。
2. 了解不同商业模式的关键要素。
3. 掌握商业模式设计的流程和工具。
4. 了解评估商业模式的方法。

知识要点

1. 商业模式的核心原则。
2. 不同形式的商业模式的通用部分。
3. 设计商业模式。
4. 评价商业模式。

4.1 商业模式

商业模式，是一个伟大而永恒的命题。

柯达"寿终正寝"，数码摄像成为潮流；诺基亚手机"走下神坛"，以苹果为代表的智能手机得到普及；小米手机、小米电视风靡大江南北，传统制造业感受到深深的寒意……是什么力量促使了这种风云变幻？究其根源，是商业模式的变革和重构。现在就是一个商业模式创造性变革和破坏性重构并存的商业文明时代。没有谁可以高枕无忧地面对这个风起云涌的商海，所有人都不得不战战兢兢。可能今天还是"神话"，但明天就成了"笑话"。即使是现在市值超过千亿的阿里巴巴，身为富豪的马云也不得不为了明天而费心筹谋。

当所处的外部环境发生变化时，我们唯一的求生之道就是随之变化。因此，一家企业是否拥有商业模式再造的能力，将成为其能否延续生存的关键。换句话说，当战略、营销、技术创新、组织行为等角度的传统战略转型受到挑战时，就必须回归企业创造价值的原点，重新构造适合自己的营利模式，而这个原点就是商业模式。

商业模式的定义有很多，目前最为管理学界接受的是奥斯特瓦尔德（Osterwalder）、皮格内尔（Pigneur）和塔奇（Tucci）在 2005 年发表的"厘清商业模式：这个概念的起源、现状和未来"（"Clarifying Business Model：Origin，Present and Future of the Concept"）一文中提出的定义："商业模式是一种包含了一系列要素及其关系的概念性工具，用以阐明某个特定实体的商业逻辑。它描述了公司所能为客户提供的价值，以及公司的内部结构、合作伙伴网络和关系资本等用以实现（创造、营销和交付）这一价值并产生可持续、可盈利性收入的要素"。这个定义明确了商业模式的五个特征：① 它包含诸多要素及其关系；② 它是一个特定公司的商业逻辑；③ 它是对客户价值的描述；④ 它是对公司的架构和它的合作伙伴网络和关系资本的描述；⑤ 它具有盈利性和可持续的收入流。

4.1.1　商业创意与商业模式

在通往创业成功的路上存在着很多障碍，而存在缺陷的商业模式可能是其中最大的一个。谋定而后动，创业者最重要的，同时也往往是考虑不周的一个决策是：新创企业到底应该进入哪个行业领域。

不要仓促行事，不要因为熟悉或因为那是儿时梦想就进入某个领域。记住，即使只拥有一家卖蔬菜的小摊子，只要有钱可挣，也比经营一个濒临破产的马戏团要有趣得多。所以，创业的第一戒律是：创业并不一定需要一个伟大的创意。实际上，一个太过优秀的创意可能会彻底摧毁创业者。

那么，什么才是我们应该避免的"伟大的创意"呢？一个伟大的创意是前人从未做过的事情，是让人激动得无法呼吸的事情，是英勇大胆又无比正确的事情，是自认为价值连城、而需要向周围人保密的事情。

伟大的创意扼杀创业者。

实际上，一个创意远远不如一个可行的商业模式那样重要。

一个商业模式就是一台机器、一个方法、一项计划，用来从企业系统中攫取利润。举个简单的例子：从批发商处购买冰激凌三明治，用带有冷藏设备的卡车运到最近的海滩零售。当然，一开始的利润并不那么丰厚。不过当你从更上一层的分销机构购买更多的冰激凌三明治时，比如装满 20 辆卡车，然后以 50%的佣金招聘一些高中生来进行销售。一个小的生意就这样变成了年销售额成千上万的大生意。

再进一步，你甚至可以直接从生产厂家以极低的价钱进货，在产品上贴上自己的品牌，然后装满 200 辆卡车。你还需要一个车队主管，需要保险，考虑其他无数的零七八碎的事情。这样的话，你就建立了一个商业系统。

刚刚虚构的冰激凌巨头在每前进一步时都在做出选择。他选择绕过超市渠道，决定不打广告，也没有把自己定位在最便宜的同类产品，他还决定不进入国际市场，等等。这些抉择向我们显示了一个商业模式的基本要素。

• 分销渠道：在什么地方向消费者销售产品？需要什么样的分销商？

- 销售：谁来负责销售？销售激励政策如何？
- 定价：批发商和零售商的进货价是多少？市场零售价又是多少？
- 生产：怎么生产？
- 原材料：从哪里、怎样得到原材料？
- 定位：产品或品牌在消费者心里占据什么位置？是什么样的形象？
- 市场营销：消费者怎样才能知道和发现你的产品？
- 进入壁垒：如果竞争者进入同一个市场，该如何反应才能生存下去？
- 规模效应：怎样把生意做大？

4.1.2　商业模式的核心原则

商业模式的核心原则是指商业模式的内涵、特性，是对商业模式定义的延展和丰富，是成功商业模式必须具备的属性。它包括以下几个方面。

1. 实现客户价值原则

凡是成功的企业都必有独具特色的商业模式，不同的商业模式决定了企业不同的盈利模式。从生存和发展的角度来看，合适的商业模式是企业安身立命、健康成长的根本。要想让自己的企业成为常青树，就必须关注商业模式，并且保证在发展的每个阶段，都有最适合的商业模式。

客户是唯一的效益中心。一个成功的商业模式往往与客户价值最大化的实现有很大关联。如果一个商业模式不能满足客户的价值，即使赢利也一定是暂时的、不能长久的，是不具可持续性的。但是，一个可以实现客户价值最大化的商业模式，即使暂时不赢利，但终究也会走向赢利。所以很多企业都把对客户价值的实现作为企业始终追求的主观目标。

大学毕业后，小红决定在网上开一个蛋糕店，自己创业。在没有资金、没有实体店铺的情况下，借助网络的优势，小红却在 3 个月内卖了几百个蛋糕，并且得到很多买蛋糕人及合作伙伴的好评。小红的成功创业之道有两方面的原因：一方面，她在网上搜索了多种蛋糕的图片，把这些图片做成漂亮的照片，然后加上详细的介绍，为客户提供便利；另一方面，她与全国各大城市的蛋糕配送店签订合同，建立合作关系。她还记下了每一个客户的名单，甚至记下他们买蛋糕的故事。

每次当客户订蛋糕的时候，她都很热情的介绍；蛋糕一送到，她就立刻给客户打电话，详细咨询客户的满意度。有时候，由于特殊原因，蛋糕并没有按照约定时间送到，她就会向客户道歉，真心实意地退款，甚至会免费补送其他的礼物。当客户预定的蛋糕临时不要了，或者蛋糕送过去接收人不在家的时候，她也会尊重客户意见，退款给他。除了和客户合作愉快，全国许多家蛋糕店也很乐意和她合作。因为她总是想着他们，尽量先和他们结算，在利益分配上也相互体谅。

客户每订一个蛋糕，都有一个美丽的故事在里面，都传递着一份真诚的感情，而她，也负责地传递着这份爱意。有一次，一个客户订了一个蛋糕给远隔千里的父母。蛋糕送到之后，客户打来电话说："父母很激动，都感动得说不出来话了。"小红真诚地为客户着想，最终赢得了客户的信赖，也为她的网上蛋糕店带来了源源不断的客户。小红创造了一种独特的商业模式，其独特的核心竞争力在于整合客户和蛋糕店的能力，并用真诚的服务构建起竞争壁垒，为她的盈利创造了条件。其原点就是满足了客户的内心需求，使客户得到了最好的服务。

客户经济时代的到来，预示着很多企业的公司战略将发生一场翻天覆地的变化。在市场经济正向着客户经济时代演进的今天，很多公司也正在倾全力推进客户价值创新战略。而创业的新兴企业最需要坚持的观念就是，怎样去实现客户价值的最大化，而不是像传统理念一样追求企业经营利润的最大化。只要坚持客户价值最大化，企业的利润自然就包含其中。因此，创业人员必须明白，客户价值最大化是主产品，企业利润最大化是副产品。拥有长期忠诚的客户，以及由此整合的客户资本是一个企业特别是服务型企业生存发展的重要基础。企业的任何经营决策都必须将满足用户需求、培养客户忠诚度放在重要位置。现在的企业面临着公司战略从以"销售"为中心到以"客户"为中心的客户价值过渡，企业的价值创新是指以客户价值主张为主导，而不是离开客户价值主张，甚至离开企业与客户互动而由企业闭门造车式的价值创新。

2. 持续盈利原则

一个企业的成功不能仅仅看它现在的利润，更需要看它未来的发展前景。因为企业的竞争不仅仅看今天谁赚的钱多，而是看哪一家企业有持续赚钱的能力。如果企业暂时赚钱了，却不去提升自己的竞争力，不投资未来的竞争领域，那么以后这家企业的钱是越来越难赚的。所以未来的企业竞争不是比资本，而是比企业的营利能力，如果企业没有持续盈利的能力，那么今天企业的固定资产根本就支撑不了多久。

持续盈利指企业既要能赢得利润，又要有发展后劲，盈利具有可持续性、长久性，而不是一时的偶然行为。能够持续盈利是判断企业商业模式成功的最基本要求，也是唯一的外在标准。因此，初创企业在设计商业模式时，能持续盈利和如何盈利也就自然成为非常重要的考虑方面。

作为中国 PC 客户端的鼻祖，周鸿祎始终恪守着"用户需要什么就提供什么"的理念，尊重用户体验的价值。所以 360 杀毒软件走入市场时，并没有立刻追求付费的模式，而是采用免费的方式，给用户以选择权。然而，几乎所有的免费软件都面临着一个问题：如何盈利？如何在没有任何收入来源的情况下继续运营？顺应互联网免费大潮的奇虎也在探索自己的盈利模式。

事实上，360 安全卫士推行的盈利模式很简单：普遍性服务免费，增值服务收费。周鸿祎和他的团队认为，免费的软件能够吸引足够大的用户群。只有足够多的用户，才能为未来的盈利创造良好的基础。在软件价格低廉的情况下，即使有 1%的 360 用户，每个月哪怕花费几块钱，付费也是庞大的市场。这也是周鸿祎对投资免费互联网软件看好的原因之一。另外 360 杀毒里面还有一个软件推荐功能，这些软件如果想长期获得 360 杀毒的推荐，就需要支付一定的费用。同时 360 安全浏览器中投放的文字广告也会带来不少收入。

凭借着 360 安全卫士等免费软件，奇虎公司获得了尽可能多的用户群，并通过提高软件功能和丰富多样的产品种类来满足不同客户的需求。对于那些只有少数人需要的个性化服务，奇虎 360 则提供增值服务从而盈利。之后，360 安全卫士推出了首个增值服务——在线存储和安全备份。

拥有了庞大的消费群体后，自然就拥有了获取利润的方法。目前，周鸿祎旗下拥有 360

安全卫士这一免费软件平台，以及 360 杀毒、360 手机浏览器，还有手机上的 360 安全卫士等多款免费产品。而这些免费的产品正是周鸿祎的"立企之本"，他希望通过"免费"模式，像腾讯 QQ 一样抢占用户桌面，从而获得长久的发展动力。

持续盈利是对一个企业是否具有可持续发展能力的最有效的考量标准，盈利模式越隐蔽，越有出人意料的好效果。盈利能否持续，要看消费者能否持续放大或维持。一旦有了庞大的消费群体，收益就有了保证，这个盈利模式也就能持续。

初创企业发展的最大瓶颈就是客户，只要把客户引到产品上来，就等于成功了一半。用免费的产品吸引客户注意，并提供用户体验，的确是别出心裁的一招。如果该产品经得起市场考验，消费者就会使用并信赖此产品，企业也因此会实现盈利。

对于创业者来说，在刚开始进入市场的时候，肯定会存在很多困难，但是不要轻易放弃，一旦转行，厂房重新建造，机器重新购买，产品重新创造，客户重新开发，创业者前期的投入就白费了。所以做企业坚持很重要，因为坚持会让你的经验越来越丰富，行业越来越熟悉，客户越来越多，能力越来越强。当企业拥有了这些资源实质上就等于增加了企业的竞争实力。即使一个资金比你雄厚的企业，他在没有经营能力的前提下也是无法与你竞争的。所以企业要想持续赚钱，永远立于不败之地，就需要在自己的行业内做精、做专、做细。当你成为这个行业的专家，自然就成了市场的赢家。

成功的商业模式要做到放眼未来，而不是追求短期的利润。企业也须充分认识行业的扩展性和成长性，从实际出发，以务实为营利模式的主基调。

3. 合理整合资源原则

经济学研究资源的合理配置与利用，只有配置合理，才能充分发挥资源的效用。当今成功企业的战略，其根本已经不再是公司本身，甚至不再是整个行业，而是企业整个价值创造系统，即对所属行业以及相关行业资源的有效整合。

资源整合是企业战略调整的手段，也是企业经营管理的日常工作。整合就是要实现资源的优化配置，使资源得到最大化利用，并获得整体利益的最优。对于初创企业而言，资源整合要根据企业的发展战略和市场需求，通过一系列的组织协调，把企业内外部关系有机地统一起来，实现对相关资源的重新配置，并寻求资源配置和客户需求的最佳结合点，从而凸显企业的核心竞争力，取得 1 + 1>2 的效果。

例如，格兰仕集团就以其有效整合资源，挖掘各环节利润的产业链循环方式为自己创造和赢得了生存和发展的空间。

被誉为"价格屠夫"的格兰仕是全球市场整合和资源整合的榜样。该公司并未拥有全球微波炉核心技术、也没能掌控全球销售网络，还遭遇过发达国家的反倾销袭击，但从 1995 年拿下中国市场产销量桂冠以来，格兰仕微波炉产销量曾蝉联"十连冠"，国内市场占有率最高达 70%，全球市场占有率达 50%，把一家中国的格兰仕培养成了世界的格兰仕。

格兰仕成长为全球微波炉老大之路其实就是一条整合全球市场和全球资源之路。格兰仕通过对微波炉上、下游和自身的有效整合，将其内部系统高效率运作，保证其始终位居技术工艺、研发设计的领先地位，并同时具备为全世界消费者提供最价廉物美产品的能力；通过对微波炉世界同行资源的整合，格兰仕依靠不断的降价策略为全球微波炉企业做 OEM 赚取微薄的利润；通过对全球微波炉销售渠道资源的整合，格兰仕将采购供应系统高效协调，形成一个统一体，始终将生产成本控制在最低。

由于格兰仕不断地扩大规模、提升技术能力、加强全球资源协作，因此格兰仕的产品、技术、服务、利润空间得以维持在一个相对稳定和持续增长的状态，再加上全球资源的有效支持，因此取得了共赢的发展，成为中国规模企业领先全球市场、善用全球资源的楷模。格兰仕的成功，验证了"中国的格兰仕就是世界的格兰仕"的道理，也说明了与世界共舞的企业必然能赢得世界的认可。

创业者刚刚开始创业，往往面临着资金不足、资源缺乏、不会经营等很多难题。可以说，任何一个创业者都不可能把创业中所涉及的问题都解决好，也不可能把一切创业资源都准备充足。创业者关键的一点就是要学会进行资源整合，因此合理整合资源的原则不仅是创业设计中的一个重要原则，也是在创业中借势发展，巧用资源，优势互补，实现双赢的重要方法。

4. 不断创新原则

时代华纳前首席执行官迈克尔·邓恩说："在经营企业的过程中，商业模式比高技术更重要，因为前者是企业能够立足的先决条件。"

商业模式的创新贯穿于企业经营的每个环节中，一个成功商业模式的创新不一定必须体现在技术上，也可以是企业运营的某一个环节，如企业资源开发、研发模式、制造方式、营销体系、市场流通等的创新，或是对原有模式的重组、改造，甚至是对整个商业规则的颠覆。所以，可以说在企业经营的每个环节上的创新都可能变成一种成功的商业模式。在创新方面，苹果公司可谓发挥得淋漓尽致。

2010 年 5 月 26 日，美国发生了一件大事。这一天，苹果公司以 2213.6 亿美元的市值，一举超越了微软公司，成为全球最具价值的科技公司。然而在 2003 年初，苹果公司的市值也不过 60 亿美元左右。一家公司，在短短 7 年之内，市值增加了近 40 倍。苹果公司的发展，可以说是企业史上的奇迹。而这些业绩的取得，源于它不断地创新——产品的创新和商业模式的创新。

从 1997 年到 2003 年，苹果侧重于产品创新，虽然也获得了消费者的认可，但在体现公司市值方面不甚理想。而到了 2003 年以后，由于商业模式的创新，苹果创造了一个商业史上的奇迹。苹果公司的过人之处，不仅仅在于它为新技术提供时尚的设计，更重要的是，它把新技术和卓越的商业模式结合了起来。

一个成功的商业模式，第一步就是要制定一个有力的客户价值主张，也就是如何帮助客户完成其工作。苹果真正的创新不是硬件层面的，而是让数字音乐下载变得更加简单易行。利用 iTunes+iPod 的组合，苹果开创了一个全新的商业模式——将硬件、软件和服务融为一体。商业模式的创新对价值进行了全新的定义，为客户提供了前所未有的便利。

另外，对于苹果而言，iPhone 的核心功能就是一个通信和数码终端，它融合手机、相机、音乐播放器和掌上电脑的功能，这种多功能的组合为用户提供了超越手机或者 iPod 这样单一的功能。苹果的 App Store 拥有近 20 万个程序，这些程序也是客户价值主张的重要组成部分。苹果在用户体验方面也做得非常出色，这些都是苹果提供的客户价值主张。

在实现客户价值主张的同时，制定盈利模式是成功的商业模式的第二步。对于苹果公司而言，盈利路径主要有两个：一个是靠卖硬件产品来获得一次性的高额利润，二是靠卖音乐和应用程序来获得重复性购买的持续利润。由于优秀的设计，以及超过 10 万计的音乐和应用程序的支持，无论是 iPod、iPhone 还是 iPad，都要比同类竞争产品的利润高很多。同样，由于有上面这些硬件的支持，那些应用程序也更有价值。因此可以看出，明确客户主张和公司盈利模式方面的创新，在为客户创造价值的同时，也为公司创造了价值。

那么，如何创新自己公司的商业模式呢？正如苹果公司做的那样，第一步就是要明确客户主张。也就是说要明确客户到底需要什么？管理大师德鲁克有句名言："企业的目的不在自身，必须存在于企业本身之外，必须存在于社会之中，这就是造就顾客。顾客决定了企业是什么，决定企业生产什么，企业是否能够取得好的业绩。由于顾客的需求总是潜在的，企业的功能就是通过产品和服务的提供激发顾客的需求。"这就意味着，公司要去发现一个新的市场。在准确把握消费趋势的前提下，站在市场前面引导市场，通过持续的技术创新使自己始终处于行业领先地位。

从苹果公司的高成长奇迹来看，高成长的公司对于赶超或打败竞争对手其实并不感兴趣，他们真正感兴趣的是在成熟的业态下创造与众不同的市场。这样的市场创造并不遥远，而是在没有人注意的地方开创出一片蓝海。

这种创新原则在不断指导企业优化他们的商业模式，指导企业创新，开辟新的蓝海，并走向资本市场。苹果的成功，也告诉我们面对技术进步和需求复杂化带来产品和产业的融合时，创新与突破、不断培育自身的核心竞争力，才是创业者在激烈竞争中的生存与发展之道。

5. 有效融资原则

资金是企业发展的血液。企业生存需要资金，企业发展需要资金，企业快速成长更需要资金。资金已经成为所有企业发展中绕不过的障碍和很难突破的瓶颈。谁能解决资金问题，谁就赢得了企业发展的先机，也就掌握了市场的主动权。因此，融资模式的打造对企业有着特殊的意义，尤其是对初创企业来说更是如此。分众传媒就是凭借其成功有效的融资模式，实现了一统电梯媒体的江湖地位。

在国内领导群雄的数字媒体公司——分众传媒，是中国围绕都市主流消费人群的生活轨迹打造的无时不在、无处不在的数字化媒体平台，是中国最大的数字化媒体集团。

在不到两年的时间里，分众传媒成功运作了 3 次私募股权融资，并引进了几家国际顶级的机构投资人，无疑是中国本土公司私募股权融资的一个不可多得的经典案例。有效的融资对于企业的成长发展起着非常重要的作用。分众传媒的成功也与有效的融资有着密切的关系。

任何形式的创业都是要成本的，就算是最少的启动资金，也要包含一些最基本的开支，如产品定金、店面租金等，更别说大一些的商业项目了。因此，对创业者来说，能否快速、高效地筹集到资金，是创业成功至关重要的因素。融资的方式有很多，如银行贷款、寻找风险投资商、民间资本、创业融资、融资租赁等，创业者需要认真考虑各种可选择的融资资源，以便于有效融资。

6. 组织管理高效原则

在互联网时代，整个市场面临着由产品驱动向用户驱动转变，谁能更快满足用户的需求，谁就是强者。高效率的组织管理是保证企业竞争力的关键环节，而成功的商业模式也需要高效的组织管理，海尔公司采取的"倒三角"组织结构是高效率管理的典型。

在海尔的"倒三角"组织结构里，员工在最前线，直接面对市场，所有的员工都听客户的命令，领导却倒过来，在最基层，一方面为一线员工提供资源，另一方面捕捉市场的变化，抓住机遇。

这种结构实现了组织的高效管理，员工直面市场，可以第一时间将客户的声音传递到企业，自主经营体的负责人则以第一竞争力目标，获取一流的用户资源换取开发市场的资源。最后根据用户的需求倒逼研发、供应链、客户管理 3 大体系。事实上，海尔的管理模式由 3 个基本框架构成，即目标体系、日清控制体系和有效激励机制。

首先由目标体系将企业的目标层层分解，量化到每人、每天做的每件事，做到人人都管事，事事有人管。每个人都清楚每天要完成的每件工作，再小的事都有明确划分，甚至每一块玻璃、每一个地段，都标有责任者的名字。

然后由日清体系来保证完成目标的基础工作。每个人要明白自己当天应完成的任务量，但又并不到此为止，还要进一步看到近期的不利方向，从而形成一种自我鞭策机制。通过"日清日高"，海尔使人人既明白当天做到了什么程度，又与过去对比看是否有所提高。海尔正是在日常一点一滴的小小改进提高之中，最后由量变到质变，出现创新，成为企业不断前进的动力。

日清体系的结果与激励机制挂钩来激励全企业向目标努力。海尔的激励机制坚持两个原则。一是公开、公平、公正，通过 3E 卡可明确计算出日收入状况，使员工心里有数。二是计算依据合理，如海尔实行的"点数工资"，就是从多方面对每个岗位进行半年多的测评，并且根据具体条件的变化而不断进行调整；又如"计点工资"，将一线职工工资 100%与奖金捆在一起，按点数分配，在此基础上对一、二、三线的每个岗位实行量化考核，从而使劳动与报酬直接挂钩。

另外，海尔还设立海尔奖、海尔希望杯奖、职工合理化建议奖等多个奖项，又采用职工姓名命名小改小革等形式，对职工进行精神激励，激发员工的工作热情。

凭借着目标体系、日清控制体系及激励机制独具特色的管理法则，海尔一步一个脚印，靠质量享誉的名牌效应、覆盖面广泛的市场网络和星级服务体系 3 张无形资产的"王牌"，使得兼并的十几家企业个个都"亮"了起来，做到了行业前列。

在市场经济的环境下，衡量一个企业成功的唯一外在指标就是利润最大化。企业要实现利润最大化关键是要提高企业的管理效率。高效率地组织管理企业，是每个企业管理者梦寐以求的境界，也是现代企业管理模式追求的最高目标。

4.2 不同形式的商业模式

4.2.1 所有商业模式的通用部分

无论你在建立商业模式时靠的是最新潮的理论，还是已经传承了 100 年的基础准则，所有商业模式都能回答以下问题。

（1）你要解决什么问题？人们不需要新工具，人们需要的是能解决问题的新工具。银行的工作时间，客户需要的是银行延长服务时间，自动取款机的出现解决了这个问题。一切商业模式的起源，都是存在一个客户希望解决，但又缺少好的解决方法的问题。这些无服务或者服务水平低下的市场，为优秀商业模式的诞生创造了最佳机会。

（2）什么人需要解决这个问题？这个问题的答案，就是你的目标客户群。以自动取款机为例，因为每个人都有银行账户，所以这是一个非常庞大的市场。但宠物克隆的市场就相当小了，这个市场的客户是那些对自己死去的宠物爱到愿意复制它们、手里还有 30 万元闲钱的人。

（3）商业模式针对的是哪个细分市场？细分市场指的是一群拥有共同需求、对你的营销会产生相似反应的潜在消费者。耐克（Nike）为很多细分市场生产运动鞋，比如跑步、篮球、有氧运动和登山。传统营销关注的是将人口细分，而现代营销侧重的则是购买者的行为习惯。

如何才能更好、更便宜、更快或者用和现有产品不同的方法解决这个问题？

"大腰牛仔裤"在合适的地方留出了多余空间，让穿牛仔裤的人可以毫无顾虑地下蹲。像这种灵活、独特的产品就会拥有更大的吸引力。

（4）你的价值主张是什么？收取这些费用，你能为客户解决什么问题？"大腰牛仔裤"是一种灵活的利基产品，它为一个确定的细分市场解决问题，可如果一条裤子的定价是 250元，这个商品的价值主张就变得非常脆弱。你的产品帮助客户解决了问题，但愿客户能够重视你的解决方案，愿意支付比成本更高的价格购买你的产品。推广的范围越大，你的价值主张就越强。

（5）你的产品让你处于价值链的什么位置？很多有创意的商业模式，比如 Skype、花点时间，通过排除或改变提供最终产品的合作伙伴，实现了对价值链的重新定义。

（6）你的收入模式是什么？诸如如何为产品定价、定价多少以及产品的哪部分功能最赚钱这些因素，都能决定你的收入模式。比如，大多数航空公司通过对以往绑定在机票价格里实际上免费的物品进行收费，从而彻底改变了收入模式。类似托运行李、更宽敞的座位空间、更美味的航空餐甚至可以随身携带行李这些服务的收费，每年都能为航空公司带来数十亿元的收入。

（7）你的竞争优势是什么？谁都不想在毫无准备的情况下陷入激烈的竞争。你需要一份计划，让自己从竞争中脱颖而出，不管靠的是宣传推广、销售还是运营，制订一份计划能够让你比对手更优秀。

（8）如何保持自己的竞争优势？拉开和竞争对手的差距后，你如何才能阻止他们复制你的成功策略？好的商业模式能够制造障碍，维护自己努力赢得的竞争优势。

（9）你还应该利用哪些合作伙伴或者补充产品？亨利·福特以创建各种公司、生产各种可以用在自己车里的产品而出名；丰田依靠一套合作伙伴系统获得制造汽车的绝大部分零部件，与合作伙伴保持良好的关系能够提升你的商业模式。

（10）哪些网络效应可以为你所用？假如只有你一个人拥有传真机，那么这台传真机就没有价值，因为你无法收发传真。当网络中的用户数量增长时，网络效应可以提高每个人所购买的物品的价值。微信正是靠着庞大的用户网络提高了其产品的价值。

好的商业模式不仅仅是一种理念，优秀的商业模式能够创造性地为客户解决问题，创造比预想更高的利润。

4.2.2 形式最简单的商业模式

构建商业模式时，你要考虑非常多的问题。这种情况很容易让人气馁，但是别担心，通过理解商业模式的所有内部工作机制及其相互关系，然后按照下面的简单三步法分解商业模式，你也可以开启自己的商业模式设计行动。

（1）产品是什么？你是在路边卖玫瑰还是租借私人飞机？客户为什么需要你的产品？你的产品与竞争对手的产品有什么不同？你的产品针对的是最佳市场或利基市场吗？

（2）如何用产品赚钱？微信是一个强有力的产品，它是成千上万个用户的重要沟通工具，但微信却苦于无法将这个产品转变为销售业绩。你不仅需要一个其他人想拥有的产品，还需要给产品设定一个能够让自己获得巨大利润的价位。

（3）如何创造可持续性？在接近 20 年时间里，百视达影视拥有一个盈利能力卓越的商业模式，可公司没能将这种状态维持下去。诸如保持（提高）竞争优势、创新能力以及如何避免隐患这些因素，都会影响一个商业模式的可持续性。

成功的商业模式都很简单。江南春创立的分众模式很简单。分众传媒通过在电梯门口安装几个显示器就可以计算浏览量，当安装的显示器足够多的时候，广告平台的价值就凸显出来了，然后就可以寻找企业的广告赞助，实现盈利。这就是分众传媒的基本商业模式。

牛根生创立的蒙牛模式很简单。蒙牛乳业就是依靠农户为它养奶牛，然后通过奶站把奶源收上来，再经过乳业加工，依靠一些促销手段和广告轰炸，把产品卖光。这就是蒙牛的基本商业模式。

土豆网作为一个免费播出的媒体平台，其盈利模式也很简单，就是基于广告。当收看土豆网的观众越来越多，他们的群众基础越扎实，吸引到的广告投入就越多，他们的盈利也就越多。

成功企业的商业模式都很简单，但那是对已经成功的企业家而言，对于刚创业的人而言可能并不简单。

江南春在电梯门口开发广告牌很简单，但困难的是如何找到广告客户。江南春的模式创新源于他敏锐的目光与思维，他说："现在我们身边到处是电视、平面纸质媒体、户外广告、互联网等这些在大众化生产消费时代出现的、面向广泛受众的传播工具。而市场正在从大众消费向分众行销转型，产品和市场被不断细分，越来越多的企业要求向特定的人群传达自己的产品信息、品牌信息，却发现广告必须通过大众传媒来完成，无法有效区分锁定的目标受众，而且造成巨大的广告预算流失在非目标人群中。"同时他还发现了一个现象：城市写字楼的精英们乘坐电梯时要经过几分钟的无聊时间。根据测算，等候和乘坐电梯的时间加起来是平均每次 3 分 01 秒，这段无聊的时间正好可以收看平时不愿意看的广告！因此他凭借 2500 万元开始了新模式的创业。在创办分众传媒之前，江南春还曾创办并运营一家叫永怡传播的广告公司，那时这家广告公司的营业额已突破 1.5 亿人民币，永怡传播也被权威媒体评为"中国十大广告公司"之一。正是因为有了这样一个客户基础，所以在创办分众传媒之初，他才能迅速找到广告投放客户。

随着创业成为一种趋势，创业的形式也在不断发生着变化：网络创业、技术创业、加盟创业、代理创业等等。但无论外在的表现形式是什么，创业的类型大体可分为两种：销售型创业和技术型创业。认真分析自己的创业方式都需要哪些资源匹配，对比自身所拥有的优势，也许你会清楚哪种方式更适合你去创业。事实上，并不是哪种模式更适合创业，而是你所掌握的资源更适合哪种创业形式，这种匹配才是创业成功的根本！成功创业的关键就是找到自己的核心竞争力。

商业模式越简单越好，要运用傻瓜逻辑，通过最简单的行为营造商业模式，也就是说企业的赢利系统要简单，善于把复杂的事情简单化，就如同手机短信一样，运营商搭建好平台，就有许多人来用，运营商只需等着收钱就行了。

4.2.3　商业模式的例子

世界上既有延续了几百年的商业模式，也有刚刚诞生没多久的商业模式，比如互联网免费增值模式。一些利润较高的企业并没有创建新的商业模式，它们只是从其他产业借鉴了不同的模式。借鉴吉列（Gillette）剃须刀的商业模式为惠普（HP）喷墨打印机等创造了巨额利润。"廉价时尚"模式同样适用于家居界的宜家（IKEA）、网易严选等，有些时候，只要对现有商业模式进行一些小小改动，改动后的模式就能在不同行业产生惊人的效果。

表 4-1 展示了部分通用的商业模式。当你开始创造属于自己的商业模式时，这些例子能够为你带来一些灵感。使用这份列表时，你应当把其中的内容当作灵感来源，而不应该简单地复制。

表 4-1　通用的商业模式

模式类型	描述	公司与产品实例
剃须刀	消费者购买一种低利润商品，比如剃须刀或喷墨打印机。而必要消耗品，如剃须刀片或墨水的价格则定在相当高的水平	吉列、惠普打印机
反向剃须刀	初次购买的产品利润很高，但消耗品的利润较低，以此吸引初次购买的人继续购买，或者采用"剃须刀"模式的竞争与对手进行对比	柯达喷墨打印机，苹果 Ipod 与 iTunes 组合。苹果 iTunes 的利润很低，但硬件产品的利润非常高
廉价时尚	推销价格便宜的潮流品。这种模式一般利润较高，因为尽管商品的价格较低，却能给消费者带去一种昂贵的感觉	宜家、名创优品
砖块加鼠标	对实体店销售进行延伸，包括在线预订、实体店取货，或者只有网上才能搜索到商品	百思买，拥有本地网站的推理小说店
多层次直销	利用朋友、家人及其他个人关系网推荐商品，由此成为一股销售力量。对于需要推荐才能刺激购买的商品效果最好	雅芳、玫琳凯、安利
特许经营	出售商业模式使用权，换回对方一定比例的收入	麦当劳、假日酒店
预期向上销售	很多消费者最终购买的商品数量总会超过最初的预期。比如，很多购买新房的人算上各种额外品后，最终的付款额是底价的 1.2 倍左右。而建房子的人指望的就是这种向上销售	建筑商、汽车销售商、钢材制造商

续表

模式类型	描述	公司与产品实例
低价销售赚人气	这种模式以极低的利润快速周转商品，商家希望通过这种方式，在未来销售更多商品，获得更高利润	加油站、"2元购"、拼多多
定金模式	因为能带来经常性收入，这是最流行的模式之一。这种模式一般需要创造一个有重大价值的资产，并且出租部分资产	健身房、软件服务
集团模式	和特许经营类似。众多企业为采购、营销或运营目的而组成一个比特许经营品牌更松散的集合。一般来说，集团模式能够集合购买力，而不需要像特许经营那样持续支付加盟费	Ace五金（Ace Hardware）、CarQuest（汽车零件）
服务产品化	标准化一系列预先设定好的、通常被消费者合在一起购买的服务，按照产品形式设定一个固定价格。这种模式在很多情况下其定价包含固定费用部分	一次商业计划分析服务收费5 000元，而不是按照一小时200元的价格进行预收费
产品服务化	让产品成为服务产品集合的一部分	罗尔斯-罗伊斯出售航空发动机时，是基于飞行里程而不是零件提供整套解决方案。所有操作和维护都包含在"按飞行小时包修"的计划中
长尾效应	选择一个小型利基产品，用大众市场无法实现的方式提供这种产品。但愿这个小型利基产品能够发展得越来越大，就像Fat Tire啤酒那样	亚马逊图书销售、淘宝、乐高
略过中间商	消除供应链中的中间人角色。汽车地带（AutoZone）跳过仓储配送环节，绕过了传统的三步分销模式	戴尔电脑、瓜子二手车平台
免费增值商业模式	产品是免费供应的。一般来说，有8%的客户会升级为付费客户，购买虚拟商品或者获得额外的服务	共享软件、360杀毒软件
在线拍卖	通过类似拍卖的方式销售商品，创造一个买家和卖家的社区	eBay、雅昌艺术品拍卖网
加州旅馆模式	创造一个让人不得不拥有的产品，诱使消费者购买例如棒球比赛打折门票这种与原产品无关的高利润产品	主题公园、体育赛事、电影院
网络效应	创造一种产品，使用的人越多，产品的价值也会越高	传真机、社交网络
众包	利用用户共同创造产品，再将产品销售给其他用户	大众点评、美团网
用户专家	为用户提供一般只有公司雇员才有的权限，接触技术与工具。用户因此创造出自己的设计，或者将产品改造为自己的版本	"DIY"餐馆、乐高乐园
高端模式	为有品牌意识的消费者提供高端产品	蒂芙尼、个性定制
锚铢必较模式	为最有成本敏感性的产品尽可能低地设定价格，其余的产品，则锚铢必较	春秋航空公司
固定费用模式	与"锚铢必较"模式正好相反，绝大多数甚至全部附加价值都计算在固定费用中	Sandals度假酒店、西南航空、自助餐、不限流量的套餐

4.3　使用工具设计自己的商业模式

一个优秀的商业模式既不是一蹴而就的，在实践中也不是一成不变的。随着实践中企业发展的过程变化，商业模式要不断地修正、完善。而且一个已经十分完美成熟的商业模式也许会随着产业环境和竞争态势发生了变化而显得不再适应，因此需要进行新的设计和调整。但是，优秀的商业模式在经济上是一定会有回报的。

设计商业模式的工具是一个比较新的概念，因此企业家们别无选择，只能依靠自己的经验和智慧创造商业模式。这种缺少结构化的方法有时能够奏效，有时则毫无效果。

虽说西南航空公司的创始人在一张纸巾背面涂鸦般地写下了自己的商业模式，但如果拥有一套结构化的流程，显然更有可能得到好的结果。下面介绍创造商业模式的两种模板。

4.3.1　商业模式画布

在《商业模式新生代》这本书中，亚历山大·奥斯特瓦尔德（Alexander Ostenwalder）和伊夫·皮尼厄（Yves Pigneur）勾勒出了商业模式的框架。奥斯特瓦尔德和皮尼厄的"商业模式画布"既可以用来构想商业模式理念，也可以从中观察各要素的互动性。在小组讨论或其他可以吸收更多创意的环境下，商业模式画布的效果尤为出众。

商业模式设计人在画布的合适区块中写下关键理念或原则，以此为基础就能发现并发展最强大的理念和互动关系，如图 4-1 所示。

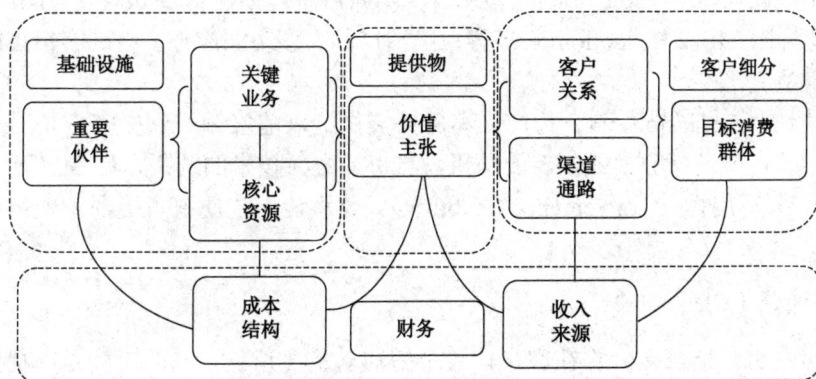

图 4-1　商业模式画布

1. 客户细分（Customer Segments）

客户构成商业模式的核心。客户细分用来描述一个企业想要接触和服务的不同人群或组织。

没有可获益的客户，就没有企业可以长久存活。客户构成了任何商业模式的核心，为了更好地满足客户，企业可能把客户分成不同的细分区隔，每个细分区隔的客户具有共同的需求、共同的行为或其他共同的属性。

商业模式可以定义一个或多个或大或小的客户细分群体。比如：

（1）大众市场（Mass Market）。

（2）利基市场（Niche Market）。以利基市场为目标的商业模式迎合特定的客户细分群体。

（3）细分市场（Segmented）。有些商业模式在略有不同的客户需求和困扰的市场细分群体间会有所区别。

（4）多元化市场（Diversified）。具有多元化客户商业模式的企业可以服务于两个具有不同需求和困扰的客户细分群体。

（5）多边平台和多边市场（Multi-sided Platforms/Multi-sided Market）。

2. 价值主张（Value Propositions）

价值主张是客户转向一个公司而非另一个公司的原因，它解决了客户困扰或者满足了客户需求，用来描述为特定客户细分创造价值的系列产品和服务。

每个价值主张都包含可选系列产品和服务，以迎合特定客户细分群体的需要。在这个意义上，价值主张是公司提供给客户的受益集合或受益系列，主要体现在以下几方面。

（1）新颖（Newness）。

（2）性能（Performance）。

（3）定制化（Customization）。

（4）把事情做好（Getting the job done）。可以通过帮助客户把某些事情做好而简单地创造价值。

（5）价格（Price）。以更低的价格提供同质化的价值是满足价格敏感客户细分群体的通常做法，但是低价值价值主张对于商业模式的其余部分有更重要的意义。

（6）成本削减（Cost Reduction）。帮助客户削减成本是创造价值的重要方法。

（7）风险抑制（Risk Reduction）。当客户购买产品和服务的时候，帮助客户抑制风险也可以创造客户价值。

（8）可达性（Accessibility）。把产品和服务提供给以前接触不到的客户是另一个创造价值的方法。这既可能是商业模式创新的结果，也可能是新技术的结果，或者兼而有之。

（9）便利性/可用性（Convenience/Usability）。使事情更方便或者更易于使用可以创造可观的价值。

3. 渠道通路（Channels）

渠道通路是客户接触点，它在客户体验中扮演着重要角色。它的功能是：提升公司产品服务在客户中的认知，帮助客户评估公司价值主张，协助购买特色产品服务，向客户传递价值主张，提供售后客户支持。

虽然合作伙伴渠道导致更低的利润，但允许企业凭借合作伙伴的强项，扩展企业接触客户的范围和收益。自有渠道和部分直销渠道有更高的利润，但是其建立和运营成本都很高。

渠道管理的诀窍是在不同类型渠道之间找到适当的平衡，并整合它们来创造令人满意的客户体验，同时使收入最大化。

4. 客户关系（Customer Relationships）

客户关系，用来描绘公司与特定客户细分建立的关系类型。包括：客户获取——客户维系——提升销售额（追加销售）。

（1）个人助理（Personal Assistance）。

（2）专用个人助理（Dedicated Personal Assistance）。

（3）自助服务（Self-service）。

（4）自动化服务（Automated services）。这种关系类型整合了更加精细的自动化过程，用于实现客户的自助服务，例如客户可以通过在线档案来定制个性化服务。

（5）社区（Communities）。目前各公司正越来越多地利用用户社区与客户/潜在客户建立更为深入的联系，并促进社区成员之间的互动。

（6）共同创作（Co-Creation）。许多公司超越了与客户之间传统的客户—供应商关系，而倾向于与客户共同创造价值。

5. 收入来源（Revenue Streams）

收入来源指的是公司从各个客户群体中获取的现金收入（需要从创收中扣除成本）。

如果客户是商业模式的心脏，那么收入来源就是动脉。每个收入来源的定价机制可能不同，例如固定标价、谈判议价、拍卖定价、市场定价、数量定价等。

一种商业模式可以包含两种不同类型的收入来源。

（1）通过客户一次性支付获得的交易收入。

（2）经常性收入来自客户为获得价值主张和售后服务而持续支付的费用。

6. 核心资源（Key Resources）

核心资源是让商业模式有效运转所必需的最重要因素。

每个商业模式都必须有核心资源，这些资源使得企业组织能够创造和提供价值主张，接触市场，与客户细分群体建立关系并赚取收入。

核心资源可以是实体资产、知识资产、人力资源、金融资产。

核心资源可以是自有的，也可以是公司租借的或从重要伙伴那里获得的。

7. 关键业务（Key Activities）

关键业务是为了确保企业商业模式可行，企业必须做的最重要的事情。

正如核心资源一样，关键业务也是创造和提供价值主张，接触市场，维系客户关系并获取收入的基础。

8. 重要伙伴（Key Partnerships）

重要合作是指商业模式有效运作所需的供应商和合作伙伴的网络。

很多公司通过创建联盟来优化其商业模式，降低风险或获取资源。合作关系类型包括：在竞争者之间的战略联盟关系；在竞争者之间的战略合作关系；为开发新业务而构建的合资关系；为确保可靠供应的购买方—供应商关系。

以下三种动机有助于创建合作关系。

（1）商业模式的优化和规模经济的运用。此为购买方—供应商关系的最基本形式，设计用来优化资源和业务配置。优化的伙伴关系和规模经济的伙伴关系通常会降低成本，而且往往涉及外包或基础设施的共享。

（2）风险和不确定性的降低。竞争对手在某一领域形成了战略联盟而在另一领域展开竞争的现象很常见。

（3）特定资源和业务的获取。很少有企业拥有所有的资源或执行所有其商业模式所要求的业务活动。相反，它们依靠其他企业提供特定资源或执行某些业务活动来扩展自身能力。这种伙伴关系可以根据需要，主动地获取知识，许可或接触客户。

9. 成本结构（Cost Structure）

成本结构是运营一个商业模式所引发的所有成本，即在特定的商业模式运作下所引发的最重要的成本。创建价值和提供价值、维系客户关系以及产生收入都会引发成本。这些成本在确定关键资源、关键业务与重要合作后可以相对容易地计算出来。

4.3.2　精益画布

精益画布（见表 4-2）是创业公司设计商业模式的最佳工具。精益画布（Lean Canvas）的发明者叫阿什·莫瑞亚（Ash Maurya），他是美国的一位连续创业者，也是"精益创业"运动的旗手。他在自己的第一本书《精益创业实战》（Scaling Lean）中详细介绍了这个工具。精益画布只有一页纸，但非常实用。对创业公司来说，它既是对商业模式的描绘和提炼，也是一个非常简洁的商业计划书，还可以是指引公司发展方向和路径的战略规划。

表 4-2　精益画布

【问题】 客户最需要解决的三个问题	【解决方案】 产品最重要的三个功能	【独特卖点】 用一句简明扼要但引人注目的话阐述为什么你的产品与众不同，值得购买	【门槛优势】 无法被对手轻易复制或者买去的竞争优势	【客户群体分类】 目标客户
	【关键指标】 应该考核哪些东西		【渠道】 如何找到客户	
【成本分析】 争取客户所需花费；销售产品所需花费 网站架设费用；人力资源费用等			【收入分析】 盈利模式；客户终身价值 收入：毛利	

现在不管是创业者，还是投资人，创业之后基本都不谈商业模式，强调说只要把用户做大就可以了，用户达到了一定规模就一定会有商业模式。其实这个说法本身是有问题的，这里面混淆了商业模式和盈利模式这两个概念。其实，常说不谈商业模式指的是暂时不谈盈利模式。而创业初期一定是要谈商业模式的，商业模式是你做的这个事情的全盘考虑。包括针对什么用户细分，解决什么问题，解决方案是什么，解决方案在市场中的竞争力如何，定价是否合理，渠道是否合适，独特价值定位是什么，合作伙伴是谁等等这些合起来就是你的商业模式。

进一步说，创业初期不谈盈利模式也是有问题的。你可以暂时不去开启你的盈利模式，但是要在一个合适的阶段去验证你的盈利模式是否成立。比如当用户达到 1 万的时候，你可以尝试去验证下收费是否可行，在小范围内找一两百人就可以。在你去跟投资人见面时，你就不会说我觉得怎样或以后会怎样，而可以说我做过 100 人次的用户实验，30%的人愿意每月付 15 元会员费。这样等你的用户达到 100 万的时候，你就可以告诉投资人大概的收益，如果开启这个盈利模式的话，收益会是多少。

所以你的商业模式是很重要的，你公司的产品就是整个商业模式。其中你做的网站、App、智能硬件等都是商业模式中很重要的环节而已。但是在创业初期，你所想象的整个商业模式其实就是一系列假设的集合，在它没有验证之前都只是假设，创业者要面对这个问题，面对这个现实。可见，商业计划书并不适合创业初期的团队使用，而精益创业画布更适合作为创业初期团队梳理思路的工具。接下来简单介绍精益创业画布的框架，见表 4-2。

可从以下几个维度来分析。首先是长度，商业计划书一般是 10 页到数百页，而精益创业画布只需要一页纸。商业计划书一般需要准备 1 周到数月，而精益创业画布 1~2 小时就可以完成。商业计划书是为了让别人相信自己的计划并获得融资和老板支持，而精益创业画布则是帮助创业团队梳理创业思路，同时获得投资人信任并得到假设验证资金。商业计划书修改的频率很低，因为它是一个完整的产品，数据的相关性很强，如果修改一个数据可能需要修改很多地方，十分麻烦。而精益创业画布只有一张纸，随着假设验证的进度可以随时修改，十分方便。

商业计划书是大量市场分析数据，假设、预测和现实混合体。当你自己在写的时候，往往是越写越头疼，越写越没有底气。同时商业计划书是投资人让你去写却又不会去看的东西，在你和投资人面对面沟通的时候，发现他们问的一些问题都已经写到了商业计划书里，但他们还是会问。而精益创业画布是假设驱动的一个工具，没有实现的内容都是假设，创业者的想法就是一堆假设的集合，在关键假设没有被验证前，不适合进入大规模产品和市场开发。

商业计划书内容很全面，可读性一般来说比较差，好在商业计划书目前已做了很多优化，而且会有人教你怎么写一个好的商业计划书。精益创业画布最初是专门为互联网创业者设计的，只需要 5 分钟就可以和别人讲清楚你的整个想法，可读性强。

下面将精益创业画布进行模块分解。

（1）项目名称——为你的产品或项目起一个比较简洁又容易记住的名字，这个很重要，要能让人想到你的产品或项目大概是什么行业，针对什么用户，产品形态是什么样的。

（2）服务人群——创业一定从用户细分开始，你要列出具体的细分，比如收入、年龄、工作、行业，而且要去评估规模有多大，太大无处着力，太小呢，你的定位太窄，以后你的企业很难做得很大，投资人也不会太感兴趣。

（3）用户痛点——如果一个问题能被准确地描述，那么你的问题就已经解决了一半。所以能发现问题，并准确描述问题，这是非常重要的。同时我们要评估这个痛点的程度，1~5也是不一样的，不同级别的痛点，你的产品的做法是不一样的，而且不能想当然地认为这是用户的痛点，一定要去和用户交流，做一些小规模的实验去验证这个痛点确实存在。

（4）解决方案——创业早期功能一定要少，不超过 3 个，因为我们的资源有限，人也有限，能力也有限，钱也有限，要将资源集中在最关键的那个功能上。功能要直击用户的痛点，而且要思考你对应的最小可行产品，尽早发布你的产品。有句话说，如果你在发布第一款产品的时候，你不觉得不好意思，那么说明你发布晚了。这是什么意思？也就是说，当你发布第一款产品的时候，正常情况下你应该感到不好意思，因为你的产品用户体验很差，功能很不完善。但你要把你的核心功能尽早发布出来，让你的早期用户使用，获得他们的反馈。另外，你要相信所有问题都已有了解决方案，你要看看你的解决方案跟现有解决方案的区别，比它更便宜，获取用户更容易，还是比它体验更好？

（5）天使用户定义和渠道——如果你的创业是对的，你一定能找到一批用户，他们就是在你的产品还不完善的时候，就愿意花时间跟你探讨你的产品，甚至花钱购买你的产品，这些人就是你的天使用户。如果你找不到他们，要么是你的方法不对，要么是你的创意有问题。

（6）探索性实验（MVP）——在创业开始，你是否为你的产品做过一些探索性实验，这很重要。如果你觉得自己的创意很好，能不能一周时间内，在目标客户群中找到一百个潜在用户，把他们拉到一个群里和他们沟通交流。如果这点都做不到的话，这个创意就是有问题的，要么就是你的行动力的问题。

MVP 的三个要素：假设、用户和度量。针对商业模式中的一个假设，它能够交付到用户手里获得用户的一线真实反馈，可量化地去度量用户反馈，然后评估你的假设成立还是不成立。它的形式有很多种，视频 MVP、登录页 MVP、众筹 MVP、单一功能 MVP、虚拟 MVP 等等。

（7）度量指标——针对你产品的主要功能，要有相对应的度量指标，但我们要避免虚荣指标。什么是虚荣指标呢？比如说你的 App 装机量，如果你肯花钱做推广那么就有装机量。还有就是你订阅号的粉丝数也是虚荣指标，因为粉丝数不代表你的阅读数，你只要做任意绑定式推广就能获得粉丝。因此需要找到真正反映创业公司真实状况的关键指标。

（8）团队介绍——对于早期创业团队，你的创始人是不是全职是很关键的，创始人不是全职，投资人一般是不考虑的。你的团队人数也是很重要的，有些孵化器是不接受一个人的创业项目的，为什么呢？如果你连一个人都说服不了，要么是你人品有问题，要么就是你能力有问题。创始人要具备能把人吸引到你身边的能力。一般团队人数越多，你的估值也会越多。团队缺失的能力也是重要的指标，如果你不知道你的团队缺失哪种能力，那么说明你对你之后要做的事需要什么能力还不清楚。

（9）项目门槛——没有门槛的项目是没有价值的。项目门槛分为两类：一类是已有门槛，就是你的团队先天具备的资源是别人不具备的；另外一类是后天建立的门槛，就是在你产品开发、成长中建立的，可以弥补你先天的不足。什么意思呢？比如你有独特资源，有实验室，拥有某项专利，这些都是先天门槛。而你社交产品的黏性，你培养的某种使用习惯等等都属于后天建立的门槛。

4.4 商业模式评价

对商业模式进行评价时，主要从以下几个方面考察。

4.4.1 市场分析

市场分析考虑的项目包括客户、附加价值、市场结构、市场规模、可达成的市场占有率等。一个好的新商业模式，必然是具有特定市场利基，专注于满足顾客需求，同时能为顾客带来增值的效果。因此，选择新商业模式时，可用市场定位是否明确，顾客需求分析是否清晰，顾客接触是否通畅等，来判断创业可能创造的市场价值。新事业能带给顾客越高的价值，则创业成功的机会也会越多。

4.4.2　经济因素

经济因素考虑的项目包括达成损益平衡所需时间、投资报酬潜力、资本需求、毛利、销售成长等，合理的损益平衡时间应该能在 2 年以内达成，如果 3 年还达不到，则恐怕就不是个值得投入的新创业模式。不过有的创业确实需要经过比较长的耕耘时间，并经由这些前期投入，创造进入障碍，并因此保证后期的持续获利。在这种情况下，可以将前期投入视为一种投资，而较长的损益平衡时间就可以获得容忍。

考虑到新创业开发可能面临的各项风险，合理的投资回报率应在 25%以上。一般而言，15%以下的投资回报率，将不是一个值得考虑的新创业模式。资金需求量较低的创业，一般会比较受投资者的欢迎。事实上，许多个案显示，资本额过高其实并不利于创业成功，有时还会带来稀释投资回报率的负面效果。通常，越是知识密集的创业模式，对于资金的需求量越低，投资回报率反而会越高。

毛利率高的商业模式，相对风险较低，也比较容易达成损益平衡。反之，毛利率低的商业模式，风险则较高，遇到决策失误或市场发生较大变化的时候，企业很容易遭受损失。一般而言，理想的毛利率是 40%。当毛利率低于 20%的时候，这个商业模式就不值得再考虑。

4.4.3　收获条件

收获条件考虑的项目包括潜在附加价值、价值评估模式、退出机制和策略、资本市场环境等。所有投资的目的都在于回收，因此退出机制与策略就成为一项评估新创业模式的重要指标。企业的价值一般也要由具有客观鉴别能力的交易市场来决定，而这种交易机制的完善程度也会影响新创业企业退出机制的弹性，由于退出的困难程度普遍要高于进入，所以一个具有吸引力的新商业模式，应该要为所有投资者考虑退出机制以及退出的策略规划。

4.4.4　竞争优势

竞争优势考虑的项目包括固定及变动成本、进入障碍等。产品的成本结构，也可以反映该项新事业的前景是否光明。例如，由物料与人工成本所占比重之高低、变动成本与固定成本的比重以及经济规模产量的大小，可以判断这项新事业能够创造附加价值的幅度以及未来可能的获利空间。

4.4.5　个人标准

个人标准考虑的项目包括目标和适合性、机会成本、正面与负面相关议题、欲望、风险与报酬承受度、压力承受度等。创业过程中遭遇的困难与风险极大，因此有必要了解创业者的创业动机，以利于判断他愿意为创业活动付出代价的程度。一般认为，新商业模式与个人目标的契合程度越高，则创业者的投入意愿与风险承受意愿自然也会越大，新创业目标最后获得实现的概率也相对越高。因此，一个具有吸引力的新商业模式，一定是一个能充分与创业者个人目标相契合的创业计划。

要做到客观、公正、真实地对商业模式进行评价是一件比较困难的事情，因为任何一种科学评价体系的建立和完善都是一项长期而艰巨的工作。尽管现在有很多采取比较系统的科学研究方法建立的一些评价体系，但是由于理论体系和实践操作的种种问题，这些体系仍存在一些问题有待改进，为了更完整地做到商业模式的评价，可以考虑指标取舍的理论科学性和实践操作性的平衡，从统计方法上弥补指标之间的相关性，尽量考虑量化指标数据的可获得性，这样可以更准确并合理地评价每一项商业模式。

下面介绍两种商业模式的评价方法：珀泰申米特法、贝蒂选择因素法。

1. 珀泰申米特法

珀泰申米特法（Potentionmeter）可以通过让创业者来填写针对不同因素的不同情况，预设定好权值的选项式问卷方法来快捷地得到特定商业模式的成功潜力指标。对于每个因素，不同选项的得分可以从-2～+2分，通过对所有因素得分的加总得到最后的总分，总分高说明特定商业模式会成功的潜力越大。只有那些最后得分高于15分的商业模式才值得创业者进行下一步的策划，低于15分的都应被淘汰，见表4-3。

表4-3 珀泰申米特法

评估因素	因素分值（-2 ～ +2）
对于税前投资回报率的贡献	
预期的年销售额	
生命周期中预期的成长阶段	
从创业到销售额高速增长的预期时间	
投资回收期	
占有领先者地位的潜力	
商业周期的影响	
为产品制定高价的潜力	
进入市场的容易程度	
市场试验的时间范围	
销售人员的要求	

2. 贝蒂选择因素法

在贝蒂（Baty）选择因素法中，通过对11个选择因素的设定来对创业模式进行判断。如果某个创业模式只符合其中的6个或更少，那么这个创业模式就很可能不可取；相反，如果某个创业模式符合其中的7个或者更多，那么这个创业模式将大有希望（见表4-4）。

表 4-4　贝蒂选择因素法

备选因素	符合因素
初始的产品生产成本是否可以承受	
初始的市场开发成本是否可以承受	
产品是否具有高利润回报的潜力	
是否可以预期产品投放市场和达到盈亏平衡点的时间	
潜在的市场是否巨大	
产品是不是一个高速成长的产品家族中的第一个成员	
你是否拥有一些现成的初始用户	
否可以预期产品的开发成本和开发周期	
是否处于一个成长中的行业	
金融界是否能够理解你的产品和顾客对它的需求	

思考问题

1．什么是商业模式？如何打造盈利的商业模式？

2．在你所感兴趣的行业中，选择几个著名的企业，按照商业模式的评价方法，分析其商业模式的通用部分有什么特点？对你有什么启发？

拓展阅读

小红书：社交电商的新时代

2013 年，毛文超和瞿芳共同创立小红书。小红书是一个生活方式分享平台，小红书社区里包含美妆、个护、运动、旅游、家居、酒店、餐馆的信息分享，触及消费经验和生活方式的众多方面。2017 年 12 月，小红书电商被《人民日报》评为代表中国消费科技产业的"中国品牌奖"；2020 年 6 月，小红书月活用户破亿，单日笔记曝光超 80 亿次，成为中国最大的生活分享平台；截至 2022 年底，小红书已有 2.6 亿活跃用户，其中超 6 900 万分享者，分享人数占比达 26.54%，已远超豆瓣、微博等社区平台不到 10% 的占比。

在短短几年时间内，小红书从最初的美妆分享平台到现在的海外市场拓展，其发展历程可以说是一部值得回味的互联网创业史，小红书的成功离不开其独特的商业模式和运营特点。

1．小红书的起源

小红书于 2013 年成立，最初是一个美妆分享社区。当时，创始人在海外留学期间，发现很多中国女孩在购买化妆品时需要面对语言不通、价格偏高等问题。于是，她们决定成立一个分享美妆心得和购买经验的社区，帮助大家更好地了解化妆品和购买渠道。

2．小红书需要解决的问题

小红书需要解决的主要问题是如何获得用户的支持和信任。小红书首先通过创建一个独特的社区来赢得用户的支持和信任。小红书的社区主要以分享个人时尚美妆心得为主，这种独特的社区为用户提供了一个可以交流分享个人时尚美妆心得的平台。此外，小红书还通过向用户提供专业的时尚美妆资讯和指导来赢得用户的支持和信任。小红书不仅提供时尚美妆资讯，而且还能够为用户提供实时的时尚美妆指导。小红书的专业时尚美妆资讯和指导让用户相信小红书是一个可以信赖的时尚美妆平台。

3. 小红书的独特性

（1）口碑营销。没有任何方法比真实用户口碑更能提高转化率，就如用户在淘宝上买东西前一定会去看用户评论。小红书有一个真实用户口碑分享的社区，整个社区就是一个巨大的用户口碑库。

（2）结构化数据下的选品。小红书的社区中积累了大量的消费类口碑，就好像几千万用户在这个平台上发现、分享全世界的好东西，此外，用户的浏览、点赞和收藏等行为，会产生大量底层数据。通过这些数据，小红书可以精准地分析出用户的需求，保证采购的商品是深受用户推崇的。

4. 小红书的运营模式

（1）满足用户的晒图和互动，解决陌生用户的痛点。小红书早期聚集了一批热爱海淘的活跃用户，天天晒各种全球好货购物攻略，引导很多没有海淘经验的小白们快速获知产品的使用感触。

（2）优质的社群运营。小红书的用户与用户之间并没有买卖关系，而是把"产品的体验感"晒出来，通过优质的社群运营，促使用户不断输出内容。当这些内容形成良好的口碑积累后，让用户对平台产生了信任，然后再发展成海淘电商。

（3）用知识和内容征服用户。社交营销的价值基础是分享知识和内容，因为知识和内容能够解决用户的冲突，先征服"她"，然后再谈买什么。在社交世界里，对消费者来说，最重要的不是你卖什么，而是我需要什么。

（4）不断升级核心竞争力。小红书从最初的"以消费者为中心的思考方式"升级到"以竞争对手为中心的思考方式"。小红书转型成为电商平台后，周围的竞争对手增加，比如考拉海购，这就意味着用户的选择方向也更加多样化。

（5）精准定位用户群体，满足群体的特性。小红书的用户群体以女性为主，这个消费群体的特性就是喜欢不停闲逛各种商品，不确定性浏览产品，经常漫无目的地逛商城。

5. 小红书商业化困境

上市，是投资人和小红书的必由之路，但如果要市值（估值）好看，首先还是要解决商业化问题。过去这些年，感受到压力的小红书，反复在社区—电商—社区—电商之间跳转，但始终没有找到一条合适的商业化变现路径。

小红书通过电商变现也颇多挑战。一位机构负责人表示，小红书的核心竞争力在于"链接路径更短，比如说想买一个产品的时候，直接在小红书里搜，看评论、晒单更直接，在微博上做这件事相对来讲比较难。"然而，"种草"能力很强的小红书，"拔草"能力却有限，因为小红书在流量和供应链上"先天不足"。

　　无论何时，消费者最期望的都是买到高性价比的商品，而作为一个内容平台，小红书与商家的谈判能力并不强，供应链能力偏弱。很多小红书的资深用户虽然每天会在小红书上刷不停，但购物时仍会选择淘宝、京东等电商平台。小红书最初是帮助中国消费者能够买到全世界的好东西，但今天更大的机会应该来自中国市场商品和服务的供给侧结构性改革。从"玄学"变成"科学"，让广告和电商生意更具"确定性"，或许是小红书商业化的一种解法。

　　思考：

（1）小红书的商业模式中有哪些独特关键要素？

（2）小红书电商变现过程中，遇到哪些问题，如何突破？

第❺章

创业资源管理

学习目标

1. 了解创业过程中的资源需求和资源获取方法。
2. 了解创业资源的类型，重点认识不同类型创业活动的资源需求差异。
3. 掌握创业资源获取的一般途径和方法，明确创业资源获取的技巧和策略。
4. 认识创业资金筹募渠道和风险，掌握创业资源管理的技巧和策略。

知识要点

1. 创业资源的含义、种类与作用。
2. 新建企业的创业资源与一般商业资源的异同。
3. 获取创业资源的途径。
4. 获取创业资源需要的技能。
5. 创业资源的整合。
6. 如何对创业资源进行管理。

5.1 创业资源的含义、种类与作用

5.1.1 创业资源的含义

创业资源是指新创企业在创造价值的过程中需要的特定资产，包括有形资产和无形资产，它是新创企业创立和运营的必要条件，主要表现形式为创业资本、创业人才、创业技术、创业机会和创业管理等。

美国百森商学院教授蒂蒙斯提出创业的三要素是：机会、资源与团队，可见资源在创业要素中的重要性。总的来说，资源就是供人们从事生产和经济活动的有用之物。创业者在进行创业时，不在于他们拥有多少资源，而在于怎么去整合资源。一般而言，创业者们不是在拥有全部资源的时候才去创业，而是在即使资源不充足的情况下也要寻找资源来创业。也可以说企业家整合资源的能力决定着企业未来的竞争力。

许多创业者认为，只要有个好创意，再得到风险投资，加上自己的激情、执着、运气就可以创业成功了，其实创业更重要的是团队、人才、信息、经验、执行力。大多数创业者之所以失败，没有团队、缺乏经验、缺乏执行力等，也就是缺乏创业的必备资源，这就是人们通常所说的"巧妇难为无米之炊"。

创业资源就是企业创立以及成长过程中所需要的各种生产要素和支撑，是创业必不可少的人脉、资本、技术、人才等资源。

创业资源就像是构成一个机体的肌肉、骨骼、血液一样，一个成功的创业正是由这诸多资源结合起来的。如果创业者善于整合资源，就会实现从 0 到 1 的转变。创业资源在于整合，而不是拥有资源但不合理利用，这样对创业无益。没有资源而去整合资源，从而完成自己的计划，这是创业精神的体现。

5.1.2　创业资源的种类

创业资源是新创企业成长过程中必需的资源，创业者进行不同的创业活动具有不同的创业资源需求。创业资源可分为要素资源（资金资源、场地资源、人力资源、技术资源、管理资源等）和环境资源（行业资源、信息资源、政策资源、文化资源、品牌资源等）。

1. 资金资源

创业需要的启动资金，创业转型或发展所需要的再次融资等，都是创业者应该获取的资金资源。

有调研结果表明，大学生创业遇到的最大障碍就是资金问题，因此在读书时把想做的项目写成创业计划书，然后再去参加各种路演、各种创业比赛，其根本目的，还是想借助这样的形式与活动，来吸引风险投资商的关注，进而获得创业的启动资金。

事实上，不仅是初创企业，就算是已经创业三年，甚至更长时间的创业者，也会经常遇到资金困难问题。现金流断裂，是企业倒闭和破产的最大根源。

2. 场地资源

任何企业都要有生产和经营的场所，高科技创业企业也不例外，这是企业存在的首要条件之一。除了必要的办公场所，如为科技人员提供舒适的研究开发环境和高速网络通信系统，为市场人员提供便捷的商务中心和配套设施等，将有助于新创企业的效率和活力。

3. 人力资源

人力资源又称劳动力资源或劳动力，是指能够推动整个经济和社会发展、具有劳动能力的人口总和，在现代企业竞争中，关键在于谁拥有专业性人才。

通常来说，创业资源中的人力资源是指企业中从业人员具有的体质、文化知识和劳动技能水平。拥有创业所需的人才、团队是创业的先决条件。随着数字经济的兴起以及高科技、互联网、物联网产业的发展，人们发现单靠个人力量，越来越难以成功创业，"抱团取暖，优势互补"型的团队创业越来越多。尤其是近年来掀起的大学生创新创业大赛"创青春"和"互联网+"创业大赛，几乎所有的参赛项目，都是以团队形式出现的。

4. 技术资源

创业初期，创业技术是最关键的资源，尤其对于很多技术型的创业者，技术资源的优劣不仅影响着企业产品和服务领域竞争力的大小，更决定着创业者所需要的创业资金，影响着创业者吸引创业资金的能力。

同时，一个成功的企业必定是以成功的产品为基础的，成功的产品往往来源于技术的领先，而技术资源又离不开优秀的人力资源。创业企业重视技术资源的整合，不仅要整合、集聚企业内部的技术资源，还要整合外部可利用的技术资源。整合技术资源只是起点，技术资源整合是为了技术的不断创新，自主研发并拥有自主知识产权，保持技术领先，占领市场，壮大企业。

5. 管理资源

高科技企业的创业者大多是科技人员出身，他们本身具备较强的科研能力，但是对于企业管理知识往往有所欠缺，很多高科技创业企业都失败于管理不善，这意味着拥有一套完整而高效的管理制度是新创企业的宝贵资源。当然，在企业缺乏这一资源时，也可以寻求专业的管理咨询机构，同样有助于提高新创企业的生产和运作效率。

6. 行业资源

创业者对行业是否了解、对行业内的竞争对手、行业内的供应链相关企业等是否熟悉，是评价创业者是否专业的主要标志，也是判断创业者在这个行业创业成功与否的一个重要参考指标。

这里所说的行业资源主要指创业者在创业的行业内所具有的关系网络资源，包括竞争对手、供应商，也包括相关科研机构、行业协会、行业杂志等，这些资源，直接影响创业企业在这个行业发展的速度和应对风险的能力，作为创业者，要注意关注和积累信息，并不断挖掘其价值，为行业服务。

7. 信息资源

常见的信息资源包括项目交易数据资源、供求信息资源、研究报告资源、财经数据资源、科研数据资源、学术论文资源、品牌口碑资源、公司名录资源等。这些资源有利于帮助投资者对市场潜力及是否投资做出判断，尤其是创业者亲身调研得来的一些数据，更有价值。

8. 政策资源

在创业过程中，创业者要学会顺应行业和地区经济发展的趋势，掌握和了解政府的行业政策和扶持政策，并充分利用这些政策资源，这将有利于创业企业的成功，可以说政策资源对创业者而言也是不可多得的成功创业的助推器。

行业政策和扶持政策主要包括财政扶持政策、融资政策、税收政策、科技政策、企业扶持政策、对外经济技术合作与交流政策等。

（1）财政扶持政策。中央财政预算设立中小企业科目，安排扶持中小企业发展专项资金；地方政府根据实际情况为中小企业提供财政支持。

（2）融资政策。通过信贷政策调节经济发展，是政府常用的宏观调控手段，这些信贷政策直接影响各商业银行的放贷节奏，以及创业企业的融资环境。

（3）税收政策。为了促进经济发展，调节产业结构和区域经济平衡，会对特定行业、特定地区、特定群体制定针对性的税收政策，以扶持或抑制特定行业的发展。

（4）科技政策。根据国家经济发展的需要，结合科技发展自身的规律，国家实施了一系列科技计划，如新产品计划、科技型中小企业技术创新基金等政策，这些政策直接影响科技创业企业的成长发展。

（5）创业扶持政策。如国家和地方政府为了更好地推动"大众创新，万众创业"发展，有关部门为创业提供全方位的服务保障，出台各种政策，扶持中小企业的发展。

（6）对外经济技术合作与交流政策。一般包括政府有关部门和机构为企业提供指导和帮助，促进企业产品出口。国家制定政策，鼓励符合条件的企业到境外投资，开拓国际市场等。

9. 文化资源

文化资源是企业发展中的重要一环，对于新创企业来说，文化资源尤为珍贵。硅谷成功的一个很重要的原因是那里的浓厚文化氛围，如鼓励冒险、容忍失败等。文化，对于创业企业和创业者都有着极大的精神激励作用，令新创企业以创业更强的动力和能力有效组合要素并创造价值。

10. 品牌资源

创业企业所置身的环境也具有一定的品牌效应。例如，优秀的孵化器能为高科技创业企业提供品牌保证，这可以提高政府、投资商和其他企业对在孵企业信誉度的估价，有助于提升新创企业获取资金、人才、科技、管理等资源。创业者要善于利用品牌资源，扩大新创企业和品牌之间的互动，以增强社会影响力。

5.1.3 创业资源的作用

创业资源就是企业创立及成长过程中所需要的各种生产要素和支撑条件。对于创业者来说，诸如项目、资金、人才、场地等，甚至创业辅导也可以归为创业资源。创业者获取创业资源的最终目的是组织这些资源追逐并实现创业机会，提高创业绩效和获得创业的成功。无论是哪种资源，无论它们是否直接参与企业的生产，它们的存在都会对创业绩效产生积极的影响。

1. 创业资源在不同阶段的作用

（1）创业初期的作用。机会识别阶段，当创业者找到了一个痛点，并且是蓝海刚需、高频消费的创意，如果没有获得相应的资金资源来启动，可能也会导致这个项目的夭折，例如种子基金、关键合作者、核心技术、独特的商业模式等。

（2）创业中后期的作用。企业成长阶段，当企业建立之后，人力资源就显得尤为重要，因为再好的创意，也需要一个优秀的团队来执行。

创业者获取创业资源的最终目的是组织这些资源、寻找并实现创业机会、提高创业绩效和获得创业的成功，新创企业只有把拥有的资源加以整合，有效地形成自己的核心竞争力，才能成为创业成功的核心优势。

2. 几种主要创业资源在创业过程中的重要作用

资源的整合是一门技术也是一门艺术，而非是对资源的简单汇总。社会资本（社会网络资源）、资金、技术及专业人才是创业过程中必不可少的资源，创业者需要对这些资源进行敏锐的分析、理智的筛选，才能使这些资源发挥其积极作用。

（1）社会资本的作用。

创业者的社会资本反映了创业者个体利用所积累的社会网络资源，从其他企业或个体中获得的商业竞争、制度政策及技术潮流趋势等资源和信息优势。拥有一定的社会资本是创业者创业的基础。

（2）创业资金的作用。

资金在创业过程中时刻发挥着重要作用，创业之初需要启动资金，创业过程需要流动资金，没有好的现金流，企业是不能正常经营的。企业的启动和发展必须靠足够的资金来解决，而不是项目。如果一个企业没有资金，或者资金不足，再好的计划、再好的项目，都是空想，再好的投资活动都有可能中途搁浅。因为充足的资金是企业经营活动顺利进行的重要保障之一，起着根本性作用。企业之所以在运转，完全是因为资金在不停地流动。因此，无论是在创业初期还是企业走上成熟阶段，管理者都不能忽视资金在企业中起到的作用。

（3）技术和专业人才的作用。

随着经济全球化的飞速发展，企业之间的竞争日益激烈，同时，其竞争方式也由原先的靠自然资源及资本的硬实力竞争开始向以科技、知识为主导的软实力竞争转变。而作为先进技术、知识的直接拥有者——人才，自然而然成为当今企业竞争的重中之重。如何吸引、发展并且留住人才，毫无疑问在当今竞争激烈的大环境下，成了企业生存发展的根本。对于新创企业，技术和专业人才决定着新创企业的核心竞争力，拥有先进的技术和专业人才不仅是创业者创业的技术支撑条件，同时也是创业者创业成功的重要因素。

5.2 一般商业资源与创业资源的异同

1. 一般商业资源

一般商业资源是指与企业经营有关的商业信息资源，常见的信息资源包括项目交易数据资源、供求信息资源、研究报告资源、财经数据资源、科研数据资源、学术论文资源、品牌口碑资源及公司名录资源等。

2. 创业资源

创业资源是指创业者拥有的物力、财力、人力等各种要素的总称。可以说，创业资源涵盖一般商业资源，仅有一般商业资源对创业来说是远远不够的。创业资源与一般商业资源的异同见表 5-1。

表 5-1　创业资源与一般商业资源的异同

	相同点	不同点
一般商业资源	具有经济价值并能够创造新的价值	保持企业的持续经营
创业资源	具有经济价值并能够创造新的价值	能为企业获得高水平绩效和持续的竞争优势，实现创业企业的成长

5.3　创业资源获取的途径和需要的技能

5.3.1　创业资源获取的途径

资源在于整合而不仅仅在于拥有多少。创业者获取创业资源的途径包括市场途径和非市场途径。

1. 市场途径

市场途径是指通过支付一定费用在市场上购买相关资源，是利用市场上同样或类似资产的近期交易价格，经过直接比较或者类比分析来估测资产价值的评估技术思路和实现该评估技术思路的各种评估技术方法的总称。

2. 非市场途径

非市场途径则指通过社会关系，用最小的代价获取甚至是无偿获取资源。显然，创业者自有资源往往是非市场途径获取的。由于起步阶段的创业者往往囊中羞涩，很难通过支付全额费用的方式获取创业所需的各种外部资源，因而非市场途径——通过社会关系，用最小的代价获取创业资源成为创业者首选，甚至无偿获取创业资源也并非不可能。获取外部资源的关键在于拥有资源使用权或能控制和影响资源配置。对于特定的创业资源，应当根据创业项目性质及创业者的实际情况综合考虑，多管齐下，以便最大化获取。

5.3.2　获取创业资源的软实力方法

成功获取创业资源的关键往往取决于企业的软实力——制定创办企业的经营计划。

不要认为企业目标、经营策略这些问题仅仅是大企业才需要考虑的，作为刚刚踏上经营之路的创业者，一定要先明确方向，然后再开始行动。如果创业者没有一个明确的经营目标和经营策略的话，就好比你已经踏上了行程，却不知要去何方？怎么去？这些内容都属于企业经营方案的组成部分。

一般来说，创办企业的经营方案最重要的组成部分是：企业理想（愿景）、企业目标、经营策略和经营原则，如图 5-1 所示。

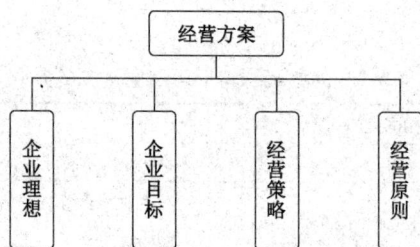

图 5-1 企业经营方案图

1. 企业理想（愿景）

愿景是对未来事物的美好想象和希望，对创业者来说，他们想要创立出什么样的企业是非常重要的，这将影响他们制定企业的未来发展战略，并最终决定着他们所打造出来的企业特色。经常会看到一些企业在大门醒目处有一句话来说明自己企业的愿景，例如：

海尔——真诚到永远。

德国软件公司——我们永远执着。

戴尔——为顾客着想。

……

这些话语让人一进大门就感受到一种温暖。由此可见，企业理想首先争取的是人心，而不是理性。当顾客看到这样的经营理念，不由得就会从内心生发一种好感，这就是企业理想的力量。

2. 企业目标

建立企业目标，既是对企业的挑战，也是对创业者个人的挑战。因为在刚开始创业时，创业者几乎就是一个全能者，经常是身兼数职，在这种时候是没有时间再去思考详尽的目标的。因此，把大目标分解成五年或者三年都觉得太远的话，不妨分成年度、季度、月、周、日的计划。如果创业者可以实现每天都进步一点点，谁还会对未来可以取得的成功有怀疑呢？

只有目标明确才会经营成功，如果像无头苍蝇一样盲目乱撞，最终只会耗尽精力体力，也找不到出路。世界上从来没有对工作过程的奖赏，所有的奖赏都是给予结果的。所以，创业者需要用一颗平和的心去思考下面的问题。

（1）今年企业实现多少销售额？

（2）如何把目标细分到员工的身上？

（3）如何把目标细分到月、周、日？库存管理怎样安排？

（4）实现这样的目标需要怎样安排岗位？需要多少人？

（5）对于完成目标的员工要给他们什么样的奖励？

3. 经营策略

经营策略，通俗来说，就是创业者达到目的的方法和途径。如果把企业经营比喻成一段旅途的话，经营策略就是你的日程安排。美国研究市场竞争策略的大师米歇尔·E·伯特提出三大策略设想体系：做市场的补缺者、做经营的特色者、做价格的领先者。

（1）做市场的补缺者。

简单来说，市场补缺者就是填补某一行业的空白，也叫"填空策略"，这是初次创业者的一个理想选择。

填空策略需要以市场调研为前提，产品应该是服务于某个特定群体或者满足某部分群体的特殊要求。这一策略的经营理念是：找到一个尚不存在竞争的市场空白点，以独特的眼光最先发现和进入。

（2）做经营的特色者。

经营特色者其实就是企业与其他的企业具有与众不同的地方，要求创业者在设计、质量、技术、形象、营销手段等方面都追求差异化经营，创造独一无二的特色，"不走寻常路"。

这一策略的经营理念是：形成某种竞争优势，使你及你的产品能在竞争中脱颖而出。美国人称为"Unique Selling Proposition"，即与众不同的销售基础和独一无二的商品性能。如果创业者明确了创业经营特色战略，意味着策略目标区别于全行业的其他企业，策略优势非常明显，令人耳目一新，这就是"顾客眼中的与众不同"。

（3）做价格的领先者。

制定争当价格领先者这个策略并不是致力于给顾客创造超值的商品，而是致力于提供全行业最优最低的价格。这一策略的经营理念是：通过成本结构的最优组合，使自己在竞争中获得另一种竞争优势。如沃尔玛的"永远价格最低"就属于价格领先策略。

这种策略一般在创业者进入一个成熟度相对较高的行业时，如果自身在成本改良上具有绝对优势，或者资金储备雄厚，就可以采用，和同行进行竞争，但是，这样的企业必须具有最低的进货价格、最低的生产成本和经营费用，以及最低的固定成本。

以上三大经营策略是经过长期实践检验的有效策略。因此，创业者应该深入领会其中的内涵，根据自身企业的情况，制定符合企业发展的经营策略，逐步踏上企业发展壮大的道路。

4．经营原则

企业的经营宗旨通常也叫企业的经营原则，也就是创业者日常的行为规范。一般而言，创业者通过制定企业的经营原则来对自己的行为进行约束和规范，一定是对成功有助力的。就像有的企业，从建立第一天开始就确立"不制售假货"的原则，时刻提醒自己，以消费者利益为重的经营宗旨。企业以保护消费者利益为重中之重，那么消费者在进行选择时也会选择企业。

> **张贴在公司大门口的企业经营宗旨**
>
> 某集团公司的经营宗旨就用大字写在了工厂进门处的醒目位置："以严求治、以质求存、以信求立、以量求益"，客人和职工一进门就可以看到这四句话，顿时给人一种管理严格、规范的感觉。可见，经营原则不仅对企业自身管理有约束作用，对客户也有提升企业形象的作用。
>
> 列夫·托尔斯泰在他的作品《安娜·卡列尼娜》中写道："幸福的家庭总是相似的，而不幸的家庭各有各的不幸。"与之相似的结论同样适用于企业，成功的企业在创建过程或经营策略中都存在着共性的规律，而失败的企业则各有各的原因。

创办企业必须要考虑到的企业经营原则如图 5-2 所示。

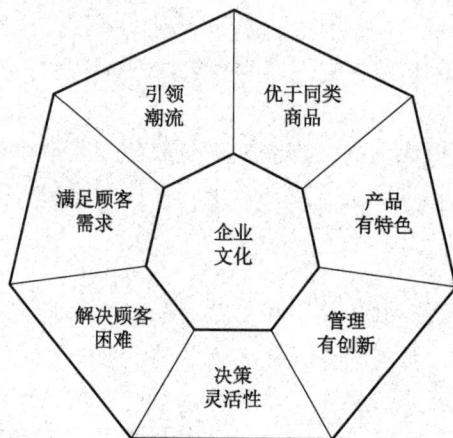

图 5-2　企业经营原则

（1）满足顾客需求。

成功的企业都会把顾客的需求、愿望和梦想作为企业的商业机会去研究并且致力于满足他们。因此，不断研究顾客新的需求，然后去想如何满足顾客的这些需求，这是他们研制新产品的动因。

（2）解决顾客困难。

成功的企业经营的产品一般都以解决顾客的困难为出发点，而不是从企业现在的开发能力出发去考虑问题。如如家酒店的创始人，就是从顾客抱怨"哪里有又便宜又干净的酒店？"带来灵感，从而在昂贵的商务酒店中独树一帜，成立了受学生和白领以及家庭旅游喜欢的快捷酒店——如家。

（3）产品有特色。

成功的产品设想十分注重开发产品的功能，力求有特色，甚至改变人们的生活消费习惯，在市场中脱颖而出。如九阳豆浆机磨豆、煮熟一体化的简洁自制豆浆方式，改变了传统豆浆的制作工艺，借此赢得了市场。

（4）优于同类产品。

成功的产品设计经常注意吸收同类产品的优点，同时又高于同类产品。如彩色电视机替代黑白电视机，液晶显示器替代笨重的 CRT 显示器。

（5）引领潮流。

成功占有市场的产品通常都是赶超潮流，或者领先于时代的。如微波炉的产生，就替代了老式电饭煲、电炒锅，成为新的厨房工具中的宠儿。

（6）决策灵活性。

很多创业成功者在回忆他们的创业历程时，普遍认为企业经营的重要内容就在于保持灵活性和创造性。例如，你在一个地方没有实现经营计划，而在当今的环境下，你也无法改变，在这里你的经营才能无法发挥，那创业指导专家很有可能就会建议你另外寻找一个经营场地。

（7）管理有创新。

企业管理有其自身的规律和方法，不仅企业和产品处在不同的生命周期时，管理方法应该有所不同，而且即使是在同类企业里，管理创新"不走寻常路"，往往也是企业胜出的法宝。如戴尔公司的"为客户定制"策略，振华港机的"振华功臣"退休后每月补足退休金一万元，松下的"永久雇佣制"等等，都是创业的管理创新。

5.3.3　获取创业资源需要的技能

纵观众多成功的企业家，无一不是整合资源、利用资源的高手。创业者最重要的不是拥有多少资源，而在于合理利用了多少资源。企业应具备整合资源为我所用的能力，资源整合的能力其实就是创业者的竞争力。创业者与创业之初所控制的资源多少关系不大，很多人在初次创业的时候，资源都是十分欠缺的。大量例证也表明创业之初企业家可支配的资源很少甚至是微不足道的。对于创办一个小企业来说，并不需要庞大的资本。例如，1946 年井深大与盛田昭夫创立东京通信工业公司（索尼公司前身）时，初创资本仅为 500 美元；惠普公司的创始人休利特和帕卡德创业之初身无分文，是用特曼教授所借的 538 美元租用汽车房创立了惠普公司；苹果电脑公司是沃茨尼亚克和乔布斯于 1976 年在自家的汽车房创立的；用友公司的创始人王文京在 20 世纪 80 年代末，借了 5 万块钱，租了一间 9 平方米的小房间，开始了他人生的创业之旅；阿里巴巴的马云，他本人并不完全具备一切创业所需的资源，但是他能通过自身的能力，将一些适用的资源（人力、物力）整合在一起并合理地运用，形成了一个强有力的多资源团队。因此，创业成功并不需要 100%拥有所有资源，整合资源的能力要远胜于拥有所有创业资源。对于创业者来说，获取创业资源需要的主要技能如下。

1. 知人善任

也就是选人用人能力，能够知人善任，善于发现、使用和培养人才，充分调动他们在岗位上发挥主观能动性。

当今世界是一个瞬息万变、突飞猛进的时代，贯穿在这种划时代的大变革之中的世界经济，也呈现出愈来愈激烈的商业竞争态势，而这种激烈的商业竞争，实际上是企业与企业之间的人才和智慧的竞争，李嘉诚正是其中主宰和操纵这些竞争的高手，在总结自己的用人心得时，李嘉诚曾生动地说："知人善任，大多数人都会有部分长处，部分短处，各尽所能，各取所需，以量材而用为原则。"李嘉诚的成功，也是他知人善任而取得的成功。

可见，对于企业家来说，知人善任是一门高深的学问和高超的艺术。企业家要充分了解合作者或者员工的性格、能力特点，知人善任，用其所长。如把技术型人才放在事务管理岗位上，那不仅不能充分发挥人才的创造性，同时也给事务管理带来一定制约。同时，要主动帮助员工进步，通过专项培训尽快提高员工的工作能力，帮助员工实现工作目标，让员工尽快和企业共同成长。

2. 合作技能

合作技能——趋时避势形成合力。携程计算机技术（上海）有限公司总裁季琦告诉青年创业者，"携程网"的成功，除了抓住当初互联网快速发展带来的契机，有一个良好的创业团队也是必不可少的关键因素。"携程网"的团队成员来自美国 Oracle 公司、德意志银行和上海旅行社等，是技术、管理、金融运作、旅游的完美组合。怎么样才能成功创业，大家在一起讨论，分享各自的知识和经验，不仅产生了很多新的灵感和创意，同时也避免了很多创业"雷区"。

3. 沟通技能

沟通是指两个或者更多个体之间、个体与群体之间基于符号、语言或文字等传递或交换某些信息、意念及观念的过程。沟通的目的在于促使双方对彼此有共同的了解，增进目标、利益的一致性和培养群体的和谐，实现企业的资源组合，从而实现企业目标。

4. 杠杆技能

初创企业之时，创始人通常会遇到这样两类问题：第一，需要多少资金投入，以及形成多大的产量和销量，才可以使企业盈利；第二，在既定的资金需求金额下，自己出多少钱，再借入多少钱，能够使企业的经济价值最大。解决这两个问题的过程，就是企业家怎样确定企业杠杆支点的决策过程，支点确定得好，杠杆效益就越大。企业家利用杠杆的目标是：在控制企业总风险的基础上，以较低的代价获得较高的收益。

对创业者来说，容易产生杠杆效应的资源，还包括人力资本和社会资本等非物质资源。尽管存在资源约束，但创业者并不会被当前控制或支配的资源所限制，成功的创业者善于利用关键资源的杠杆效应。善于利用他人或者别的企业的资源来完成自己创业的目的，用一种资源补足另一种资源，产生更高的复合价值；或者利用一种资源撬动和获得其他资源。其实，大公司也不只是一味地积累资源，他们更擅长资源互换，进行资源结构更新和调整，积累战略性资源，这是创业者需要学习的经验。

5. 信息获取与利用技能

信息管理是创办企业管理活动的一项重要内容，信息只有及时准确地送到需要者的手中才能发挥作用，企业的管理系统越大，结构就越复杂，对信息的渴求就越强烈。任何一个企业要形成统一的意志，统一的步调，各要素之间就必须能够准确快速地相互传递信息。企业家对企业的有效控制和管理，都必须依靠来自企业内外的各种信息。信息，如同人才、原料和能源一样，是企业生存发展的重要资源，是企业管理活动赖以展开的前提，一切管理活动都离不开信息，一切有效的管理都离不开信息的管理。

5.3.4 几种关键创业资源的获取

1. 获取创业资金的途径

创业者在创办企业时，需要启动资金进行前期建设，如购买设备和原料、租用办公场地、招聘工作人员等，在创业中期，为了进一步进行市场运作，创业者可能还面临着追加投资的需求，可以说在创业的过程中时时刻刻都需要创业资金的参与，创业资金对于企业就像血液对于人体一样重要，那么如何获取创业资金呢？

（1）自己的积蓄。

自己的积蓄是最常见的、最可控的创业资金的获取方法，但并不是每个创业者都有足够的储蓄支撑自己创业，"先打工赚钱，再出来创业"虽然是许多创业者的路径规划，但创业者还需要通过更多的途径和方法整合创业资金。

（2）向家人、亲戚、朋友筹资。

向家人、亲戚、朋友筹资，应该是很多创业者采取的办法，也是成功率最高，资金使用成本最低的一种获取创业资金的方式。但如果资金来自父母、亲戚、朋友，那么他们往往会干涉资金的使用，而且一旦创业失败，创业者往往有较强的愧疚感。

（3）合伙经营。

合伙经营可以减少创业出资的资金压力，降低个人的创业风险。但合伙经营，也会面临自己无法掌控整个创业公司营运的可能，前期相关合作规则、利益分配规则不清晰，也常会出现纠纷，导致创业失败。

（4）加入孵化计划/赢取创业资金。

创业者在获取创业资金的时候，不要忽视很多创业园区、大学创业孵化基地及政府相关机构提供的创业资金。很多孵化项目也会为创业者提供免费的办公场所甚至启动的初始资金，来扶持创业项目。

（5）专业投资人。

专业投资人包括各种天使投资、风险投资等。天使投资主要面向的是初创期和种子期的企业，投资资金数量都比较少，一般几万到几十万不等；风险投资的资金数量较大，一般是创业企业已经运营了一段时间，市场发展前景比较清晰明朗时，投资人才会投资。

（6）银行贷款。

银行贷款是获取创业资金比较传统的渠道，通过银行贷款获取创业资金流程规范，是企业获取资金的重要渠道。

（7）众筹募资。

众筹是近些年逐渐火起来的一个重要的融资渠道。创业者可以通过众筹平台，发布众筹资金的创业项目，感兴趣的人可以支持创业资金，帮助创业者创业。对于提供创业资金的人，目前一般有三种回报方式：一是创业项目成功后，通过创业产品的方式来回报；二是提供众筹的人，获得创业项目的部分股权，创业项目成功后，享有分红收益；三是无偿捐助。

（8）其他渠道。

如典当贷款。典当贷款与银行贷款相似，但获取资金的速度快于银行，费用则高于银行，对于创业企业来说，不是首选，但在临时应对短期资金周转时可以考虑。

小嘿科技 CEO 王喆说："首先，我们不应该把目标放在更多融资上，我们应该想，怎样得到合理的融资。"很多时候创业者都会走进一个误区，把融资多少作为判断创业团队是否优秀的唯一标准。其实，得到一定合理的融资，合理地规划利用，这对创业者来说才是至关重要的。

2. 获取技术资源的途径

获取起步项目所依赖技术的途径有以下几种方式。

（1）吸引技术持有者加入创业团队。

（2）购买他人的成熟技术，并进行技术市场寿命分析等。

（3）购买他人的前景型技术，再通过后续的完善开发，使之达到商业化要求。

（4）同时购买技术和技术持有者。

（5）自己研发，但这种方式需要的时间长，耗资大。

应该随时关注各高校实验室、老师或者学生的研发成果，定期去国家专利局网站查阅各种申请专利，养成及时关注科技信息、浏览各种科技报道、留意科技成果、并从中发现具有巨大商机的习惯。政府机构、同行创业者或同行企业、专业信息机构、图书馆、大学研究机构、新闻媒体、会议及互联网等，都是获取这些信息的渠道，可以根据自己的实际情况与各种方式的特点，选择一种或多种方式，尽可能获取有效的信息。

3. 获取人力资源的途径

人力资源获取是指企业为了发展的需要，根据人力资源规划和工作分析的要求，寻找、吸引那些有能力又有兴趣到本企业任职，并从中挑选出适宜人员予以录用的过程。创业公司最重要的是吸引人才，而不是选拔。

创业者需要清楚自己的公司需要什么样的人？进而根据企业的特性，制定人力规划，进行职务分析，明确职务规范，按照既定标准来获取人才。不同的企业有不同的价值观，适合自己标准的就是最好的。

人力资源获取的途径不外乎外部招聘和内部培养，相比内部培养，外部招聘会在一定程度上大大节省企业的人力资源获取时间及培训费用，所以对于初创企业来说，一般都采取外部招聘手段，例如参加各种招聘会、在网络上发布招聘信息、熟人推荐、和猎头合作等。

5.4 创业资源的整合

根据熊彼特的观点，"创业者的功能就是实现新组合"。因此，创业资源的优化配置是创业者实现成功创业必须仔细斟酌的问题。创业者能否成功地开发出机会，进而推动创业活动向前发展，通常取决于他们掌握和能整合的资源，以及对资源的利用能力。许多创业者早期所能获取与利用资源都相对匮乏，而优秀的创业者在创业过程中所体现出的卓越创业技能之一，就是创造性地整合和运用资源，尤其是那种能够创造竞争优势，并带来持续竞争优势的战略资源。

想要取得创业成功，创业者就应该尽可能整合各种资源、采取各种合法手段积极务实地将各种资源整合到自己的企业，因为创业企业不可避免地存在诸多方面的不足，需要通过资源整合的方式，使人力资源、研发能力、市场渠道、客户资源等方面实现优势互补，做到对内相互支持、对外协同竞争。

创业企业与进入成熟发展期的大公司相比，创业企业资源尽管比较匮乏，但实际上创业者所拥有的创业精神、独特创意以及社会关系等资源，却同样具有战略性。因此，对于创业者而言，一方面要借助自身的创造性，用有限的资源创造尽可能大的价值；另一方面也必须设法去获取和整合各类战略资源。

5.4.1 加强自身建设

资源整合的前提是自己本身就是一种资源，有被其他资源整合的价值，所以创业者要不断加强自身建设，提升自身能力。打铁必须自身硬，加强自身建设是做好工作的前提和基础，只有自身足够优秀，才能不断吸引和整合优秀的资源。创业者要善于把各方力量集聚起来，把各方智慧汇集起来，把各种资源整合起来，合理利用各类资源，使资源发挥其最大作用。同时，新创企业在企业初创时也不能忽视制度的规范，一方面要逐步健全完善已有制度规范，另一方面要强化执行，使各项制度执行起来、落实下去、发挥效用，为创业成功助力。

5.4.2　提升资源整合能力

为确保公司持续发展，创业者要不断加强资源的整合，借助有限的资源创造更大的价值。以下四种资源整合的思维，值得创业者思考借鉴。

1. 学会拼凑

创业者要在原有资源的基础上，融入新的资源血液，并进行重新组合创新，这往往会给人带来意想不到的惊喜。我们发现很多高新技术企业的创业者也并不全是科班出身，可能只是出于兴趣，对某个领域的技术有一定了解，发现商业机会后，便迅速整合相应的资源，实现创业，取得成功。

善于拼凑者，能够用发现、发展的眼光，洞悉身边各种资源的属性，将它们创造性地整合起来，把各种资源合理分配和重组，从而产生更大的价值。

2. 步步为营

对于创业者来说，要善于充分借助外部的资源，但同时又不能过分依赖，要把握好度。在资源整合过程中，必须加强自身对资源的掌控能力，只有这样，才能降低资源使用的风险，使创业企业的成长更加稳健。

3. 发挥资源杠杆效应

创业者为了实现创业目标，不应拘泥于当前自有资源的约束，要善于发现和借助外部资源，利用关键资源的杠杆效应，弥补自身资源的不足。无论多大规模的公司，如果单纯依靠自身的资源，不懂得进行资源的互换，即使面前有很多商机，也会有力不从心的感觉。所以在积累资源的同时，要注重资源结构的更新和调整，这是创业者必备的技能。

4. 设置合理利益机制

对创业者来说，要学会充分利用身边的资源，调用一切可以调用的资源为自己服务，但并不是说创业者可以免费使用资源，创业者在整合资源过程中，要设置一套合理的利益分配方案，让所有的资源在投入后，都能得到相应的回报。借助这样的利益机制，创业者能够整合的资源会越来越多。比如创业者之所以能够从家庭成员里获得支持，是因为家庭成员之间不仅是利益相关，更是利益整体，将整合和利益分配有机结合，是资源整合的基本前提。

所以，在资源整合过程中，创业者要与相关资源拥有者建立起信任和合作的关系，并注意维护，同时寻找和设计出多方共赢的机制，让对方看到潜在的收益，各个利益相关者才会愿意为了获取收益而投入资源。

5.5 创业资源管理的内容

企业的创业资源主要有资金、人才、市场（行业）、信息等方面，而对其管理包括如何将这些资源进行获取、分配和组织等方面的内容。

5.5.1 资金资源的管理

创业资金资源的管理，最重要的是创业之初的财务管理。有调查显示：68%的新创企业是因为财务管理不善，导致现金流断裂而失败的。

初创企业在成长过程中，大都有"资金饥渴症"，即经营者追求筹集尽可能多的资金而往往忽视了融资的风险。融资不仅有代价，而且还蕴含着风险，应尽可能控制融资规模，尽量不要造成资金闲置和企业负债过高。

其中，创业者最容易犯的错误是不注意融资成本问题。不同的融资渠道，其融资成本不同；资金资源管理不善，很可能成为企业负担，而且会抵消企业辛苦挣来的利润。

在企业里，创业者就是团队的领头人，也是主要决策者之一，但是，如果没有学过宏观经济学和微观经济学或者财务管理，一些在决策时必须考虑的因素，就会因为没有建立这些概念而被忽略，很多创业者都是在实践中才慢慢懂得了这些概念的。

1. 明确资金时间价值的概念

资金时间价值这个概念，用一句通俗的话来说就是：今天的一元钱跟明天的一元钱的价值是不相等的。为什么呢？因为这一元钱在24小时内会产生利润或者利息，资金时间价值的表现形式就是利息和利润。

衡量资金时间价值的尺度有两种：其一为绝对尺度，即利息、盈利或收益；其二为相对尺度，即利率、盈利率或收益率。

利率和利润率都是表示原投资所能增加的百分数，因此往往用这两个量作为衡量资金时间价值的相对尺度，并且两者经常不加区分，统称为利率。

2. 明确资金时间价值的意义

资金时间价值或者说货币时间价值是一个经济学概念，是机会成本的变体。在社会平均利润率一定的情况下，资金时间价值与计息期数呈正方向变化，计息期数越多，资金时间价值越大。也就是说，资金周转的快慢以及每次资金循环时间的长短，都决定了资金时间价值的大小。掌握资金时间价值理论，有助于企业科学合理地使用资金，企业任何资产只有参与资金运动才可能作为资金实现其时间价值，而闲置的资产无论是流动资产还是固定资产都不可能创造时间价值，而且随着时间的推移，还会丧失其原有的价值。

3. 充分提高资金的使用效率

明确资金时间价值观念可以督促创业者节约使用资金，提高资金的使用效果，充分实现资金时间价值，使资金在有限的时间和空间范围内获取最大价值。因此，在进行项目可行性分析以及在证券投资方案评价中，资金时间价值是最重要的依据，不论净现值法，现值指数法，还是内部报酬率法等，都是在充分考虑资金时间价值的基础上评价项目可行性较好的方法，而且已在各企业实践中得到广泛应用。

4. 懂得机会成本的概念

机会成本是指为了得到某种东西而要放弃另一样东西，简单地讲，可以理解为把一定资源投入某一用途后所放弃的在其他用途中所能获得的利益。再简单地讲，就是指为了从事某件事情而放弃其他事情的价值。

机会成本在经济学上是一种非常特别，既虚又实的成本，是指单笔投资在专注于某方面后所失去的在另外其他方面的投资获利机会。

在企业经营过程中，创业者经常要面临一些选择，作为企业经理人，他所做的任何决策都是为了企业的生存，在衡量做与不做时，就要看哪个决定可以给企业带来更高的利润。

5. 建立投资风险意识

投资风险是从事各类经营管理、财务管理等各项活动中要承担的可能亏损或破产的危险。所有的企业发展无不面临着投资的风险性，一个成功的企业必定是一个善于避开不必要投资风险的企业。

由于投资收益率=无风险投资收益率+风险投资收益率，创业者的每一个决策都应该谨慎，因为很多时候，你所做的决策，一旦付诸实施，就是"开弓没有回头箭"了。用机会成本的概念来思考问题，无疑会增加你决策的正确性。

6. 理解沉没成本的概念

沉没成本是指已经失去的收益或者付出的代价，无论你采取什么样的方式和方法，都不可能挽回的损失。沉没成本与机会成本的不同之处在于它属于非相关成本，有时是间接的，有时是直接的。

7. 理解准备金和存款准备金率（货币准备金率）的概念

经常在新闻里听到"央行决定自某日起提高存款准备金率 0.25 个百分点"或者"降低存款准备金率 0.25 个百分点"，这是什么意思呢？提高或降低这个货币准备金率，与当前的经济发展趋势有什么关系？对企业来说，这样的信息是一个什么信号？

（1）存款准备金是指金融机构为保证客户取存款和资金清算需要而准备的在中央银行的存款，中央银行要求的存款准备金占存款总额的比率就是存款准备金率。中央银行通过调整存款准备金率，可以影响金融机构的信贷扩张能力，从而间接调控货币供应量。

简单地说，提高存款准备金率，就是要收缩贷款总量，央行发往市场的贷款总量或者货币总量要减少了；反之，降低存款准备金率就是扩大贷款总量，央行发往市场的贷款或货币总量要增加了。

（2）"货币准备金率"与通货膨胀系数成反比，简单地说，就是"提高货币准备金率"会导致物价下降（通货紧缩）；"降低货币准备金率"会导致物价上升（通货膨胀）。对企业和经营者来说，正是在物价上涨时，才是赚钱的好时机！

（3）货币准备金率的变化与企业营销决策息息相关。任何时候都是机遇与挑战并存的，正是因为在危机中有人倒下，才给后来者留出了发展空间。那些百年基业无一不在其成长过程中几进几退，经历过好多次经济衰退才生存到今天。

企业间的区别就在于有人看到了机遇，有人看到了风险。而创业者要时刻关注国家宏观经济政策，高瞻远瞩，在别人还没有意识到的时候，做出正确的决策，才可以有效地规避各种风险，使企业顺利运营，基业长青。

8. 关注企业的现金流

现金流一般是用来衡量企业收入的一个指标。对一个企业的财务来说，一个阶段的现金流（也称为账面盈余或资产增值）是居于中心位置的指标。现金流是企业经营所得与同期经营支出的一个差额。

（1）企业经营所得。企业经营所得主要是指销售收入，企业支出包括购买原材料的费用及支付劳务工资、税收和利息的费用，两者的差额通常被称为现金流，它被定义为销售所得项减去支出的费用。现金流通常被当作衡量企业盈利能力以及自身融资潜力的一个指标，即：现金流=企业内部融资能力。

（2）企业内部融资能力。企业内部融资能力是指企业不是依靠外部贷款获得资金，而是经过自身经营活动获得资金，并用于企业运作。现金流可以用于生产投资、偿还贷款或分红。

现金流是衡量企业财务情况的一个重要指标，创业者在与贷款方进行洽谈时，常常会被问及现金流的问题。这一指标不仅可以帮助企业估量自身诚信能力，而且也被外界认为是衡量企业偿还能力的一大标准。

9. 创业者要学会读懂资产负债表

资产负债表是表示企业在一定日期（通常为各会计期末）的财务状况（即资产、负债和所有者权益的状况）的主要会计报表，资产负债表利用会计平衡原则，将合乎会计原则的"资产、负债、所有者权益"交易科目分为"资产"和"负债及所有者权益"两大区块，再经过分录、转账、分类账、试算、调整等会计程序后，以特定日期的静态企业情况为基准，浓缩成一张报表。

由于企业总资产在一定程度上反映了企业的经营规模，而它的增减变化与企业负债与股东权益的变化有极大的关系，当企业股东权益的增长幅度高于资产总额的增长时，说明企业的资金实力有了相对提高；反之则说明企业规模扩大的主要原因是来自负债的大规模上升，进而说明企业的资金实力相对降低，偿还债务的安全性在下降。

（1）创业者对资产负债表的一些重要项目，尤其是期初与期末数据变化很大，或出现大额红字的项目要进行进一步分析。如流动资产、流动负债、固定资产、有代价或有息的负债（如短期银行借款、长期银行借款、应付票据等）、应收账款、货币资金，以及股东权益中的具体项目等。

（2）创业者应随时关注应收账款，企业应收账款过多、占总资产的比重过高，说明该企业资金被占用的情况较为严重，而其增长速度过快，说明该企业可能因产品的市场竞争能力较弱或受经济环境的影响，企业资金结算工作的质量或效率有所降低。此外，还应对报表附注说明中的应收账款账龄进行分析，应收账款的账龄越长，其收回的可能性就越小。

（3）计算财务指标的数据来源，主要有以下几个方面：直接从资产负债表中取得，如净资产比率；直接从利润及利润分配表中取得，如销售利润率；同时来源于资产负债表和利润及利润分配表，如应收账款周转率；部分来源于企业的账簿记录，如利息支付能力。

10. 损益表及其重要作用

损益表（或利润表）是用以反映公司在一定期间利润实现（或发生亏损）的财务报表，它是一张动态报表。损益表可以为报表的阅读者提供做出合理经济决策所需要的有关资料，可以用来分析利润增减变化的原因、公司的经营成本、做出投资价值评价等。

损益表所反映的会计信息，可以用来评价一个企业的经营效率和经营成果，评估投资的价值和报酬，进而衡量一个企业在经营管理上的成功程度。具体来说，有以下几个方面的作用。

（1）损益表可作为经营成果的分配依据，损益表反映企业在一定期间的营业收入、营业成本、营业费用及营业税金，各项期间费用和营业外收支等项目，最终计算出利润综合指标。损益表上的数据直接影响到许多相关集团的利益，如国家的税收收入、管理人员的奖金、职工的工资与其他报酬、股东的股利等，正是由于这方面的作用，损益表的地位曾经超过资产负债表，成为最重要的财务报表。

（2）损益表能综合反映生产经营活动的各个方面，有助于考核企业经营管理人员的工作业绩。企业在生产、经营、投资、筹资等各项活动中的管理效率和效益都可以从利润数额的增减变化中综合地表现出来。通过将收入、成本费用、利润与企业的生产经营计划对比，可以考核生产经营计划的完成情况，进而评价企业管理方的经营业绩和效率。

（3）损益表可用来分析企业的获利能力、预测企业未来的现金流量。损益表揭示了经营利润、投资净收益和营业外收支净额的详细资料，可据以分析企业的盈利水平，评估企业的获利能力。同时，报表使用者所关注的各种预期的现金来源、金额、时间和不确定性，如股利或利息、出售证券的所得及借款的清偿，都与企业的获利能力密切相关，所以，收益水平在预测未来现金流量方面具有重要作用。

5.5.2 人力资源的管理

创业中的人力资源管理内容很多，包括人员的选聘和配置、薪酬计划、股东权益、股权分配、期权收益等，但是在创业之初，对一个创业者来说，最重要的一是要找到可以胜任你工作要求的人，二是要找到值得你信任的人，最好是二者兼而有之的人才。

在国外的人力资源管理中，素质测评是必不可少的，理性成分偏重；在中国，从诸葛亮识人七法，到孔子识人术，基本上是感性成分偏重。

人才测评是综合利用心理学、社会学、统计学、测量学、管理学、行为学和计算机科学等一系列先进的科学方法，对测试者的个性特征、知识能力、发展潜力和身体素质等基本素质方面实施测量和评价的活动。马克思在现代科学刚开始的时候就提出："一种科学只有成功地运用数学时，才能达到真正完善的地步。"但是人本身的素质和能力，也是处在变化之中的，因此单凭人才测评的数据，也不能完全得出正确的评价结论。

诸葛亮识人七法

问之以是非而观其志；

穷之以辞辩而观其变；

告之以计谋而观其识；

告之以祸难而观其勇；

醉之以酒而观其性；

临之以利而观其廉；

期之以事而观其信。

5.5.3 行业资源的管理

1. 行业概要

行业概要包括所在经营领域内部的行业格局、技术创新、前景机会、发展趋势等重要信息。创业者在创业前，必须获得足够的该行业或领域的相关信息，才可以"知己知彼"地设计进入策略。要获得想要进入的行业概况，可以采用的最好方法和途径就是进行市场调研，它是一项为了把握产品的市场现状、解决存在于产品销售中的问题或寻找机会等系统客观地识别、收集、分析和传播营销信息的工作。传统的市场调研方法有问卷法、访谈法、实验法等。目前的发展趋势是越来越多地使用网上市场调研的方式，这种调查手段比较高效、迅捷，被许多调查咨询公司广泛应用，其优点主要表现在提高调研效率、节约调查费用、调查数据处理比较方便、不受地理区域限制等方面，但是在线市场调研并不是轻易可以实现的，需要全面的、完善的前期策划。

2. 市场调研的作用

市场调研是市场预测和经营决策过程中必不可少的组成部分。市场调研是运用科学的方法，有目的、有计划地收集、整理、分析有关供求和资源的各种情报、信息和资料，它是把握供求现状和发展趋势，为制定营销策略和企业决策提供正确依据的信息管理活动，是市场调查与市场研究的统称，是个人或组织根据特定的决策问题而系统地设计、搜集、记录、整理、分析及研究市场各类信息资料，报告调研结果的工作过程。

3. 调研流程

调研流程大致如下：调研计划撰写→调研问卷设计→调研问卷实施→调研问卷收集整理→数据分析→调研报告撰写。

5.5.4 信息资源的管理

1. 信息资源的获得渠道

信息资源的获得有两种渠道：一是在市场调研中亲自取得的第一手资料；二是在网络、

行业协会、企业年报等公开资料中获得的信息资料，这些二手资料中的一大部分可以从网络获得。对二手资料的研究不仅可以节约获取一手资料的成本，同时，只有分析研究行业信息才有助于创业者了解自己要进入的行业正处在生命周期的哪个阶段，为产品定位、定价、推广寻求依据。

2. 避免信息不对称

信息不对称是新创企业经营的第二大风险，创业者在创业过程中时刻要警惕信息不对称带来的经营风险。要把眼光盯在客户和市场上，抓住转瞬即逝的商机，掌握顾客需求的变化。要经常思考以下几个问题。

（1）你的顾客需要什么？

（2）谁跟你在做着同一领域或行业的产品？

（3）谁的产品和服务跟你拥有同一个目标群体？

（4）你的产品或服务是否能可持续发展？

可以说，在企业存在的每一天，它所处的外在环境都在时刻变化着，这些变化可以通过信息资源来体现。因此，要想取得企业长远发展，就要在变化中学会提高应变能力，根据外在信息不断调整企业的经营策略。

5.6　典型案例分析

没有任何资源，难道就不能做事情、不能创业、不能赚钱吗？我们不能被眼前的困难吓倒，要明白一个道理，资源是可以整合的，没有工厂，可以借别人的工厂生产，没有品牌，也可以先做代工，做别人的品牌，积累了一定基础后，再做自己的品牌。同时，也可以借用其他品牌资源的优势。比如，怕上火就喝王老吉，你可以用上火就喝"降火王"，当别人喝王老吉的时候，同时也会想到你。可以说企业的任何资源都可以整合。

在目前这个经济和外部环境都快速发展的时代，靠一个企业在市场中独立经营，单打独斗，力量是十分有限的，一定要整合各方面的资源，才能逐步把企业做大。

5.6.1　诸葛亮的借为什么都不用还？

诸葛亮被大家誉为智慧的化身，他一生中的很多传奇故事都跟"借"字有关，借天时、借地利、借人和、借东风、草船借箭等。

诸葛亮在古代条件有限的情况下，能充分利用自然环境与人文环境的便利，成就大业，留下千古美名，这体现了他在资源整合过程中能够审时度势，是资源整合的大智慧体现。假如用一个字代替资源整合，那就是"借"。

5.6.2 蒙牛资源整合

蒙牛集团董事长牛根生说"一个企业90%的资源都是整合进来的。"牛根生刚开始只是伊利的一个洗碗工，凭着自己的勤奋和聪明做到生产部门的总经理。后来由于各种原因辞职了，但是他那个时候都40多岁了，去北京找工作，人家嫌弃他年纪大。走投无路的他又回到呼和浩特，邀请原来伊利几个同事，一起出来创业，人有了，但是没有奶源，没有工厂，没有品牌，每一项都是致命的。

在资源缺乏的情况下，牛根生开始资源整合，通过人脉关系找到哈尔滨一家乳制品公司，这家公司设备都是新的，但是生产的乳制品质量有问题，同时营销渠道这一块没有打通，所以产品一直滞销，牛根生马上找到这家公司的老板说："你来帮我们生产，我们这边都是伊利技术高层，帮忙技术把关，牛奶的销售铺货我们也承包了。"这位老板一听，马上答应下来。而且他们几个一起出来创业的伙伴也有了落脚的地方，解决了生存的问题。

第二个问题，没有品牌怎么办？在乳制品这个行业，没有品牌很难销售，因为品牌代表着安全可靠。借势，整合，打出口号："蒙牛甘居第二，向老大哥伊利学习"，口号一出，让伊利情何以堪，却又哭笑不得。一个不知名的品牌马上跻身全国行业前列。牛根生不只是盯着伊利，而是把自己和内蒙古的几个知名品牌联系起来，说："伊利、鄂尔多斯、宁城老窖、蒙牛为内蒙古喝彩！"因为前三个都是内蒙古的驰名商标，自己放在最后，给人感觉就是内蒙古的第四品牌。牛根生整合品牌资源，没有让蒙牛花一分钱，却让蒙牛发展成了知名品牌。

第三个问题，没有奶源怎么解决？自己买牛去养，一是牛很贵，二是也没有那么多人员去照顾，所以，蒙牛整合了三方面的资源，第一个是农户，第二个是农村信用社，第三个是奶站的资源。从信用社借钱给奶农，蒙牛担保，而且蒙牛承诺包销路。奶牛生产出来的奶由奶站接收。蒙牛定时把信用社的钱还了，把利润又给了奶农，趁机喊出一个口号："一年养10头牛，过的日子比蒙牛的老板还牛。"

创业者面临很多事情，不是自己能做就做，即使自己做也不一定能做好，而且还会花费太多的人力物力。这个时候，创业者就要整合资源。发挥自己的长处，整合别人的优势。用更少的成本去创业，或者说零成本创业也都有可能。

5.6.3 京东的崛起

京东是中国较大的综合网络零售商，是中国电子商务领域最受消费者欢迎和最具有影响力的电子商务网站之一，在线销售家电、数码产品、计算机、家居百货、服装服饰、母婴、图书、食品、在线旅游等数万个品牌百万种优质商品。京东在2012年的中国自营B2C市场占据49%的份额，凭借全供应链的优势继续扩大在中国电子商务市场的领先优势。京东建立了华北、华东、华南、西南、华中、东北6大物流中心，同时在全国超过360座城市建立了核心城市配送站。2013年3月30日19点整正式切换了域名，并且更换了新的Logo，现在，京东商城无论是在访问量、点击率、销售量还是在行业影响力上，均在国内B2C网购平台中首屈一指。京东的飞速发展和广阔市场前景赢得了国际著名风险投资基金的青睐，外来资本投资自此势不可挡。

（1）2007年8月，京东赢得国际著名风险投资基金——今日资本的青睐，首批融资千万美金。

（2）2009 年 1 月，京东商城获得来自今日资本、雄牛资本，以及亚洲著名投资银行家梁伯韬先生的私人公司共计 2 100 万美元的联合注资。这也是 2008 年金融危机爆发以来，中国电子商务企业获得的第一笔融资。京东商城把获得的 2 100 万美元融资的 70%投向了物流系统的建设，其中包括建设自有快递公司，把北京、上海、广州三地仓储中心扩容至 9 万平方米，开通 26 个城市配送站等，全面提升了京东商城的物流体系。

（3）2010 年 1 月，京东商城获得老虎环球基金领投的总金额超过 1.5 亿美元的第 3 轮融资。这是金融危机发生以来中国互联网市场金额最大的一笔融资，国际知名的老虎环球基金注资京东商城，说明投资者对京东商业模式和出色经营业绩的高度认可。此次融资的成功，对于正在发展的京东商城乃至中国电子商务行业都有着非常重要的意义。刘强东表示 1.5 亿美元新资金中将有 50%用于仓储、配送、售后等服务能力的提升。

（4）2011 年 4 月 1 日，刘强东宣布完成 C2 轮融资，投资方为俄罗斯的 DST、老虎基金等 6 家基金和一些社会知名人士，融资金额总计 15 亿美元。

（5）2012 年 10 月，京东完成第 6 轮融资，融资金额为 3 亿美元，该笔融资由安大略教师退休基金领投，京东的第 3 轮投资方老虎基金跟投，两者分别投资 2.5 亿美元和 5000 万美元。

2013 年 2 月，京东完成新一轮 7 亿美元融资，投资方包括安大略教师退休基金和沙特亿万富翁阿尔瓦利德王子控股的王国控股集团，以及公司一些主要股东。

2010 年，京东商城跃升为中国首家规模超过百亿的网络零售企业。自 2004 年初正式涉足电子商务领域以来。京东商城一直保持高速成长，连续 7 年增长率均超过 200%。京东商城始终坚持以纯电子商务模式运营，缩减中间环节，为消费者在第一时间提供优质的产品及满意的服务，在消费者心中建立了高度信誉。

5.6.4　总结

创业者创业是对资源的整合，而非是对资源的简单汇总。社会资本、资金、技术以及专业人才这些资源是创业中必不可少的资源，创业者需要对这些资源进行有机的、合理的整合，才能使这些资源发挥其作用，才有可能获得成功。

创业者在进行创业时，拥有一定的创业资源是必须具备的基本前提，创业成功需要把握机会，但也同样需要具备相应的资源条件。创业活动往往是在资源不足的情况下进行的，创业者要在企业发展的各个阶段都力争用尽可能少的资源来推动企业的发展，这正是创业精神的体现。

纵观世界著名的成功企业家，无一不是整合资源、利用资源的高手。创业者最重要的不是拥有多少资源，而是利用了多少资源。创办企业应具备整合资源为我所用的能力，资源整合的能力就是创业者的竞争力。

思考问题

1. 创业者获取创业资源时应注意哪些问题？

2. 创业资源的获取渠道有哪些？

3. 创业资源管理的原则以及利用方法是什么？

4. 创业者应如何进行创业融资资金需求测算？

5. 创业者应如何进行创业资源的管理？

拓展阅读

罗振宇与"罗辑思维"和"得到"App 的故事

资源整合的关键在于，你想去做一件事情，为了达到这个目的，你还缺什么资源，你目前拥有什么资源，能否最大化地去利用你身边的资源，至于你缺的点，能否用其他的资源补偿，能否对接，能否用资源交换？借力打力，"利用"好资源，合作共赢。因此，当你创业的时候，关键不取决于你自己有多牛、多能干，关键取决于你能调动多少资源来帮助你。"驾驭"资源，才是最聪明的做法。

福布斯富豪榜有一个统计，在中国前 1 000 名的富豪中有 80%是白手起家。很多人对于白手起家这件事表示怀疑，绝大多数的人更愿意相信他们是天赋加好的运气，不可否认的是成功有运气的成分，然而，好运气的背后实际上是对商业规律的把握和运用，这些商界大咖都具有一个共同的特质就是对资源的整合能力。从央视制片人到"得到"App 的创始人，以知识生产商自居的罗振宇就是这样的一个整合资源的高手。

2012 年年底，罗振宇与独立新媒创始人申音，合作打造知识型视频脱口秀《罗辑思维》。《罗辑思维》第一期视频上线，此后每周更新一期。罗振宇分享个人读书所得，启发独立思考。半年内，由一款互联网自媒体视频产品，逐渐延伸成长为全新的互联网社群品牌。在优酷、喜马拉雅等平台播放超过 10 亿人次。

如果说一开始做知识型脱口秀视频和运营微信公众号，只是在为这个时代的人群提供知识服务，那么，当"罗辑思维"真正开始卖书时，它作为知识运营商的角色才更加清晰明朗起来。2014 年 6 月 17 日，一个至今仍被图书行业津津乐道的事件发生了：罗辑思维做了一个"忐忑"又"癫狂"的特别图书包实验：一个图书礼包，内置六本完全不知道内容的书，价格是 499 元，预定 8 000 套，并只通过微信公众号一个渠道售卖。让人瞠目结舌，一个半小时内，8 000 套全部卖完，销售额近 400 万元，而这，正是罗辑思维第一次真正与卖书扯上关系。

这次实验的成功，在原图书策划人，参与特别图书包实验执行的方希看来，验证了他们最初的一个假设——社群内销售的成功，使社群购买者成为新的传播源，向圈外传播。她在后来写的图书开箱报告里说："《神似祖先》在图书包销售之后一个月的发货量增长了 17.5 倍，《心外传奇》6 月、7 月的销量是前两个月的 9 倍。张宏杰先生的《中国国民性演变历程》在图书包推出之前在亚马逊图书总榜上排名 400 名开外，推出之后的最佳排名蹿升到总榜第 42 位。"

"这样令人震惊的成绩之所以会发生在罗辑思维这个微信小店上，根本原因还是和罗振宇长期以来勤勤恳恳'死磕图书'的精神分不开，消费者其实也是在对他的信任买单。"罗辑思维副总裁，图书板块负责人李倩介绍，在罗辑思维的用户构成中，有相当一部分属于所谓的"中产阶级"群体，"这个群体是目前社会的中坚力量，他们有知识焦虑，也有消费能力，就是缺少时间，市场有责任为他们提供更高品质的书。而这，也是罗辑思维进入图书电商领域的动力之一，我们就像一个靠谱的买手，一个知识服务提供者。"

在书籍事件大获成功后，这种在第三方垂直社群平台销售图书的商业模式被证明是可行的。此后，罗辑思维陆续为出版业"救活"了一批库存书，在完全不打折的条件下，创造了一次次令人惊叹的销售业绩。

2016 年 5 月，罗振宇与李天田、快刀青衣联合创立的知识服务应用"得到"App 正式上线。2017 年 3 月开始，《罗辑思维》节目全面转移至"得到"App。视频以其丰满的知识品质和独特的个人语言表达风格，在互联网视频领域独树一帜。当日，同名微信公众账号开通运营。账号每天推送一段罗振宇本人的 60 秒语音，分享其生活感悟，同时推送一篇其本人推荐的知性文章。微信以伴随成长的姿态，启发微友对生活的感知和思考。

得到 App 致力于为用户提供优质的思维资源和知识服务。该平台以"汇聚智慧，解锁思维力量"为宗旨，旨在通过整合全球优质的学术、商业、文化等领域的资源，为广大用户提供深度思考、全面认知的体验。

在得到 App 上用户可以通过听罗辑思维节目、阅读罗辑思维图书、参加线下活动等多种方式获取各类知识和思维资源。其中，罗辑思维节目是该平台最为知名的产品之一，该节目以"探索未知，发现真相"为主题，涵盖了科技、商业、文化、历史等多个领域的话题，旨在为用户提供开阔视野、拓展思维的体验。

除节目外，得到 App 还推出了一系列优质图书，如《万物简史》《思考，快与慢》等，这些图书涵盖了哲学、心理学、经济学、文化史等多个领域的知识，旨在为读者提供全面、深入的认知体验。此外，平台还不定期举办各类线下活动，如罗辑思维沙龙、罗辑思维公开课等，这些活动旨在为用户提供与知识大咖面对面交流的机会，促进知识共享和思维碰撞。

公开资料显示，2019—2021 年，得到 App 新增注册用户数量分别为 397.50 万人、456.46 万人及 357.77 万人，新增付费用户数量分别为 91.10 万人、82.61 万人及 59.09 万人，罗振宇利用得到 App 整合各类优质资源，平台汇聚了全球优质的学术、商业、文化等领域的资源，通过对这些资源的整合和加工，为用户提供了一系列高质量的知识服务。罗振宇创造了自媒体业界里一个又一个的奇迹，是内容变现的标杆人物，更是资源拼凑、步步为营创业的高手。

思考：

（1）罗振宇创业过程中整合了哪些资源，为什么他能成功整合这些资源？

（2）从"罗辑思维"到"得到 App"，哪些环节体现了创业者的资源拼凑能力？创业者如何学习借鉴这种资源整合的方式？

第 **6** 章

创业计划与新企业创办

6.1 创业计划与创业计划书撰写

6.1.1 创业计划概述

创业计划用以描述与拟创办企业相关的内外部环境条件和要素特点，为业务的发展提供指示图和衡量业务进展情况的标准。通常创业计划是市场营销、财务、生产、人力资源等职能计划的综合体现。

1. 创业计划的含义

创业计划就是创业者为了达到创业目标而构思、设计、制作方案，以使创业者有规可循，利用资源创造更大的经济、社会价值。创业计划主要以书面形式作为载体表现出来，用以描述创办企业时所有相关的外部及内部要素，包括创业愿景、人员、资金、物质等各种资源的整合，以及经营思想、战略确定等，是为创业项目制定的一份完整、具体、深入的行动指南，又叫创业的商业计划，创业计划一般通过创业计划书的形式展现出来。

2. 创业计划具有的特征

创业计划具有以下三个方面的特征。

（1）预见性。

创业计划一定是涉及未来的业务规划，因而应具有预见性。不论个人或组织，都必须要在对未来市场发展进行充分估计的基础上行动。因此，运用科学的方法对未来进行预测，应是计划的一个基本组成部分。这些预测包括国家宏观经济前景、行业发展动态、消费市场及消费需求等。正确的预测将有助于创业者规避风险。

（2）可行性。

创业计划一定涉及行动，因而需要有可行性。创业就是行动，没有具体的行动，创业就是一句空话，所以创业计划又可称为创业行动计划。它既指出了所要达到的目标，又指出了所要遵循的路线、通过的阶段和所使用的手段。因此，失去了可行性，就会失去指导行动的功能。

（3）灵活性。

创业计划一定涉及许多复杂的环境因素及其变化，因此应具有灵活性。创业者受自身知识结构、所获信息数量和质量及人类的限制，完全准确地看清未来是不可能的，因而对于不确定的未来，创业计划应是相当灵活的，能顺应人们认识的深化而调整。越是能在计划中体现灵活性，由偶发事件发生所造成损失的风险就越小。另外，针对创业的不同阶段，对计划的要求是不同的。一般说来，在创业的初期，要求计划更具有指导性；在创业的成长期，要求计划更为具体和详细；在创业的成熟期，要求长期的、具体的战略发展计划。

3. 创业计划的主要内容

（1）创业目标。

初步确定了创业目标，实际上也就确定了创业的产品或服务的内容。创业计划应明确创业产品或服务项目的名称，直接成本及各种费用、税金、固定资产折旧等成本，生产制造或服务的有利条件和保证措施等。

产品计划是创业计划的重要内容之一，它是创业者在深入进行市场调查和分析比较论证的基础上确定企业向市场提供产品的实施方案，主要内容有：产品的名称，产品的价格，产品的销售方式和销售附加条件（如服务合同、维修合同、使用说明、安装服务等）。产品计划应当明确与产品有关的决策，包括如何实现目标，有无替代性产品，以及与附属产品、附加产品和外围产品有关的决策。

（2）创业团队。

创业团队是为创业而形成的集体。它使各成员联合起来，在行为上形成彼此影响的交互作用，在心理上意识到其他成员的存在及彼此相互归属的感受和工作精神。这种集体不同于一般意义上的社会团体，它存在于企业之中，因创业的关系而连接起来却又超乎个人、领导和组织之外。优秀创业团队具有的基本因素有：一个胜任的团队带头人；彼此十分熟悉，能够很好地相互配合的团队成员；创业所必需的足够的相关技能。

（3）市场预测。

产品或服务内容的市场情况将决定未来企业的生产经营状况。在创业计划中要说明创业产品或服务内容的市场需求情况，销售或服务的地区，销售或服务的方式，产品或服务的价格定位，成长性、利润率情况，以及产品或服务的市场竞争情况等。

（4）生产规划。

生产规划是对已确定的产品在生产过程中对厂房、设备、人员、技术、资金，以及生产活动所需要的支持等方面的要求进行设计，要根据生产规划制订详细的生产计划。生产计划主要描述生产的设备要求、厂房要求、人力资源要求、技术要求、进度要求、原材料要求、质量要求等方面的问题，也就是说生产计划主要是解决如何进行生产、如何保证产品质量的问题。生产计划可以分阶段制订，如起步阶段、正常经营阶段、快速发展阶段等。在各阶段，企业生产能力的提高应与产品需求的增长保持一致。

（5）工作进度。

创业计划要注明创建工作的时间进度安排，应详细说明工作内容、工作要求、执行时间、执行负责人等内容。最好是拟订一份创建工作进度安排表，创建工作进度安排表包括做好市场调查、确定创业的产品或服务的内容、进行产品和服务的设计及包装、选择厂址厂房、购置生产设备、招聘员工、制作广告及促销方案、领取营业执照、银行开户、税务登记、开业典礼等内容。执行时间可以交叉安排。

（6）财务预算。

创业计划要说明创业工作需要的财务总预算，要分项列出建设厂房的总造价、生产设备的总投资、为创办企业应缴的各种费用、创业产品的原材料价格、生产工人和管理人员的工资、生产流动资金等。

6.1.2　创业计划书概述

引导案例	方便雨伞创业计划书——雨伞戴在头顶上
一、概述 　　随着生活水平的提高和生活节奏的加快，人们对晴雨伞这一生活必需品的要求也越来越高。与其他雨具相比，晴雨伞使用起来较为方便，备受人们青睐，但它也有致命的弱点——使用时始终占用一只手。因此，在相当多的场合，人们不得不选用其他雨具，比如骑车时用雨披，劳作时用雨衣或斗笠等。由于其他雨具同样具有其他的弱点，雨披、雨衣紧贴身体、使用不便，斗笠面积太大、不易携带，因此日常生活中人们不得不备下多种雨具。携带不方便已成为目前雨具共同的缺陷，人们不到万不得已很少携带雨具出门，所以往往被突如其来的雨水淋得狼狈不堪。因此，开发一种方便、实用又便于携带的通用雨具已势在必行。	

方便雨伞的出现解决了这个困扰人们良久的难题，弥补了现有雨具的不足。使用时它可以像帽子一样戴在头上，解放出我们的双手去做别的工作，不用时，则可以随意折叠，随身携带。目前，本产品已获得了国家专利，专利号为ZL00246662.7，并已从技术工艺可行性角度出发试制出了实验品，经实际试用，完全达到预期效果。

二、产品

目前市场上的晴雨伞主要分为自动与非自动两类，另外，一些厂家从防风性能方面考虑推出了防风伞，可使雨伞翻转而不致损坏，还有一些厂家推出了防紫外线伞，主要是面料的改进。

但无论哪一类晴雨伞，都是依靠硬质骨架来支撑伞面的，即使是越来越小巧精致的自动折叠伞，因为受硬质骨架的制约，依然不便于携带，也没能摆脱手持的束缚，难以产生质的飞跃。

方便雨伞通过在伞面中设置气囊，在下部设置固定环带，省去了传统晴雨伞中的硬质骨架。当气囊内充满气时，伞面就会撑开，将其戴在头上系好固定环带即可。同时，配以新颖的造型和装饰，会显得格外美观别致，把气囊内的空气放出后，则可任意折叠存放，令其使用携带更加方便自如。充气可使用随伞配带的微型充气装置，亦可用口进行充气。

本产品全部采用轻柔材料制作，没有了硬质骨架，不仅抗风性好，而且避免了自然锈蚀和意外折损，相比于传统的晴雨伞可以延长使用寿命2倍以上。更为重要的是，方便雨伞摆脱了手持的束缚，几乎在所有场合都可以使用，成为一种通用的雨具。

就综合功能来讲，它优于以前的任何一种雨具，市场前景十分广阔。

三、市场分析与营销计划

1. 市场概况

我国有14亿人口，按平均3人1把伞、每把伞平均使用寿命2年计，年需求量就达到2.1亿把左右，这无疑是一个庞大的市场。

我国的雨伞生产厂家主要集中在江浙一带，比较知名的如杭州天堂伞，其市场份额约占20%，销售收入达3亿多元人民币。该企业目前最新的产品是防紫外线伞，对面料做了改进，但在支撑结构上依然沿袭着硬质骨架折叠的方式，没有质的飞跃。

方便雨伞的问世为雨伞的进一步发展开拓了更为广阔的空间，在与其他雨具的竞争中，处于有利的地位。但另一方面也要客观认识到，现有雨具大多都已经具有了一定的品牌知名度，形象已深入人心，而且消费者基于消费习惯，对方便雨伞的接受也需要一个过程。

目前国内虽有不少雨伞生产厂家，而且已处于饱和状态，但根据方便雨伞与现有产品的综合性能比较和人们的求新求好心理，方便雨伞完全可以争取到可观的市场份额。

每顶平均利润按3元计，若企业年生产200万顶方便雨伞，每年的利润就能达到600万元，加上专利技术的转让费用（单靠一个企业是满足不了市场需求的），利润将更为可观。

2. 目标市场

本产品具有方便携带和通用的特性，问世后将最适宜于中小学生、出差人员及野外劳作人员携带使用，这3类人将是本产品的主要消费群体。

对于农村层面的消费者来说，他们大多考虑的是价格因素，因此定价不能超过同类的手持式雨伞，对于城市层面的消费者来说，他们更为看重的是质量、档次、性能和品牌因素，因此产品用料、样式必须讲究。

3．营销策略

方便雨伞是一个全新的产品，目前还没有现成的配套生产设备和成熟的生产工艺，因此开发本产品不适宜于组建生产型企业。组建生产型企业一方面会增加固定资产的投入，另一方面还会因研制配套生产设备和生产管理而费时费事。

如果把本产品拆分开来看，生产类似部件的厂家比比皆是，比如本产品的关键部件——气囊，任何一家生产玩具救生圈的企业只要将模具稍做改动就可以进行生产。因此本产品适宜于招标加工生产，这样可以充分利用社会资源降低生产成本。

产品的定价要考虑到不同层次的需求，本产品可以分成高、中、低档。高、中档产品采用高、中档轻柔面料，利用覆膜热合技术生产，价位可定在 20~40 元（大致与现有的高中档雨伞持平），低档产品利用塑料类原料生产，价位可定在 10 元（与现有的低档雨伞基本持平）。

总体来说，由于本产品省去了现有雨伞中的主要部件——硬质骨架，所以其生产成本低于现有手持式雨伞。在产品的花色品种上，可生产圆形、椭圆形、多边形等多种造型，并在伞面绘上各种精美图案，以满足不同的审美要求。

考虑到本产品是一种全新产品，人们对其认识不足，因此一开始不宜采用全面出击的推广方式，而应该由点到面地展开攻势，先从某一个或几个城市开始，一步一步扩大战果。

具体销售方式上，一开始适宜组建示范表演销售队进行示范表演及销售，这样将更为直观地让人们领略和接受本产品。全国各地每年都有各种各样的展销会与展览会，可以充分利用这些机会进行产品推介，同时还可以在雨天到车站、学校、繁华街区等公共场所进行推介销售。

一旦有了群众认知基础，便可以在各地设立连锁批发点，并通过各种媒体进行广告宣传，扩大本产品的知名度，提升市场占有率。

四、战略规划与组织结构

根据上述分析，现准备组建专业营销公司，进行本产品的开发经营。公司无须购置生产设备，只需建立健全完善的营销管理机制，生产问题可用招标的方式寻求合作生产厂家来解决。

拟组建一个投资额在 200 万元以上的有限责任公司，风险投资人以 100 万元的投资入股占公司 50%的股份，本产品的专利持有人以其专利入股占 20%的股份，其他创办人共同出资 60 万元现金占 30%的股份。公司采取董事会领导下的总经理负责制的管理机制，本产品的发明人有近 10 项专利申请和 3 次创办企业的经历，专利持有人任董事长和公司总经理的职位。

公司可设置财务部、营销部、技术部 3 个部门，每个部门配备 3~5 人，整个公司管理层共 10~15 人，生产人员可在社会上招聘，也可由董事会委派。

公司办公地点宜选取在中型以上城市。专利持有人所在城市——河南省新乡市即是一个理想的地点。

五、风险与对策

1．风险分析

本项目是一个资金启动型项目，在项目的启动阶段，只要拥有足够的资金就基本可以迅速打开市场，但若启动资金不足或不能及时到位将会影响项目的顺利进展。

虽然本产品在工艺技术上简便可行，且综合性能优于其他雨具，但在使用过程中，相比现有的手持式雨伞，它多了一个充气的过程，要让人们完全认可接受它，并充分认识到它便于携带、解放双手的优点，还要有一个过程。

2．风险控制

通过专业技术人员进一步完善本产品，使之在使用方面更趋于方便和科学，在造型上更趋美观大方，在包装上更便于携带。

在宣传上强化突出本产品的优点和便利之处，以形象直观的示范表演促使人们打消疑虑，尽快认可和接受本产品，迅速掌握使用要领。

六、融资计划与财务分析

1．融资计划

本产品目前处于未能大规模生产和开发的不利局面，造成这种不利局面的主要原因是资金短缺。如能按计划融入资金，这个问题将得到根本解决。为此，发明人现寻求100万元的股权融资，创业团队出资80万元，组建专业从事生产与销售的公司。

2．回报/偿还计划

计划通过利润分红的方式，在1~2年内偿还投资。

3．成本收益分析

方便雨伞目前处于市场需求快速增长的前期阶段，根据估算，第一年预计总销量可以达到10万顶，平均售价15元。第二年开始每年递增40%。

根据市场调研与试制生产的结果，销售成本占售价的40%左右。随着产销量的逐年增加，企业的宣传广告费用每年增加开支5万元，管理费用每年递增20%左右。企业的厂房为租赁方式使用，五年的租赁合同签约为每年30万元租金。企业一次性购入生产设备和办公设施预算为60万元。企业五年的成本收益情况见表6-1。

表6-1 成本收益分析表　　　　　　单位：万元

项　目	第一年	第二年	第三年	第四年	第五年
销售收入	150	210	294	412	576
销售成本	60	84	118	165	230
销售费用	15	20	25	30	35
管理费用	15	18	22	26	30
租赁费用	30	30	30	30	30
固定资产折旧费用	12	12	12	12	12
税前利润	18	46	87	149	239
所得税（25%）	4.5	11.5	21.75	37.25	59.75
净利润	13.5	34.5	65.25	111.75	179.25

根据上表可以看出，公司运作第一年即可实现盈利，公司开办至第三年可以考虑风险投资退出企业，企业创办人将拥有企业全部股权，结合银行借款实现稳步发展和壮大，为股东赢得更多的经营决策权和利润分红。

1. 创业计划书的含义

创业计划书是指创业者在创业初期所编写的一份书面创业计划，用以描述创办一个新的风险企业时所有相关的外部及内部要素。创业计划书是创业者在正式启动创业项目之前，基于前期对整个项目做出的调研、策划的成果，是创业计划的行动导向和路线图，是对创业计划进行全面书面说明的计划性文件。

2. 创业计划书的本质

创业计划书是创业者在有了一个"开发成功的商业创意"后，在经过前期对项目科学地调研、分析、搜集与整理有关资料的基础上，根据一定的格式和内容要素要求而编辑整理的一个向使用者（通常是投资人和创业管理层）全面展示企业或项目目前状况、未来发展潜力的书面计划材料。商业计划书是完整的创业构想的系统化文件，目的是达到招商融资和自身创业成功发展的目标。目前也有很多商业计划书是为参加各种形式的创业计划书大赛而准备的，以期获得大赛的奖项。

创业计划书撰写是一个十分艰苦和复杂的过程，需要大量的时间、精力，创业者要有良好的能够认知把握创业机会的素质和能力。正如杰弗里·蒂蒙斯所说："这个过程可以把一个思路雏形变成一个难得的商机。就像把一条毛毛虫变成一只美丽的蝴蝶，商业计划本身就是此过程的一个顶点。创业计划仔细地阐述了商机的意义、要求、风险和潜在回报，以及如何抓住这个商机。"

3. 创业计划书的作用

《孙子·谋攻篇》中说："知己知彼，百战不殆；不知彼而知己，一胜一负；不知彼不知己，每战必殆。" 意思是说，在军事纷争中，既了解敌人，又了解自己，百战都不会有危险；不了解敌人而只了解自己，胜败的可能性各半；既不了解敌人，又不了解自己，那每战都有危险。创业准备过程中的创业计划书编制，正是一个耗费大量时间、精力和创造性思考的过程。因为创业计划书中必须明确阐明企业的产品/服务的商业构想、创新与创意价值的合理性、顾客与市场、商业开发策略、竞争者分析、法律组织形式、团队和资金资源需求、融资方式和规划、创业利润回报等内容，创业者面对的现有资源和外部环境，以及需要解决的融资和其他的进入市场的困难。第一步的知己知彼暂时完成，百战不殆还有待于在下一步的计划书实际执行中，随时随地准确把握自己，认知市场环境及其需求的变化，调整发展战略，力争百战不殆。创业计划书的作用可以概括为以下几个方面。

（1）创业计划书使创业目标和方向更加明确。

一个创业项目在酝酿初期，往往充满美好的憧憬，对于做大做强似乎很有把握，但通过多方面的不同角度仔细推敲时，也许会产生更为客观可行的创业目标定位，具体经营方向也有所调整。通过编制创业计划书的艰辛过程，创业者对创业目标和方向将更加明确，会更清醒地认识和预见创业中的各种困难，使创业活动的前景更加明朗起来。这样经过缜密调查、研究和思考的创业计划必然使创业项目更有可行性，生存发展的潜质也会大为提升。

（2）完备的创业计划书可以达到吸引风险投资的目标。

创业计划书是一份全方位描述企业发展的文件，是企业经营者素质的体现，是企业拥有良好融资能力、实现步步为营发展的重要系统化的说明。对于那些拥有好的商业设想、又急需资金投入的创业者，一份完备的创业计划书，将成为企业成功融资的关键因素。创业计划书中创业者需要明确地说出企业经营的构想和策略、产品市场需求的规模与成长潜力、财务预测以及投资回收期等，使风险投资人对于投资项目获得回报充满信心。因此，一份内容完备的高品质创业计划书，就成为创业者向风险投资者传递融资信息的主要文件，并帮助创业者切实地达到招商融资的目标，实现创业梦想。

创业计划书是创业融资的"敲门砖"。作为众多创业企业、成长企业进行融资的必备文件，其作用就如同预上市公司的招股说明书，是一份对融资公司或项目进行陈述和剖析，便于潜在投资人对投资对象进行全面了解和初步考察的文本文件。近年来，创业融资的程序日益规范，作为投资公司进行项目审批的正式文件之一，制作创业计划书已经成为越来越多创业者的必备能力。

（3）创业计划书为创业者提供行动指南。

创业计划书是为了预测企业的成长所做的未来行动的规划。创业计划书中应该明确下列问题：企业拥有哪些生产经营资源？还需要什么生产经营资源？企业如何把产品推向市场？企业生产需要哪些技术和原料？开业成本和运营成本是多少？企业是买设备还是租设备？企业分销产品的方法是什么？谁会是企业产品或服务的使用者？售价是多少？竞争者是谁？企业在未来几年的发展战略计划是什么？诸如以上各个方面的论证描述，都是创业者面临的问题和必须采取的应对行动，因此创业计划书必然是创业企业决策的重要依据。但是，我们必须认识到再完美的创业计划书都不能满足如此快速发展时代的要求，必须加入足够的应变能力和相应灵活的生存发展能力。创业计划书仅仅为创业者提供计划中行动的一般指南，实际的具体创业活动路线需要随时做出必要的调整。

（4）创业计划书是企业对内和对外有效沟通的工具。

创业计划书对于企业内部来说，一方面是管理者的行动纲领，另一方面可以使全体员工了解企业的经营目标和发展方向，激励他们为共同的发展目标而努力工作。对于企业外部来说，可以帮助创业者把创办企业的规划转达给潜在的合伙人、银行家、供应商、销售商，以及行业专家、政府行业管理部门、新闻媒体等。如本企业的产品质量过硬，送货迅速，功能定位适中，价格合适等，使创业计划书的各方面使用者相信，该企业不仅是行业中的有力竞争者，而且将来还可能是行业标准的引领者。从这个意义上可以说，创业计划书是企业对内和对外的有效沟通工具。

（5）创业计划书是取得政府政策和资金支持的提交文件。

初创的中小企业，特别是有一定技术创新的中小企业，政府会逐年加大政策和资金支持力度。创业计划书是进入国家创新创业孵化园扶持的敲门砖和通行证，在成长到一定规模和拥有明朗前景的时候，就可以得到各级政府的无偿资助或低息贷款支持。目前我国各级政府均有对于中小型科技创新企业的资金支持政策。

4．创业计划书撰写的基本原则

（1）有新创意的商业构想。

成功的创业计划书首先是富有内涵具有新意的商业构想。新颖的创意构想往往会更容易获得投资者的青睐及政府支持机构的关注。创业者必须想方设法获得比别人更高的边际收益，向使用人提供优质且有差异的产品或服务，新的创意是创业第一桶金获得的重要因素，也是成功撰写创业计划书的基本要素。

（2）条理清晰，简明扼要。

创业计划书的编制应层次分明，杜绝逻辑混乱、篇幅过长的弊端，其实现的最好方式是寻求成功创业计划书编制的模板，按照创业计划的个案要求，加以适当调整和改进，使你的创业计划书也能做到层次清晰、主旨明确和简明扼要，做到在较短时间内创业计划书的使用者掌握创业计划书的基本内容。

（3）明确细分的市场目标。

创业计划书的基本目标是要在市场上占有一席之地，为潜在的客户提供有差异的产品或服务，同时实现他们创业盈利的梦想。明确的市场定位是创业者和投资者共同关注的主要方面，也是决定创业成功获得投资回报的最重要的标志性指标。因此，创业计划书对市场目标、经营范围的确定不应是含糊的或过于宽泛的，而应是客观、准确的某一细分市场，只有这样才可以提升创业计划书的可行性和可信度。

（4）近期目标和中长期规划目标相结合。

创业计划书的近期目标是把企业创办起来，中长期规划目标是如何把企业持续经营下去。把企业创办起来需要有创建资金预算、创业团队设立、目标市场定位、员工招聘等基本要素。企业长期存在和发展，就需要企业做出一系列的战略性预测与决策。

创业计划书必须进行3～5年的中期市场预测分析，客观并充分认识有利的和不利的内外部环境影响因素，以此制定企业产品或服务各个年度的销售规模战略预测，成本、利润、现金流预测等。个别创业计划书还有必要做出6到10年的企业发展前景的展望，以便创业者和投资者能够更为充分地思考创业计划的可行性和可持续发展能力。

近期目标和中长期规划目标尤其体现于企业财务资金预算和会计报表指标分析方面。近期资金管理目标具体体现在开办费用及资金来源明细计划，创业者或团队的主要成员是否有合理的比例资金注入，其余为风险投资及其他方式融资。中长期规划中的财务目标主要通过投资收益和风险分析体现，包括各年度的资产负债表、利润表和现金流量表的编制（连续的报告式简表），以及各年度销售额、内含报酬率、敏感性分析、投资回收期及盈亏平衡点的计算分析。

（5）关注政府的政策导向和经济发展趋势。

创业计划书应体现国家和地区政府产业结构调整的政策导向、社会经济发展的总体趋势、人们消费偏好的变化要求等宏观因素影响，将这些大环境的变化与个体的创业计划书中的商业构想紧密结合起来，这不仅反映创业计划书的主体思路是否合时宜，在恰当的时机，还可能成为获得政府资金和政策支持的重要因素。成功的创业计划书应该顺应社会经济发展需要，顺势而为才能取得创业的成功。

5．撰写创业计划书应注意的关键问题

（1）明确产品或服务的实质性内容。

在创业计划书中，应提供所有与企业的产品或服务有关的实质性内容，包括对于企业所处行业相对位置的所有调查资料。具体包括：产品或服务正处于什么样的发展阶段？创业计划的独特性怎样？企业分销产品的方法为什么可行？企业发展新的现代化产品的计划是什么？把投资人和消费者拉到企业的产品或服务中来，这样投资人和消费者就会对产品有兴趣。要让创业计划书使用人感到："这项产品或服务是有发展前景的"。

（2）客观地正视企业面对的竞争环境。

在创业计划书中，应客观细致分析企业竞争对手的情况、企业所面对的有利竞争环境和不利竞争环境。竞争对手都是谁？竞争对手的产品或服务与本企业相比，有哪些相同点和不同点？竞争对手所采用的营销策略是什么？要明确竞争者的销售价格、毛利润、收入以及市场份额。然后再讨论本企业相对于每个竞争者所具有的竞争优势，要向投资者展示顾客偏爱本企业的产品或服务是有理由的。创业者还应非常客观地阐明竞争者给本企业带来的风险以及本企业所采取的对策。

（3）深入分析目标市场及销售战略。

创业计划书要向使用者提供企业对目标市场的深入分析和正确判断的信息。细致分析国家经济政策、地理位置、价值取向及人们消费心理变化等因素对消费者选择购买本企业产品或服务的行为影响，以及各个因素所起作用的大小。包括一个完整的营销计划，列出本企业开展广告、促销以及公共关系活动的打算，明确每一项活动的支出预算和收益预测。描述企业的销售战略，具体到企业是使用外面的销售代表还是使用直销方式，企业是使用专卖商、分销商还是特许经营商，企业将提供何种类型的销售培训等。

（4）组建一支强有力的创业管理队伍。

乔治·多里特在《团队的力量》一书中说："我更喜欢拥有二流创意的一流创业者和团队，而不是拥有一流创意的二流创业团队。"创业计划书应首先描述整个管理队伍结构及其各自岗位的职责，然后再分别介绍每位管理人员的特殊经历、才能、特点和造诣，细致描述每个管理者将对公司所做的贡献。明确他们的管理目标以及绘制出企业的组织机构图。一支强有力的创业管理队伍必须有较高的专业技术知识、管理才能和必要的工作经验，要给投资者和合作伙伴应有的信心：这支创业管理队伍能很好地完成对于企业的计划、组织、控制任务，引导公司实现美好的创业目标。

（5）高质量的执行总结。

创业计划书中的执行总结十分重要。执行总结是出资者首先要看的内容，它将从中摘录出与投资风险最相关的问题：包括企业的主要产品和服务、商业模式、目标市场、竞争对手及营销战略、管理团队和财务预测等情况的简明而生动的概括。执行总结做得好就可以把投资者吸引住，也就是说必须在短时间内，让使用人确切地了解企业的基本发展目标、产品定位以及相对独特的发展战略，给读者留下良好的深刻印象，以至于有兴趣并渴望继续得到更多的企业信息。

（6）企业的发展理念反映时代发展的要求与趋势。

创业计划书给予使用人的深刻和美好感受的重要内容是企业的发展理念，如公司发展宗旨及公司发展文化的定位，是否反映时代发展要求与趋势，是否以人为本，新创企业的发展规划中的创新性体现是否与我国社会经济低碳环保的发展趋势相吻合，以及涉及企业的社会责任意识等。

（7）排查创业计划书中的"危险信号"，见表 6-2。

表 6-2　创业计划书中的"危险信号"

危险信号	解　释
创建者没有投资	如果创建者都不愿投资给新创企业，为什么别人应该
引注不明	创业计划应该根据现实证据和周密调研，而不是臆测和想当然。所有一手资料和二手资料研究都要注明引用来源
市场规模界定过宽	市场规模界定过宽表明，真正的目标市场还没找到。例如，新创企业若将每年 5 500 亿美元的医药行业视为目标市场，那是毫无意义的。市场机会需要更精细的界定。显然，新创企业瞄准的是行业内的细分市场或某个特定市场
过于激进的财务数据	许多投资者会直接翻阅创业计划的财务部分。推理不足或过于乐观的计划，会失去可信度。与此相反，基于合理研究与判断的冷静陈述，能很快得到信任
随处可见的疏忽	让读者艰难阅读文稿，审看不平衡的资产负债表或面对随处可见的粗心失误，绝不是件好事。这些错误被认为是不注重细节，从而损害创业者的可信度

资料来源：布鲁斯·R. 巴林格（美）创业管理：成功创建新企业

6.1.3　创业计划书的类型和信息搜集

1. 创业计划书的类型

在当今信息社会时代，商业广告无处不在，几乎成为市场消费的最直接导向，谁还在恪守"好酒不怕巷子深"呢？创业计划书就是创业者告知自己团队和外界的第一份全面信息的宣传文件。为什么要撰写创业计划书？谁来写创业计划书？创业计划书给谁看？创业计划书达到什么目的？虽然很多创业者都在制作他们的创业计划书，但是仔细观察了解，其编制的动机和目标是有所区别的。

（1）按完成编制人不同分类。

创业计划书按完成编制人不同分为由创业者及团队编制的创业计划书和请管理咨询公司等专业人士帮助编制的创业计划书。

多数创业计划书由创业者和他的创业团队完成撰写。因为他们最了解创业项目的形成过程和未来运行预期。创业计划书的每一个细节都是他们经过市场调研，比较分析和深思熟虑的结果。因此，由创业者和他的创业团队撰写创业计划书，可行性和成功率一般明显高于管理咨询公司等专业人士帮助编制的创业计划书。创业者之所以花钱聘请管理咨询公司等专业人士帮助编制创业计划书，往往是有好的商业想法和创业实践经验，但缺乏文字表达能力，或是专业术语表达水平有限，于是请更为专业的机构人士帮助，使其创业计划书更为专业和正规。无论创业计划书由创业者及创业团队编制还是聘请管理咨询公司等专业人士帮助编制，主要取决于创业者及创业团队的撰写能力和撰写目的。

（2）按编制目的不同分类。

创业计划书按编制目的不同分为以获得创业融资为目的的创业计划书、为创业者提供行动规划和指导的创业计划书和以参加创业计划书竞赛为目的编制的创业计划书。

当新创企业需要赢得外部资金支持的时候，向投资公司递交创业计划书是必须的"敲门砖"。若想成功吸引风险投资者进入，创业计划书需注重言简意赅，突出商机价值，有良好的投资发展前景，投资家认为值得投资，这样的创业计划书才是融资的"敲门金砖"。若创业计划书的目的是为全体创业者提供行动规划，需为企业的发展指明方向，为日常的管理决策提供行动指南。当然创业计划书必须随着创业活动的进行随时调整，以适应随时变化的新情况、新要求。

近二十年来，以参加创业计划书竞赛为目的编制的创业计划书在大学非常普遍。典型的由共青团中央、中国科协、全国学联主办，清华大学承办的首届"挑战杯"中国大学生创业计划竞赛每两年举行一次，由学校到省市到国家逐级选拔，影响十分广泛，党的十八届三中全会对"健全促进就业创业体制机制"做出了专门部署，指出了明确方向。为贯彻落实习近平总书记系列重要讲话和党中央有关指示精神，适应大学生创业发展的形势需要，在原有"挑战杯"中国大学生创业计划竞赛的基础上，共青团中央、教育部、人力资源和社会保障部、中国科协、全国学联决定，自 2014 年起共同组织开展"创青春"全国大学生创业大赛，每两年举办一次。另外一项重要赛事是"互联网+"大学生双创大赛，这项大赛是 2015 年由李克强总理亲自提议举办的，首届大赛总决赛在吉林大学成功举办。推动创新创业教育与思想政治教育紧密结合、与专业教育深度融合，促进学生全面发展，努力成为德才兼备的有为人才。推动赛事成果转化和产学研用紧密结合，促进"互联网+"新业态形成，服务经济高质量发展。以创新引领创业、以创业带动就业，努力形成高校毕业生更高质量创业就业的新局面。参赛项目能够将移动互联网、云计算、大数据、人工智能、物联网等新一代信息技术与经济社会各领域紧密结合，培育新产品、新服务、新业态、新模式；发挥互联网在促进产业升级以及信息化和工业化深度融合中的作用，促进制造业、农业、能源、环保等产业转型升级；发挥互联网在社会服务中的作用，创新网络化服务模式，促进互联网与教育、医疗、交通、金融、消费生活等深度融合。创业计划书编制更趋于与创业实践的结合。

（3）按详尽程度不同分类。

按创业计划书的详尽程度不同分为简略的创业计划书、详尽的创业计划书和企业运营计划创业计划书，如图 6-1 所示。

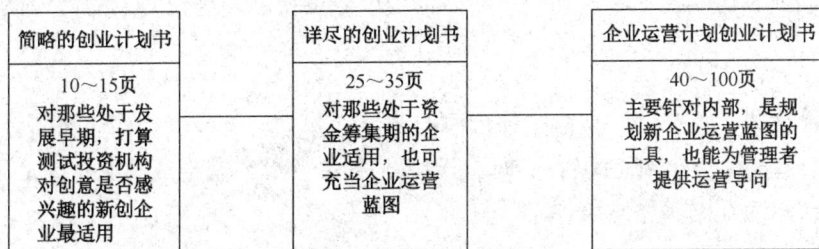

简略的创业计划书	详尽的创业计划书	企业运营计划创业计划书
10～15页	25～35页	40～100页
对那些处于发展早期，打算测试投资机构对创意是否感兴趣的新创企业最适用	对那些处于资金筹集期的企业适用，也可充当企业运营蓝图	主要针对内部，是规划新企业运营蓝图的工具，也能为管理者提供运营导向

图 6-1 创业计划书按详尽程度不同分类

2. 信息的来源渠道

（1）统计年鉴及政府机构。

对比一个企业与其他相似企业时，企业在同行业中所处位置数据十分重要。这些数据可以从行业统计年鉴或者政府机构的数据查询中获得。数据包括企业数量、规模、产销量、市场占有率、企业利润率等。

（2）行业协会组织。

协会组织能提供诸如技术开发与研究现状、新技术或新的管理手段教育和培训计划、采用新技术推广会议、向会员提供咨询并通过简讯、杂志和特别报告传播有用信息等。

（3）报纸和期刊的利用。

行业报纸和杂志也是很好的信息来源渠道。创业者应该在编制计划书之前，投入一定的时间和精力，阅读行业报纸和杂志中的相关有用信息，从中了解与企业相关的新的发展趋势，这对企业确定发展目标非常重要，对于信息的搜集进行分类整理，以备必要时方便使用。

（4）互联网的利用。

随着互联网技术的迅猛发展，互联网已经成为全球性的能够相互交流、相互沟通、相互参与的信息互动平台。创业企业可以利用网络进行与创业项目各个方面相关的信息搜索和研究，甚至可以超越省市、国界，找出有用的信息与数据。还可以通过微博、QQ、电子邮件等建立网络营销方式在互联网上进行信息交流。

（5）管理咨询公司。

管理咨询公司能提供直接或间接的专业化服务。机构中通常有技术和精通企业管理的专家，掌握着解决企业疑难问题的方法与技巧。创业者可以通过管理咨询公司提供的帮助服务，得到许多有指导价值的信息。

3. 信息的提供主体

（1）企业的员工。

企业的员工能够为企业提供一些解决具体问题的建议方案。例如，哪种产品最难吸引顾客？顾客最不喜欢什么产品或服务？原因是什么？建议如何改进？

（2）消费者。

对于企业而言，顾客就是上帝。消费者能够对所购买的产品和服务提供非常直接有效的需求信息。创业者真正掌握了顾客的产品及服务需求信息，就不会出现创意和经营方向的错误。但是，创业者前瞻性的分析和判断能力也是十分重要的，是使其成为优秀信息来源的另一影响因素。

（3）供应商。

由于大多数供应商的成功依赖于他们所服务的企业，所以他们对创业者的成功非常感兴趣。很多供应商能够提供很好的管理建议，因为他们能够解释其他成功的企业是如何运作的，并能够提供改进企业的具体建议。

（4）风险投资公司。

风险投资公司是把所掌管的资金有效地投入富有盈利潜力的高科技企业，并通过后者的上市或被并购而获取资本报酬的企业。兹维·博迪的《金融学》这样阐述：风险投资公司针对缺乏管理经验的新创企业除投入资金外，还给予经营企业的中肯建议，扶持企业成长，很多风险投资公司直至帮助创业管理队伍将公司发展到可以"上市"的程度，即将股份出售给投资公众。一旦达到这一目标，风险投资公司将售出其在公司的权益，转向下一个新的企业。这也正是我国逐步成熟起来的风险投资公司的发展方式和行动选择。

（5）专家学者。

运用专家学者的智力帮助解决企业的技术及管理问题，这些专业人士包括：网络设计者，

IT 专家，财务顾问，银行家，管理咨询顾问，保险代理人，会计师和记账员，房地产中介，调研员和律师，等等。努力发展良好的提问技巧以便从这些专业人士那里获得尽可能多的建议和信息。

　　每个专业人士都是一个潜在的资源，但是创业者们必须能够清楚地认识自身的需求，并且提出和其需求相关的问题，这样专业人士们才能为创业者少走弯路乃至创业成功提供有价值的建议。

6.1.4　创业计划书的构成要素及内容撰写

　　创业计划书不要求有固定的模板和完全统一的格式。不同使用目的、不同发展阶段和不同创业行业的创业计划书的内容构成肯定有所不同。以吸引风险投资为主要编制目的的创业计划书一定会特别推出新产品和新技术，与其高风险、高回报的投资取向相吻合；以获取政府鼓励基金支持的创业计划书一定给予环保产品理念、新技术、公益创业、促进就业等政策支持导向更多的描述。另外，机械制造业与餐饮业有着本质的区别，高新技术产品与传统特色产品有明显的差异。但是创业计划书的基本结构和所具有的功能却有着惊人的相似之处，如同建造一条航船，无论大小，均有涉水、渡人、渡物的功能。以下是一般创业计划书的结构要求。创业计划书的结构由封面、目录、执行概要、主体内容、附录等部分组成。主要构成要素有以下几个方面。

1. 执行概要（总结）

　　执行概要（总结）是投资人及其他阅读人最先审阅的部分，也是在创业计划书写作中最后完成的部分，是对整个创业计划书精华的浓缩，旨在引起投资人及其他阅读人的兴趣，有进一步探究项目详细的渴望。执行概要的长度通常以 2～3 页为宜，内容力求精练有力，重点阐明公司的投资价值，尤其是相对于竞争对手的优势和差异之处。一般净现金流入、广泛的客户基础、市场快速增长的机会、背景丰厚的团队都是可能引起投资人兴趣的亮点。执行概要（总结）包括公司概况、产品介绍、公司战略、营销策略、财务分析、组织与人力资源等基本要素内容。公司概况要反映出公司名称、公司性质、公司的主营产品、公司的品牌、公司的宗旨、公司的文化等。创业计划书的开篇力求开宗明义，言简意赅。

2. 产品与技术

　　产品与技术部分应该包括产品原理与制造过程、产品的主要功能及其优势、研发队伍与合作策略、产品制造理念、未来研发计划与展望及知识产权策略等基本内容。本部分撰写要提供产品与技术的相关细节，特别是经过市场调查的结果分析，说明产品和技术的优势与独特性。一方面，创业计划书的执笔者就是创业者本身，他们大多是技术出身，对于自有产品和技术有着一种自然而然的自豪和亲近，所以经常进入"情不自禁"和"滔滔不绝"的情绪之中。而另一方面，投资人本质上是极为看重收益和回报的商人，而且他们多是经济或金融背景，对于技术方面的专业介绍也不是特别在行，他们更加认同市场对于公司产品的反应。所以，建议在产品和服务部分只讲清楚公司的产品体系，向投资人展示公司产品线的完整和可持续发展即可，将更多的笔墨放在产品的盈利能力、典型客户、同类产品比较等内容的介绍上。

3. 行业发展分析

行业发展分析部分应该包括国内外行业现状分析、简单的调查报告、分析市场结构和容量、市场趋势和预测竞争分析（如主要竞争对手、竞争优势、竞争劣势和潜在竞争者分析等）及产品持续市场的来源和选址计划等。

4. 企业管理体系

企业管理体系部分应该包括公司的法律组织形式，公司的组织结构图，各个部门职责，企业为员工提供的待遇和创造的工作环境，工资薪酬设计预算表（包含预计缴纳的各种保险和住房公积金等），初期员工招聘计划，人员定期培训计划，职工工作绩效考核方式及企业的激励机制等内容。科学精细的组织管理和人力资源管理设计标志着创业管理团队的精干和素质水平，是投资者最为关注的重点之一。

5. 企业市场定位和销售策略

每个创业计划书的产品市场定位都是不同的，合理的产品市场定位关键是使本企业与其他企业的产品或服务与其他现有企业严格区分开来，特别是因其差异挖掘潜在的客户和吸引现有的顾客。创业计划书应该使读者明显感觉和认识到这种差别，从而认同其既有投资价值和发展前景。依据良好的企业市场定位，采取有效的销售策略是经营成功的保障。销售策略主要包括如何打造企业品牌，如企业品牌设计遵循的原则、企业的特色服务、销售体系设计、拟采取的销售模式、产品的促销策略及顾客管理系统等内容。

6. 投资分析

创业计划中的投资分析是企业融资方案的重要依据。企业对于开办企业的全部投资支出和未来收益等进行自我诊断和预知，分析融资能力是否适应企业发展的要求，进而达到有效资金管理和在资本市场上获得融资的目的。投资分析应该包括开办费用预测明细表、固定资产和营运资金投资近 3 年的预测明细表、资金来源明细表、投资收益指标计算和投资风险分析等内容，如投资净现值、内含报酬率和敏感性分析等。投资分析应注意翔实可信，具有客观性和可行性。

7. 财务分析

创业计划书中的财务分析是依据预测的未来 3～5 年的收入水平、费用支出和利润表、资产负债表及现金流量表等会计报表，相关财务分析表及经营活动和财务活动预测所提供的丰富、重要的信息及其内在联系，运用特定的分析方法，对企业的经营活动特征、利润实现及其收益分配情况、资金增减变动和周转利用情况，以及投资资金进入与退出时间与方式，进行较为科学的预测，做出客观、全面、系统的分析和评价，是企业创业计划实施的主要行为指导依据，也是投资人关心的投资风险的主要关注部分。

8. 公司战略

公司战略部分的编制通常分为公司近期、中期和远期发展战略。因为在不同的发展阶段，企业必须根据内外部环境的变化，结合本身拥有的资源和实力，选择适合的经营战略，加强自己的核心竞争力。随着世界经济全球化和一体化进程的加快和随之而来的国际竞争的加剧，对企业战略的要求愈来愈高。公司近期、中期战略的制定不可偏离企业的使命、核心价值观和远期发展目标。

9. 机遇与风险

对于企业来说，机遇与风险共存，是机会一定也是挑战。企业发展机遇通常与市场需求和政府的政策导向存在密切的关系。金利来领带的创始人曾宪梓说："做生意要靠创意而不是靠本钱！"在竞争激烈的市场中，缺乏创新的企业很难站稳脚跟，改革和创新永远是企业活力与竞争力的源泉。创业者必须善于发现新生事物，并对新生事物有强烈的探求欲；必须敢于冒险，即使没有十足把握，也应果断地尝试。创业者必须预知风险，包括来自企业内部的风险和来自企业外部的风险，并且有勇气面对风险，有切实可行的解决方案。

10. 附录

创业计划书的最后通常有附录。例如，企业市场调查问卷样式，相关的政府法律文件，市场调查佐证资料，创业团队成员背景简介、技术及企业指导专家简介等，是完整创业计划书的必要补充资料。

商业计划书的必备要素及核心内容，如图 6-2 所示。

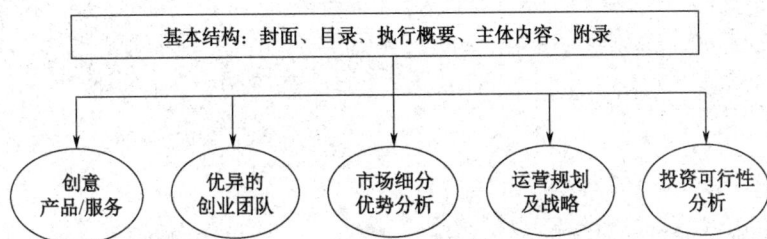

图 6-2　商业计划书的必备要素及核心内容

6.2　新企业创办

6.2.1　创办新企业需要思考的问题

工欲善其事，必先利其器。大学生创办企业需要在企业设立过程中多方面思考、权衡利弊、事先规划。如以下这些问题就是创业者需要考虑的问题。创办一个公司，创业者首先要有一个构想和一定的理想，然后再从构想开始，考虑怎么样组成一个团队，怎样把这个公司发展成为一个完整的公司，怎样预见公司的发展前景，确定公司的发展方向。开业前要去哪里审批？新企业怎样注册？股权怎样分配？新公司如何选址？创业期间如何管理企业？初创时期的薪酬怎样设计？如何让企业在税收测算中获益？所有这些都需要考虑。

1. 目标市场的确定

创业者在最初确定创业方向的时候，一般要衡量自身的优势与劣势，整合现有资源，并从政策环境、社会文化环境、技术发展趋势等方面对创业项目进行评估，从企业内外部环境、营销模式、销售渠道、潜在客户、竞争对手测评等多个方面对项目所在行业进行充分的市场调查。

2. 创业团队的组建

创业是一条需要热忱、决心与毅力的漫长道路，好的同伴是成功的基础，同行人从某种程度上决定了我们能走多远。

3. 拟定合作协议

亲兄弟，明算账。一份发起人合作协议，可以保证在设立公司的过程中各发起人的权利义务，即将成立的公司基本情况等重要事项可以明确达成一致，避免日后纠纷的发生。合作协议的表现方式有很多种，比如创始股东协议、股东合作协议等。

约定的内容主要集中在创业团队成员的投资比例、金额、入股方式、经营权的确定、收益分配、创业组织的治理机构与管理机制、违约责任、股东退出机制等。避免因事先约定不明，导致创业团队在创业过程中产生矛盾或利益冲突。

4. 创业组织形式的选择

我国现有经营主体的主要组织形式包括个体工商户、个人独资企业、合伙企业、有限责任公司、股份有限公司等，由于不同组织形式的创立程序、优势劣势各不相同，所以选择一个适合自己的组织形式至关重要。

5. 企业名称及经营场所选址

一个好的企业名称及经营场所对企业的帮助是不言而喻的，品牌已经成为现代企业最重要的无形资产，但是企业名称的组成是有相关规范的，需要在起名前有所了解。

经营场所的选定也是一门科学，哪些房产不能作为办公地址，都有相关规定。尤其是对需要门店的创业，选址的问题更是至关重要。

6. 工商注册与商标、域名注册

商标、域名这些都是初创企业最为重要的无形资产，与企业名称需要统一去考虑、权衡，且都有一套独立的申请注册程序，所面对的登记机关也是不相同的。做好前期的查询工作很大程度上决定了这些工作的成败，有些创业项目会涉及海外市场，在确定这些企业关键无形资产的时候，还需要进行有针对性的海外商标查询等。

7. 财务人事制度的搭建

对于创业者来说，看懂财务报表，以此分析公司的经营状况应是基本技能，而一个创业组织的成败很多时候与财务人事制度的搭建息息相关，好的创意在落地时，还是要靠人来执行，员工的入职、培训、考核、离职、激励方式等都直接关乎创业是否能顺利进行。

8. 拟定创业计划书

创业计划书是创业者为招商融资或其他发展目标，前期对项目进行科学调研分析的基础上，从企业内部的人员、制度、管理、财务、产品、市场、风险等方面对即将展开的商业项目进行可行性分析，全面展示项目背景、现状与规划、未来前景的格式性文件。一份好的创业计划书不仅可以帮助创业者梳理思路，更是成功融资的前提条件之一。

9. 融资渠道

资金对创业的重要性毋庸置疑，无论是初创还是持续运营、业务扩展都离不开充足的资金储备与保障。有些企业就是凭借资金优势，在短时间内弥补不足，突破竞争壁垒，完成对竞争对手的赶超，书写自己的商业辉煌。因此，融资的方式与技巧成为创业者必须掌握的基本知识。

10. 拟定投资协议

融资常用的法律文书有借款合同、风险投资意向书、风险投资协议、融资租赁协议、贷款申请书、担保合同、同意出资承诺书等。而深刻理解投资条款清单的内容对于创业者融资至关重要，这既是投资人给创业者的一张获取融资的入场券，也是正式投资协议的基本骨架和核心内容。

以上问题每一个都涵盖了诸多内容。另外，还要考虑企业成立和生产经营过程中的其他问题。

（1）一般新办企业可以享有哪些法定的税收优惠政策？

（2）大学生创业有哪些扶持政策？

（3）如何合理运用不同的产业政策、区域政策、科技政策获得税收及投资优惠？

（4）新创办企业的市场发展方向及创业营运模式是否明确？

（5）目前经营哪些产品或服务（经管范围）须通过政府职权部门的前置审批？

（6）新创办企业营业项目涉及哪些政府行业管理部门？

（7）准入程度如何？

（8）新办企业涉及的工商、银行、技术监督、会计师事务所、公安、地税、国税等机构的办事程序与管理权限范围有哪些？

（9）不动产、商标、专利及专有技术等无形资产作价入股有什么影响？

（10）如何申请一般纳税人资格、取得增值税发票？

（11）如何选择有利于与之发生结算、融资及提现业务的往来银行？

……

6.2.2 企业的类型

企业是依法设立的经济组织，可以从事生产、流通、服务活动，以其生产的产品或提供的服务满足社会需求，以获取盈利。对于初次创业者来讲充分认识企业的类型及企业的法律形式很有必要。企业作为社会经济发展的基本单位，根据不同标准可以划分为不同的类型。

1. 按经营性质不同划分

按经营性质不同，可以将企业划分为工业企业、商业企业、农业企业、金融保险企业、交通运输企业、邮电企业、房地产开发企业、旅游服务企业、餐饮服务企业、中介服务企业等。

工业企业是指从事产品生产经营、加工服务的企业。工业企业还可以按行业划分为纺织工业企业、冶金工业企业、医药工业企业、机械工业企业、电子工业企业、化工工业企业等。工业是国民经济的第二产业，工业的发展标志着国民经济的发展。

商业企业是指从事商品经营、组织物资流通、进行商品交换的企业。商业企业按经营方式不同还可以分为商品批发企业、商品零售企业、批零兼营企业。商业企业是将产品从生产领域转移到消费领域必不可少的一个桥梁。

农业企业是指从事农、林、牧、渔、养殖等生产经营的企业。农业是国民经济的第一产业，农业的发展在我国整个国民经济建设中起着非常重要的作用。

金融保险企业是指从事货币经营和保险业务的企业。金融保险业是国民经济的重要产业，在国民经济发展中起着十分重要的作用。

交通运输企业是指从事各种运输业务或直接为运输业务服务的企业。运输企业按运输方式不同又可以分为公路运输、铁路运输、海上运输、江河运输、航空运输及联合运输。交通运输业是国民经济发展的动脉，人员的流动和物资资源的流动都离不开交通运输企业。

邮电企业是指从事邮政、电信、信息传递及办理相关业务的企业。邮电企业系统庞大，网络状分布，对国民经济的发展起着辅助作用。

房地产开发企业是指专门从事房屋建设和土地开发的企业。房地产开发企业近些年在我国得到了快速发展，对于改善城乡居民居住环境，促进国民经济发展起到了重要作用。

旅游服务企业是指专门从事为游客服务的企业。旅游服务企业以旅游资源和相应的服务设施为条件，组织游客出游为游客服务。旅游服务企业在我国属于新型发展的企业，旅游业的开发在我国方兴未艾。

餐饮服务企业是指专门提供饮食服务的企业。餐饮业属于传统类型的企业，但近些年发展迅速，企业经营规模越来越大，星罗棋布，在城乡均有发展。

中介服务企业是指专门为客户提供各类咨询服务性质的企业。如律师事务所、会计师事务所、房产信息公司等。

2. 按企业组织形式不同划分

按企业组织形式不同，可以将企业划分为个体企业、合伙制企业、股份制企业。

个体企业是指由个人出资经营管理的企业。个体企业的特点是盈利自享，风险独担。个体企业是企业发展的雏形，一般经营规模不大。当企业发展到一定经营规模时，企业的组织形式一般就会发生变化。

合伙制企业是指由两个或两个以上投资者共同出资、共同经营管理的企业。合伙制企业的特点是盈利共享，风险共担。

股份制企业是指由一定数量的股东投资，由股东大会决定经营机构进行经营的企业或公司。股份制企业按照股东承担的责任不同，分为无限责任公司、有限责任公司和股份有限公司。

3. 按经济成分不同划分

按经济成分不同，可以将企业划分为国有企业、集体企业、私营企业。

国有企业也称为国有独资企业，是指完全由国家投资兴办的企业。国有企业的投资者是代表国家的政府机构，政府委托管理者进行经营管理。

集体企业是指由集体出资兴办的企业。在城市有街办集体企业，在农村有乡镇集体企业及村办集体企业。在我国经济体制改革之后，集体企业发展非常迅速，很多集体企业发展成为企业集团，推行股份制，在国民经济中起着举足轻重的作用。

私营企业是指由个人投资兴办的企业。近几十年，我国私营企业得到迅猛发展，得到国家政策的大力支持，国家鼓励民众发展私营企业。

4. 按资源密集程度划分

按资源密集程度不同，可以将企业划分为劳动密集型企业、资金密集型企业、技术密集型企业。

劳动密集型企业是指技术装备相对较低，生产使用劳动力较多的企业。这类型的企业自动化程度低，大量工作需要劳动力操作完成，如服装业、制鞋业、手工艺品制造业等。目前，我国还需要劳动密集型企业的存在和发展，以解决我国的就业压力。

资金密集型企业是指现代化技术程度较高，生产所需资金投入巨大，使用劳动力相对较少的企业。如石化企业、汽车制造企业、钢铁企业等。资金密集型企业人均创造的产值要远远高于劳动密集型企业。现代化技术装备在其中起到非常重要的作用。

技术密集型企业是指现代化科学生产技术应用较多的企业。这种类型企业的特点是聚集了大量知识型人才，应用先进科学的生产技术，创造高附加值产品，获取超出成本多倍的高额利润，如计算机业、软件业、精密仪器制造业等。这类型企业是新技术产业的领头羊，靠的是技术人才创造产值。

5. 按企业规模大小划分

按企业规模大小不同，可以将企业划分为小型企业、中型企业、大型企业。

小型企业是指经营规模小，资金投入少，生产经营管理人员少的企业。

中型企业是指介于小型企业与大型企业之间的企业。

大型企业是指经营规模大，资金投入多，经营管理人员多的企业。

根据国家有关规定，中小企业划分标准见表 6-3。

表 6-3　中小企业划分标准

行业名称	指标名称	计算单位	中型	小型
工业企业	从业人员数	人	300～2 000 以下	300 以下
	销售额	万元	3 000～30 000 以下	3 000 以下
	资产总额	万元	4000～40 000 以下	4 000 以下
建筑企业	从业人员数	人	600～3 000 以下	600 以下
	销售额	万元	3 000～30 000 以下	3 000 以下
	资产总额	万元	4 000～40 000 以下	4 000 以下

续表

行业名称	指标名称	计算单位	中型	小型
批发企业	从业人员数	人	100～200 以下	100 以下
	销售额	万元	3 000～30 000 以下	3 000 以下
零售企业	从业人员数	人	100～500 以下	100 以下
	销售额	万元	1 000～15 000 以下	1 000 以下
交通运输企业	从业人员数	人	500～3 000 以下	500 以下
	销售额	万元	3 000～30 000 以下	3 000 以下
邮政企业	从业人员数	人	400～1 000 以下	400 以下
	销售额	万元	3 000～30 000 以下	3 000 以下
住宿和餐饮企业	从业人员数	人	400～800 以下	400 以下
	销售额	万元	3 000～15 000 以下	3 000 以下

6.2.3　新创办企业的主要法律形式

在市场经济条件下，企业是法律上和经济上均独立的经济实体。任何一个企业都要依法建立。投资人在创建一个企业时，都面临企业的法律形式选择问题。企业的法律形式有多种，主要包括：个体工商户、个人独资企业、合伙企业、中外合资企业、中外合作企业、外商投资企业、国有独资企业、无限责任公司、有限责任公司、股份有限公司等。

创业企业一般都是小型企业，从工商部门统计数据来看个体工商户、个人独资企业、合伙企业、有限责任公司四种企业法律形式是我国当前创办企业最常见的企业法律形式。对于大学生创业，登记注册的企业法律形式基本上是以上四种。下面重点介绍这四种法律形式，供大学生创业时参考。

1. 企业法律形式的比较

上面介绍了企业类型及企业的法律形式，对于创业者来说有了一个初步的了解。创业者创建一个什么样的企业，怎样选择适合于自己意愿的企业法律形式，还要从多方面考虑。

下面对几种企业法律形式做归纳比较，以便创业者在创办企业、选择企业法律形式时作为参考。

（1）企业法人及企业承担责任的比较。

企业法人及企业承担责任的比较见表 6-4。

表 6-4　企业法人及企业承担责任的比较

个体工商户	个人独资企业	合伙企业	有限责任公司
• 非企业法人 • 承担无限责任	• 非企业法人 • 承担无限责任	• 非企业法人 • 承担无限连带责任	• 企业法人 • 承担有限责任

（2）投资人及注册资本数量的比较。

投资人及注册资本数量的比较见表 6-5。

表 6-5　投资人及注册资本数量的比较

个体工商户	个人独资企业	合伙企业	有限责任公司
·投资人是一个人或家庭 ·无注册资本数量限制	·投资人是一个人，且只能是中国人 ·无注册资本数量限制	·两个投资人或以上 ·无注册资本数量限制	·由 1 个以上 50 个以下的股东组成 ·注册资本因不同经营内容而规定出法定下线

（3）成立条件的比较。

成立条件的比较见表 6-6。

表 6-6　成立条件的比较

个体工商户	个人独资企业	合伙企业	有限责任公司
·个体工商户可以起字号 ·投资人要有相应的经营资金 ·投资人要有相应的营业场所 ·可以根据经营需要招用从业人员	·有合法的企业名称 ·有投资人申报的出资 ·有固定的生产经营场所和必要的生产经营条件 ·有必要的从业人员	·有合伙企业的名称 ·有合伙人的实际出资 ·有经营场所和从事合伙经营的必要条件 ·有书面合伙协议，并且都依法承担无限责任	·有公司的名称 ·股东出资达到法定资本最低限额 ·有固定的生产经营场所和必要的生产经营条件 ·股东共同制定公司章程，建立符合有限责任公司要求的组织机构

（4）投资者与管理者的关系。

投资者与管理者的关系见表 6-7。

表 6-7　投资者与管理者的关系

个体工商户	个人独资企业	合伙企业	有限责任公司
资产属于私人所有，自己既是财产所有者，又是劳动者和管理者	财产为投资人个人所有，投资人既是投资者，又是经营者和管理者	依照合伙协议，合伙经营，共享收益，共担风险，合伙者是投资者，也可以是管理者	公司设立股东会、董事会和监事会。股东是投资者，公司由董事会聘请职业经理人管理公司、经营业务

（5）利润分配及转让。

利润分配及转让见表 6-8。

表 6-8　利润分配及转让

个体工商户	个人独资企业	合伙企业	有限责任公司
·利润归个人或家庭所有 ·所有权归业主，转让无限制	·利润归个人所有 ·转让无限制	·合伙人按照合伙协议分配利润 ·按照合伙协议占有合伙权，转让受限	·股东按出资比例分配利润 ·不公开募集和发行股票，股东出资不能随意转让

（6）成立的法律依据

成立的法律依据见表 6-9。

表6-9　成立的法律依据

个体工商户	个人独资企业	合伙企业	有限责任公司
《个体工商户条例》	《个人独资企业法》	《合伙企业法》	《中华人民共和国公司法》

（7）各自的优势。

各自的优势见表6-10。

表6-10　各自的优势

个体工商户	个人独资企业	合伙企业	有限责任公司
在同等盈利水平下，个体工商户比个人独资企业获取更多好处	• 企业在经营上的制约因素少，企业设立、转让、解散等行为手续简便，仅需向登记机关登记即可 • 投资人独资经营，经营方式灵活，能迅速反映市场的变化 • 个人独资企业与法人企业不同，个人独资企业只需缴纳个人所得税，不需双重课税，税后利润归个人所有，不需要和别人分摊 • 技术和经营方面易于保密，有利于保持自己在市场的竞争地位 • 对投资者而言，他们在经营企业中获得了个人满足感	• 投资人可以为多人，使资金来源、竞争能力、信用程度等普遍提高 • 投资合伙人具有不同的技术专长和经验，能够发挥创业团队的作用，集思广益，取长补短，人尽其才，提升了管理企业的能力 • 由于综合实力的提升，使企业的规模扩大有了可能	• 投资人只对公司承担有限责任，与其他个人的财产无关，因此，投资人的风险不大 • 从公司的角度而言，也可以吸纳多个投资人，促进资本的有效集中，而且产权主体多元化，必然促使公司形成有效的公司治理结构，促进决策的科学化、民主化 • 有限责任公司由股东会选举和更换董事，由董事会聘任或解聘公司经理，公司财产所有权与经营权的分离，有利于公司经营稳定，有利于企业扩张

（8）各自的劣势

各自的劣势见表6-11。

表6-11　各自的劣势

个体工商户	个人独资企业	合伙企业	有限责任公司
• 规模小、难以扩展业务 • 出资力有限，只能由出资人以个人借贷方式筹集资金，市场竞争力小 • 个人能力有限。虽然可以雇用他人，但雇佣人位于受雇用地位，对企业的经营没有主人翁的责任感，不能尽心	• 企业规模小，业务范围有限 • 个人负无限财产责任。当企业资产资不抵债时，法律规定企业主不是以投资企业的财产为限，而是要用企业主个人的其他财产来清偿债务 • 市场竞争力小	• 合伙人要承担无限连带责任，使其家庭财产具有经营风险，因此合伙关系必须要以相互之间的信任为基础 • 如果合伙业主产生意见分歧，互不信任，就会影响企业的有效经营	• 首先是双重纳税，即公司盈利要上缴公司所得税；当利润作为股息分派给股东后，股东还要上缴个人所得税 • 由于不能公开发行股票，筹集资金的范围和规模一般不会很大，难以适应大规模的生产经营需要；由于产权不能充分流动，因此企业的资产运作也受到限制

2. 选择企业法律形式应该考虑的几个因素

创业选择企业法律形式是一件非常重要的事情，创业者应该慎重，重点考虑的因素有以下几个方面。

（1）创业资金准备情况。

在我国，根据相关法律规定，个体工商户、个人独资企业、合伙制企业对注册资金实行申报制，没有最低限额要求；对于有限责任公司，法律规定了资本最低限额。现在注册公司都是认缴制，即：工商部门只登记公司认缴的注册资本总额，无须登记实收资本，不再收取验资证明，申请企业登记不再为注册资本发愁。

鉴于这些情况，创业者在选择企业法律形式时就要考虑自己创业资金的准备情况，当资金充足时，可以考虑创办有限责任公司；资金不足时可以考虑从其他三种企业法律形式中选择一种。企业发展初期，规模可以小一些，待企业发展壮大以后，还可以根据自己的实力重新创建、注册新的公司。在现实中有不少企业，都曾经重新注册过自己的企业或公司。

（2）法律对创办企业名称的要求。

根据《企业名称登记管理实施办法》的规定，个体工商户、个人独资企业、合伙企业不属于法人，所以非法人不得使用属于法人字样的名称，如"有限""有限责任""公司"等。个体工商户、个人独资企业、合伙企业可以在"厂""经营部""店""工作室"等字样中自由选择。

鉴于此，创办什么样的企业，事先要考虑好企业的名称，企业名称与企业法律形式有直接关联，并且有法律上的规定，这些规定创业者要有所知晓。

（3）税负因素。

国家为了鼓励一些行业的发展或者限制一些行业的发展，在制定税法时，分别采取了不同的法律规定，由于企业规模大小不一样、行业不一样，企业的税负也不一样。创业者在创办企业初期一定要考虑企业的税负问题。

由于投资经营的行业不一样，导致不同形式的经济组织间税负不同。通常情况下，不同行业需要缴纳不同的税种。比如从事工业和商业活动的贵重首饰及珠宝玉石、化妆品、鞭炮焰火、成品油、汽车轮胎、小汽车、高尔夫球及球具、高档手表、游艇、木制一次性筷子、实木地板等同时需要缴纳增值税和消费税；从事建筑安装、交通运输、社会服务的，要缴纳增值税等。有些税种，因为组织形式不同，有的经济实体就不需要缴纳，比如个体工商户不用缴纳企业所得税但要缴纳个人所得税。税负对于一个企业来说，产生的影响是非常大的，在经营过程中，企业经常涉及纳税问题，所以企业在创办初期就应该多熟悉税法的相关规定进行纳税筹划。

（4）经营风险。

企业法律形式不同，在经营过程中所承担的风险也就不同。有限责任公司比私营企业风险要小，因为有限责任公司对外承担有限责任，不会以企业以外的个人资产抵债。而承担无限责任的私营企业，如个人独资企业、合伙企业，一旦经营失败，不但要把企业的全部资产用于抵债，同时企业以外的个人资产也要用于抵债。合伙企业的合伙人也要承担无限连带责任。鉴于这种情况，创办企业要权衡利弊，充分考虑经营风险。

（5）技术因素。

创业者往往掌握着不同的专业技术，所注册的企业如果符合注册高新技术企业的条件，可以充分利用国家对高新技术企业政策的扶持，注册高新技术企业，使你的企业更快地发展起来。

　　我国各省、市、地区对高新技术企业划定的条件不完全一样，创业者一定要了解当地对高新技术企业的规定。如天津高新技术产业园区对申请高新技术企业的条件划定的范围为：Ⅰ电子与信息技术；Ⅱ生物工程和新医药技术；Ⅲ新材料及应用技术；Ⅳ先进制造技术；Ⅴ航空航天技术；Ⅵ现代农业技术；Ⅶ新能源与高效节能技术；Ⅷ环境保护新技术；Ⅸ海洋工程技术；Ⅹ核应用技术。

思考问题

1. 创业计划书及其本质是什么？
2. 创业计划书的作用和基本内容有哪些？
3. 结合某个商业创意说明创业计划书的基本结构？
4. 创业计划书准备中的信息来源渠道和提供主体有哪些？
5. 创业计划书编制应注意的关键问题有哪些？
6. 成立新企业需要关注的问题有哪些？
7. 新企业主要的法律形式有哪几种？

拓展阅读

高校毕业生等青年就业创业政策汇编及政策清单

　　中华人民共和国人力资源和社会保障部聚焦青年求职创业需求，梳理和编写了《高校毕业生等青年就业创业政策汇编》，帮助广大青年和用人单位知晓政策、享受政策，更好助力高校毕业生等青年就业创业。

1. 高校毕业生等青年就业创业政策汇编

（1）企业吸纳有激励。

　　企业是高校毕业生就业的主渠道，中小微企业是高校毕业生就业的主阵地。企业招用毕业年度或离校 2 年内未就业高校毕业生、登记失业的 16～24 岁青年，可享受一次性吸纳就业补贴。小微企业招用离校 2 年内的未就业毕业生，可申请享受社会保险补贴。

　　企业招用登记失业半年以上的高校毕业生，可予以定额依次扣减增值税、城市维护建设税、教育费附加、地方教育附加和企业所得税优惠。小微企业当年新招用高校毕业生等符合条件人员人数达到一定比例的，可申请最高不超过 300 万元的创业担保贷款，由财政按规定给予贴息。

　　高校毕业生到中小微企业就业的，在职称评定、项目申请、荣誉申报时享受与国有企事业单位同类人员同等待遇。

（2）基层就业天地广。

　　高校毕业生基层就业是其施展才华、成长成才的重要渠道。高校毕业生到基层就业，可享受学费补偿和助学贷款代偿，高定工资档次，放宽职称评审条件等政策。

高校毕业生还可参加"三支一扶"计划（支教、支农、支医和帮扶乡村振兴）、农村教师"特岗计划"、大学生志愿服务西部计划等基层服务项目，服务期满后可享受考研加分、公务员定向招录、事业单位专项招聘等政策，符合条件的还可参照应届高校毕业生享受相关政策。

（3）自主创业有帮扶。

高校毕业生富有想象力和激情，是创新创业的有生力量。近年来国家大力推进创业创新，为高校毕业生创业营造了良好环境。高校毕业生自主创业可参加创业培训，申请获得培训补贴；可得到资金支持，享受税收优惠政策，申请一次性创业补贴，申请最高 20 万元的创业担保贷款，由财政给予贴息，合伙创业的还可适当提高贷款额度；可在公共创业服务机构享受政策咨询、创业指导、资源对接等创业服务，政府投资开发的孵化基地等创业载体还会安排一定比例场地，免费向高校毕业生提供。

此外，高校毕业生灵活就业的，可申请获得社会保险补贴。

（4）能力提升有培训。

职业培训是增强高校毕业生就业创业能力的重要渠道。国家实施青年专项技能培训计划，高校毕业生可根据自身情况参加就业技能培训、新职业培训、岗位技能提升培训、企业新型学徒制培训、创业培训等，并按规定申请职业培训补贴。

（5）实践锻炼有见习。

就业见习是帮助青年人积累实践经验、增强就业能力的重要手段。国家实施百万就业见习岗位募集计划，离校 2 年内未就业高校毕业生、16～24 岁失业青年可参加 3 至 12 个月的就业见习，进行岗位实践锻炼，期间由见习单位给予基本生活费，办理人身意外伤害保险。吸纳见习的单位，可申请享受就业见习补贴，用于见习单位支付见习人员见习期间基本生活费、为见习人员办理人身意外伤害保险，以及对见习人员的指导管理费用。

对见习期未满与高校毕业生签订劳动合同的，给予见习单位剩余期限见习补贴。

2. 支持高校毕业生等青年就业创业有关政策清单

（1）一次性吸纳就业补贴政策。

对企业招用毕业年度或离校 2 年内未就业高校毕业生、登记失业的 16～24 岁青年，签订 1 年以上劳动合同的，可发放一次性吸纳就业补贴，政策实施期限截至 2023 年 12 月 31 日。补贴标准及申领流程由省级人力资源社会保障、财政部门确定。符合条件的企业可以去当地人力资源社会保障部门申请。

（2）职业培训补贴和职业技能鉴定补贴政策。

对参加就业技能培训和创业培训的毕业年度高校毕业生，培训后取得证书的（包括职业资格证书、职业技能等级证书、专项职业能力证书、培训合格证书），给予一定标准的职业培训补贴。参加培训的高校毕业生向当地人力资源社会保障部门提供基本身份类证明（包括身份证、《就业创业证》、《就业失业登记证》、社会保障卡，政策申办对象根据实际情况选择其一提供即可，下同）原件或复印件、培训机构开具的税务发票（或行政事业性收费票据）等材料。人力资源社会保障部门审核后，将培训补贴支付到申请者本人社会保障卡银行账户（或其他银行账户，由申请者自主选择，下同）或个人信用账户。

对通过初次职业技能鉴定并取得职业资格证书（不含培训合格证）的毕业年度高校毕业

生，给予职业技能鉴定补贴。高校毕业生向当地人力资源社会保障部门提供基本身份类证明原件或复印件、职业技能鉴定机构开具的税务发票（或行政事业性收费票据）等材料。人力资源社会保障部门审核后，将补贴资金支付到申请者本人社会保障卡银行账户。

（3）社会保险补贴政策。

小微企业招用离校 2 年内未就业高校毕业生，与之签订 1 年以上劳动合同并为其缴纳社会保险费的，按其为高校毕业生实际缴纳的社会保险费给予补贴，不包括个人缴纳部分，期限最长不超过 1 年。社会保险补贴实行"先缴后补"。招用高校毕业生的小微企业，申请社会保险补贴向当地人力资源社会保障部门提供基本身份类证明（或毕业证书）复印件、劳动合同复印件等材料。人力资源社会保障部门审核后，将补贴资金支付到单位银行账户。

对离校 2 年内未就业的高校毕业生灵活就业后缴纳的社会保险费，给予一定数额的社会保险补贴，补贴标准原则上不超过其实际缴费的 2/3，补贴期限最长不超过 2 年。灵活就业的高校毕业生，向当地人力资源社会保障部门提供基本身份类证明原件或复印件、灵活就业证明材料等。人力资源社会保障部门审核后，将补贴资金支付到申请者本人社会保障卡银行账户。

（4）一次性创业补贴政策。

对首次创办小微企业或从事个体经营，且所创办企业或个体工商户自工商登记注册之日起正常运营 1 年以上的离校 2 年内高校毕业生，给予一次性创业补贴。补贴标准和申领流程由各省级人力资源社会保障、财政部门确定。符合条件的高校毕业生可以去当地人力资源社会保障部门申请。

（5）就业见习补贴政策。

对吸纳离校 2 年内未就业高校毕业生、16～24 岁失业青年参加就业见习的单位，给予一定标准的就业见习补贴，用于见习单位支付见习人员见习期间基本生活费、为见习人员办理人身意外伤害保险，以及对见习人员的指导管理费用。对见习人员见习期满留用率达到 50% 以上的单位，可适当提高见习补贴标准。对见习期未满与高校毕业生签订劳动合同的，给予见习单位剩余期限见习补贴，政策实施期限截至 2023 年 12 月 31 日。

见习单位向当地人力资源社会保障部门提供基本身份类证明（或毕业证书）复印件、就业见习协议书、单位发放基本生活补助明细账（单）、为见习人员办理人身意外伤害保险发票复印件等材料。人力资源社会保障部门审核后，将补贴资金支付到单位银行账户。

（6）一次性求职创业补贴政策。

对毕业学年有就业创业意愿并积极求职创业的低保家庭、贫困残疾人家庭、原建档立卡贫困家庭和特困人员中的高校毕业生和中等职业学校（含技工院校）毕业生，残疾及获得国家助学贷款的高校毕业生和中等职业学校（含技工院校）毕业生，给予一次性求职创业补贴。

符合条件的毕业生申请求职创业补贴，向当地人力资源社会保障部门提供毕业生获得国家助学贷款（或享受低保、身有残疾、原建档立卡贫困家庭、贫困残疾人家庭、特困救助供养）证明材料、学籍证明复印件等。申请材料经毕业生所在学校初审和公示，报当地人力资源社会保障部门审核后，将补贴资金支付到毕业生本人社会保障卡银行账户。

（7）创业担保贷款及贴息政策。

小微企业当年新招用符合创业担保贷款申请条件的高校毕业生等人员人数达到企业现有在职职工人数 15%（超过 100 人的企业为 8%），并与其签订 1 年以上劳动合同的，可申请最高不超过 300 万元的小微企业创业担保贷款，由财政给予贴息。

符合条件的高校毕业生可申请最高 20 万元的个人创业担保贷款，由财政给予贴息。合伙创业的，可根据符合贷款条件的合伙创业人数适当提高贷款额度。

对 10 万元及以下的个人创业担保贷款，以及全国创业孵化示范基地或信用社区（乡村）推荐的创业项目，获得设区的市级以上荣誉称号的创业人员、创业项目、创业企业，经金融机构评估认定的信用小微企业、商户、农户，经营稳定守信的二次创业者等特定群体，免除反担保要求。

（8）税收优惠政策。

企业招用登记失业半年以上且持《就业创业证》或《就业失业登记证》（注明"企业吸纳税收政策"）的高校毕业生，与其签订 1 年以上期限劳动合同并依法缴纳社会保险费的，自签订劳动合同并缴纳社会保险当月起，在 3 年（36 个月，下同）内按实际招用人数予以定额依次扣减增值税、城市维护建设税、教育费附加、地方教育附加和企业所得税优惠。定额标准为每人每年 6 000 元，最高可上浮 30%，各省、自治区、直辖市人民政府可根据本地区实际情况在此幅度内确定具体定额标准。

毕业年度内高校毕业生、登记失业半年以上的高校毕业生，持《就业创业证》（注明"自主创业税收政策"或"毕业年度内自主创业税收政策"）或《就业失业登记证》（注明"自主创业税收政策"），从事个体经营的，自办理个体工商户登记当月起，在 3 年内按每户每年 12 000 元为限额依次扣减其当年实际应缴纳的增值税、城市维护建设税、教育费附加、地方教育附加和个人所得税。限额标准最高可上浮 20%，各省、自治区、直辖市人民政府可根据本地区实际情况在此幅度内确定具体限额标准。

（9）学费补偿和助学贷款代偿政策。

对高校毕业生到中西部地区、艰苦边远地区和老工业基地县以下基层单位就业、履行一定服务期限的，以及应征入伍服义务兵役的，给予学费补偿和国家助学贷款代偿。本专科学生每人每年最高不超过 8 000 元，研究生每人每年最高不超过 12 000 元。符合条件的高校毕业生可向高校学生资助管理部门申请。

思考：

（1）大学生创业，如何利用国家政策？可以从哪些方面积累条件和采取行动？

（2）拟定你的创业项目的启动资金及经营计划，并分析项目从哪几个方面可能获得哪类政策支持？

第 **7** 章

创业竞赛与创业政策

学习目标

1. 了解大学生创业大赛的理念、规则。
2. 参加创业大赛的价值。
3. 了解政府对大学生创业的政策支持。

知识要点

1. 大学生创业大赛政策。
2. 评价创业孵化器的标准。
3. 政府鼓励大学生创业的政策。

创业计划竞赛 1983 年起源于美国校园，现在已成为风靡全球高校的重要赛事。创业竞赛能吸引公众的注意、激发创业的热情、传播创新创业知识、培养全社会的创新创业意识。在各种创业竞赛中，有侧重创意和创新的比赛，有侧重创富和创业的比赛，还有两者兼顾的创新创业比赛。在这些赛事中，有的是全国性的，有的是地方性的；有的由政府牵头举办，有的由公益组织举办，有的由企业举办；有的仅限于一个行业，有的则是跨行业；有的只需要评审创业计划，有的需要模拟经营，有的则需要真金白银的实战。各种比赛类型繁多、规模不一，根据近些年国内大型的创新创业赛事，下面选择大学生参与度比较高的四大比赛："创青春"中国青年创新创业大赛、中国创新创业比赛、全国大学生电子商务"创新、创意及创业"挑战赛、中国国际"互联网+"大学生创新创业大赛，进行梳理与分析。

7.1 "创青春"中国青年创新创业大赛

7.1.1 大赛简介

"创青春"中国青年创新创业大赛由共青团中央、人力资源和社会保障部、农业农村部、商务部、国务院原扶贫办共同举办，是服务青年创新创业的重要赛事，自 2014 年起，每两年举办一次，根据 2022 年的数据，"创青春"累计吸引超过 48.8 万支青年创业团队、近 210 万名创业青年参赛，已成为深受青年喜爱、社会关注的创新创业示范赛事。是规模较大，含金量较高的一类赛事。大赛坚持"为党育人"为宗旨，始终坚持为青年发展搭建平台、提供服务，希望未来能有更多的社会力量支持青年创新创业就业，广大青年朋友们能够创作出更多更出色的创意作品，努力成长为堪当民族复兴重任的时代新人。

青春有三个重要特征：青春一定要有梦想，青年人总是不惧困难、不怕艰难险阻，青年就是中国的希望。用一流人才培养学生，让源源不断的青年加入科技创新队伍中，为建设科技强国携手奋斗。年轻人永远在潮头，引导年轻人的价值观是教育永恒的使命！"创青春"以青春创意，为公益发声，引导广大青年使用自身的创意能力和内容创作能力为社会公益赋能，在增强青年历史使命感和社会责任感的同时，帮助青年提高创意技能，促进青年高质量就业。

7.1.2　以第十届"创青春"中国青年创新创业大赛为例

为深入学习贯彻党的二十大精神，围绕全面建成社会主义现代化强国战略目标，全面贯彻新发展理念，加快构建新发展格局，着力推动高质量发展，积极营造鼓励创新创业的社会氛围，组织引导青年参与创新创业，弘扬创业精神、培养创业意识、提升创业能力，促进创业带动就业、多种方式就业，为全面建成社会主义现代化强国、实现第二个百年奋斗目标贡献青春力量，共青团中央、人力资源社会保障部、农业农村部、商务部、国家卫生健康委、国家税务总局和有关省级人民政府决定共同举办 2023 年中国青年创新创业交流营暨第十届"创青春"中国青年创新创业大赛。有关事宜通知如下。

一、组织单位

（一）主办单位

共青团中央、人力资源社会保障部、农业农村部、商务部、国家卫生健康委、国家税务总局、浙江省人民政府、山东省人民政府、湖北省人民政府

（二）承办单位

中国青年创业就业基金会、中国青年企业家协会、中国农村青年致富带头人协会、中国青年创业联盟、共青团浙江省委、共青团山东省委、共青团湖北省委、杭州市人民政府、宁波市人民政府、潍坊市人民政府、武汉东湖新技术开发区管理委员会、KAB 全国推广办公室

（三）冠名赞助单位

中国航天科工集团有限公司

二、大赛简介

"创青春"系列活动是共青团服务青年创新创业的重要活动品牌。2014 年以来，在人力资源社会保障部、农业农村部、商务部、国家乡村振兴局等单位的大力支持下，"创青春"中国青年创新创业大赛已成功举办至第十届。活动为青年创业者提供创业辅导、展示交流、资本对接、骨干培训等支持，打造团组织、青年创业者、社会创服机构共创、共享、共赢的青

年创新创业嘉年华。

三、大赛主题

青创报国新时代 青春逐梦新征程

四、主要安排

（一）专项交流活动

围绕科技创新、乡村振兴、数字经济、社会企业等 4 个领域分别举办专项交流营和创新创业赛事，举办卫生健康、税收工作等专项领域创新创业活动，为参赛创业青年和县级青年创业组织代表提供技能培训、展示交流、咨询辅导、资本对接等服务。

1．科技创新专项

重点关注"十四五"规划明确鼓励发展的重点方向，尤其是人工智能、量子信息、集成电路、生命健康、脑科学、生物育种、空天科技、深地深海等领域具有前瞻性、战略性的项目。科技创新专项交流活动在湖北省武汉市举办。

2．乡村振兴专项

重点关注先进种植养殖技术、农产品加工及销售、农业社会化服务、乡村休闲旅游、预制菜等领域相关产业，尤其是在巩固拓展脱贫攻坚成果、助力乡村振兴等方面模式成熟的项目。

3．数字经济专项

重点关注互联网、大数据、云计算、区块链技术、元宇宙等领域推动数字经济和实体经济融合发展、运用数字经济手段改造发展传统行业的项目。数字经济专项交流活动在浙江省杭州市举办。

4．社会企业专项

重点关注以协助解决社会问题、改善社会治理、服务特定群体或社区利益为宗旨和首要目标，以创新商业模式、市场化运作为主要手段，所得部分盈利按照其社会目标再投入自身业务、所在社区或公益事业，且社会目标持续稳定的项目。社会企业专项交流活动在浙江省宁波市举办。

（二）综合交流活动

面向各专项交流活动发掘培养的青年创新创业人才和县级青年创业组织代表，组织创业辅导、展示交流、资本对接、技能培训等活动。综合交流活动在浙江省宁波市举办（具体安排另行发布）。

五、组织机构

1．组织委员会

成立全国组织委员会，由各主办单位、承办单位有关负责同志组成，负责活动组织工作。全国组织委员会秘书处设在中国青年创业就业基金会，负责协调筹备组织日常工作。各专项活动分别成立专项组织委员会。

2．评审委员会

各专项赛分设专项评审委员会，由创业导师、专家学者、投资人、创业园区负责人等组成，独立开展评审工作。

六、活动规则

1．专项赛组别设置

根据参赛项目所处的创业阶段及创办年限（以在市场监督管理部门登记注册时间为准）不同，分别设创新组、初创组、成长组。创办年限划分以 2023 年 3 月 31 日为基准。

（1）创新组指 2023 年 3 月 31 日（含）前未进行登记注册，尚处于商业计划书阶段的创业项目。

（2）初创组指登记注册时间不超过 2 年〔2021 年 4 月 1 日（含）以后登记注册〕的创业项目。

（3）成长组指登记注册时间在 2 至 5 年之间〔2018 年 4 月 1 日（含）至 2021 年 3 月 31 日（含）期间登记注册〕的创业项目。

2．参赛人员

（1）年龄在 35 周岁（含）以下〔1987 年 4 月 1 日（含以后出生）〕的中国公民。

（2）由 2 人及以上团队申报的参赛项目，团队总人数不多于 5 人，且团队中 30 周岁（含）以下〔1992 年 4 月 1 日（含）以后出生〕的人数比例不低于 50%。

3．参赛项目

（1）符合国家法律法规和国家产业政策。

（2）不得侵犯他人知识产权。

（3）具有良好的经济效益、社会效益，经营规范，社会信誉良好。

（4）具有较大投资价值的独特产品、技术或商业模式。

4．项目申报

（1）已在市场监督管理部门登记注册的参赛项目，须提交营业执照等相关文件，项目成长过程或生产流程相关介绍，项目发展构想及阶段性成果等资料。涉及国家限制行业和领域的，须有相关资质证明。第一申报人须为所登记主体法定代表人，且持有该主体股份（个体工商户第一申报人应为经营者，个人独资企业第一申报人应为投资人，合伙企业第一申报人应为执行事务合伙人）。

（2）未在市场监督管理部门登记注册的参赛项目，须提交商业计划书，对市场调研、创业构想、项目发展等作详细介绍；可同时出具省级以上行业主管部门颁发的专利、奖项、技术等级等证书或证明。第一申报人须为产品开发、项目设计主要负责人。

（3）参赛项目须在报名时间内登录"创青春"网站注册报名。

5．奖励

各专项赛分别设置金奖、银奖、铜奖及优秀奖。获奖项目将获得全国组织委员会颁发的证书，并可获得各主办单位给予的相关优惠政策。

七、支持服务

在参赛项目中，遴选设立创业项目库和青年人才库，提供综合支持。

1．资金支持。根据创业青年主体和创业项目类型，通过中国青年创业就业基金会相关公益项目获得资金支持。

2．培育孵化。可申请入驻中国青年创业社区，优先享受优惠的创业支持政策和优质的创业孵化服务。可优先接受创业导师团问诊帮扶服务。可获推在中国青年信用体系相关平台中享受激励措施。

3. 融资服务。可通过中国青年创业就业基金会金融扶持项目获得融资扶持，可获推与创投机构商谈融资合作。

4. 会员推荐。可申请加入中国青年创业联盟、中国青年电商联盟、中国青年企业家协会、中国农村青年致富带头人协会等。

5. 展示交流。可在"中国青年创新创业服务平台"对项目进行长期展示和宣传。可优先获推参加全国大众创业万众创新活动周等相关活动。

7.1.3 第十届"创青春"中国青年创新创业大赛竞赛规则

一、赛事报名

参赛项目须在报名时间内登录"创青春"网站注册并提交相关资料，报名截止后填报信息不可修改。

（1）已在市场监督管理部门登记注册的参赛项目，须提交营业执照等相关文件，项目成长过程或生产流程相关介绍，项目发展构想及阶段性成果等资料。涉及国家限制行业和领域的，须有相关资质证明。第一申报人须为登记主体法定代表人，且持有该主体股份（个体工商户第一申报人应为经营者，个人独资企业第一申报人应为投资人，合伙企业第一申报人应为执行事务合伙人）。

（2）未在市场监督管理部门登记注册的参赛项目，须提交商业计划书，对市场调研、创业构想、项目发展等做详细介绍；可同时出具省级以上行业主管部门颁发的专利、奖项、技术等级等证书或证明。第一申报人须为产品开发、项目设计主要负责人。

二、评审主要考察项目

考察项目	主要考察指标
产品服务	项目定位、产品功能、目标用户、商业模式等准确性、可行性、创新性
市场前景	产业背景、市场需求、竞争策略、发展前景等前瞻性、成长性、发展性
财务运营	融资情况、盈利模式、财务管理、风险规避等稳定性、合理性、持续性
团队素质	人员构成、资历背景、能力素质、团队合作等完整性、互补性、协同性
社会效益	获奖情况、创业带动就业、带动群众劳动致富、支持社会公益等针对性、公益性、导向性
同行业竞争优势	质量成本、技术创新、市场品牌、客户渠道、运营管理等独特性、优势性、壁垒性

三、注意事项

（1）比赛期间，参赛者须遵守比赛秩序，服从全国组织委员会安排，严格按照比赛规则参加比赛。

（2）参赛项目提交的参赛材料须真实完整、合法有效，无虚假和侵犯第三方权益的内容。

（3）社会组织等非市场主体单位，不符合初创组、成长组参赛标准，可在创新组参赛。

7.2 中国创新创业大赛

7.2.1 大赛简介

为深入贯彻落实党的十九大和十九届二中、三中、四中全会及中央经济工作会议精神，根据《国务院关于推动创新创业高质量发展打造"双创"升级版的意见》（国发〔2018〕32号）有关要求和部署，加强对科技型中小企业的支持与服务，助力企业复工复产，促进创新创业迈上更高水平，科技部、财政部、教育部、中央网信办和全国工商联共同举办第九届中国创新创业大赛。

大赛以习近平新时代中国特色社会主义思想为指导，深入贯彻落实创新驱动发展战略和党中央、国务院重大决策部署，秉承"政府引导、公益支持、市场机制"的模式，聚焦国家战略和重大需求，突出战略性新兴产业重点领域，以企业为主体、市场为导向，搭建众扶平台，引导集聚政府、市场和社会资源支持创新创业，大力促进科技创新，切实增强微观主体活力，不断培育发展新动能，积极服务和推动经济高质量发展。

中国创新创业大赛（以下简称大赛）聚集和整合各种创新创业资源，引导社会各界力量支持创新创业，搭建服务创新创业的平台，弘扬创新创业的文化，激发全民创新创业的热情，掀起创新创业的热潮，打造推动经济发展和转型升级的强劲引擎。

7.2.2 以第十二届中国创新创业大赛为例

为深入贯彻党的二十大和中央经济工作会议精神，深入实施创新驱动发展战略，强化企业科技创新主体地位，加速创新要素向企业集聚，推动科技与金融深度融合，优化企业科技创新生态，科技部、财政部、教育部、中央网信办和全国工商联共同举办第十二届中国创新创业大赛（以下简称大赛）。现将有关事项通知如下。

一、指导思想

大赛以习近平新时代中国特色社会主义思想为指导，深入贯彻党中央、国务院重大决策部署，落实创新驱动发展战略，秉承"政府引导、公益支持、市场机制"的办赛理念，聚焦国家战略和重大需求，突出高新技术产业和战略性新兴产业重点领域，推动创新链、产业链、资金链、人才链深度融合，强化企业战略科技力量，助推关键核心技术攻关，推动大中小企业融通创新，构建企业主导产学研深度融合的创新要素集聚平台，持续推进国家高新区产业协同创新和区域协调发展，提升产业发展现代化水平，打造高质量发展强劲引擎。

二、赛事安排

大赛组委会负责大赛的组织实施。组委会办公室设在科技部火炬高技术产业开发中心，负责大赛各项工作具体执行。大赛由地方赛、全国赛和专业赛组成，组织方案见附件。

（一）地方赛

由省级科技管理部门负责牵头组织，着力围绕高新技术产业和战略性新兴产业重点领域，支持服务本地区创新主体围绕新技术、新产业、新业态和新模式开展创新创业。地方赛的组织方式由省级科技管理部门确定，产生的优胜企业按一定比例入围全国赛。鼓励国家高新区围绕主导优势产业积极承办地方赛相关赛事，助推"一区一主导产业"发展。

（二）全国赛

由大赛组委会办公室负责牵头组织，分为全国赛（半决赛）和全国总决赛两个阶段，按初创企业组和成长企业组比赛。全国赛（半决赛）和全国总决赛采用线下或网上评审、公开路演方式进行，举办地点和时间另行通知。

（三）专业赛

由大赛组委会办公室负责牵头组织，聚焦新兴产业和未来产业培育，实施区域重大战略和区域协调发展战略，着力促进大中小企业融通发展，引导龙头企业和社会资本力量支持科技型中小企业开展产业关键技术创新。各专业赛具体组织方案另行发布。

三、参赛报名

符合参赛条件的企业自愿登录大赛官方网站报名参赛。大赛不向参赛企业收取任何费用。地方赛注册截止日期和报名截止日期分别为 2023 年 6 月 16 日和 6 月 23 日。

四、工作要求

（一）各地方省级科技管理部门牵头举办地方赛，组织协调所辖地市科技管理部门及国家高新区管委会做好大赛工作。

（二）地方赛和专业赛组织单位要不断完善和规范赛事评审工作制度和流程，采取适当工作模式组织赛事，确保比赛公开、公平、公正，主动接受社会监督。

（三）各地方科技管理部门、国家高新区、国家级科技企业孵化器、科技部备案众创空间等要积极宣传大赛，认真做好赛事组织，为参赛企业提供支持和增值服务，建立并完善对企业的长期跟踪和服务机制。

7.2.3 中国创新创业大赛组织方案

一、大赛主题

创新引领，创业筑梦

二、组织机构

（一）参与单位

指导单位：科技部、财政部、教育部、中央网信办、全国工商联

支持单位：致公党中央、科技日报社、招商银行、上海证券交易所、深圳证券交易所、北京证券交易所

承办单位：科技部火炬高技术产业开发中心（科技部科技型中小企业技术创新基金管理中心），各省、自治区、直辖市及计划单列市科技厅（委、局），新疆生产建设兵团科技局，

北京国科中小企业科技创新发展基金会，深圳证券信息有限公司

协办单位：中国互联网投资基金，各国家高新技术产业开发区管委会

特别支持：招商银行科技创新公益基金

（二）大赛组织委员会

大赛指导单位、支持单位、承办单位共同组成大赛组织委员会。组委会办公室设在科技部火炬高技术产业开发中心，负责大赛各项工作的具体执行。

三、参赛条件

1. 企业具有创新能力和高成长潜力，拥有知识产权且无产权纠纷，主要从事高新技术产品研发、制造、服务等业务。

2. 企业经营规范、社会信誉良好、无不良记录，且为非上市企业。

3. 企业 2022 年营业收入不超过 2 亿元人民币。

4. 全国赛按照初创企业组和成长企业组进行比赛。工商注册日期在 2022 年 1 月 1 日（含）之后的企业可参加初创企业组比赛，其他企业参加成长企业组比赛。

5. 入围全国赛的成长组企业须获得科技型中小企业入库登记编号或有效期内的高新技术企业证书编号。

6. 在往届大赛全国总决赛或全国行业总决赛中获得一、二、三名或一、二、三等奖的企业不参加本届大赛。

四、地方赛工作流程

（一）报名参赛

1. 自评符合参赛条件的企业自愿登录中国创新创业大赛官网注册报名。报名企业在进行注册和身份认证后，应提交完整报名材料，并对所填信息的准确性和真实性负责。大赛官网是报名参赛的唯一渠道，其他报名渠道均无效。

注册截至日期：2023 年 6 月 16 日

报名截至日期：2023 年 6 月 23 日

2. 各省级科技管理部门负责辖区内企业报名材料的形式审查，对符合参赛条件且报名材料完整的企业确认参赛资格。

参赛资格确认截至日期：2023 年 6 月 30 日

（二）地方赛安排

1. 地方赛由省级科技管理部门负责牵头组织，落实比赛方案、组织机构、赛事费用等有关事项，加强对赛事的管理，接受社会对赛事的监督。坚持赛事的公益性，不向参赛企业收取任何参赛费用。

2. 地方赛主名称为：第十二届中国创新创业大赛*赛区（"*"为省、自治区、直辖市及计划单列市、新疆生产建设兵团名称），同时各地可冠以反映地方特点的副名称。

3. 地方赛采用逐级遴选方式产生优胜企业，初赛环节要突出项目科技创新性评价指标，比赛评选要注重发挥创业投资专家作用。

4. 地方赛整体比赛方案应向社会公布，各比赛环节的相关评审资料应存档备查。

5．省级科技管理部门自主设立地方赛奖项，并积极为参赛企业提供政策支持和多元化服务。

6．所在地不举办地方赛的参赛企业，由省级科技管理部门间协商参加相关地方赛区比赛。

地方赛比赛时间：2023 年 7 月至 8 月

（三）入围推荐

1．大赛组委会办公室根据举办地方赛情况和参赛企业数量，确定各赛区入围全国赛的名额。省级科技管理部门结合地方赛成绩产生拟入围企业名单。

2．省级科技管理部门书面推荐入围全国赛的企业，应附尽职调查报告，并完成网上推荐程序。未在规定时间内完成网上推荐和上传尽职调查报告的企业，不得入围全国赛。

入围推荐截至日期：2023 年 8 月 31 日

3．大赛组委会办公室将在大赛官网公示入围全国赛企业名单，主动接受社会监督。

五、专业赛工作方向

专业赛由大赛组委会办公室牵头组织，按专场举办，采用线下或网上评审方式进行。专业赛组织方案和服务政策在大赛官网另行发布。

（一）大中小企业融通专业赛

发挥科技领军企业创新引领作用，聚焦大企业相关细分产业领域，协同中小企业打造资源共享、合作共赢的企业创新生态系统，促进产业链上中下游、大中小企业融通创新。

（二）产业技术创新专业赛

发挥科技型中小企业技术创新活力和潜力，选择重点产业链细分领域，突出关键核心技术方向，运用市场机制，集聚并发掘一批高水平创新项目，促进社会资本支持科技型中小企业开展产业关键技术创新。

（三）科技计划项目产业化专业赛

面向国家或省级重点科技计划，聚焦科技型中小企业承担的科技项目产业化融资需求，以市场为导向，发现科技项目的市场新价值，推动先进科技成果转化，促进形成社会资本参与支持科技计划项目产业化的机制。

（四）技术融合专业赛

面向民用与国防双向应用技术开发的科技型中小企业及团队，发掘和培育符合国家需求导向的技术融合创新生力军，搭建技术融合交流合作网络平台，促进市场机制驱动下的技术融合创新和资源整合。

（五）科技创新服务专业赛

聚焦科技创新服务新场景，以技术服务、人才服务、金融服务等为重点，发掘、支持从事科技创新创业服务活动的优质企业，提升科技服务专业化、国际化水平，推动建立新时代科技创新创业服务体系。

六、全国赛安排

（一）全国赛（半决赛）

1．全国赛（半决赛）由大赛组委会办公室负责组织，根据大赛进展情况，按战略性新兴产业领域进行分组，采用线下或网上评审的方式进行比赛。

2．全国赛（半决赛）参赛企业规模为 1 500 家左右，其中初创企业 400 家左右、成长企业 1 100 家左右。

3．全国赛（半决赛）结束后，评选出 600 家左右大赛优秀企业，其中 100 家企业晋级全国总决赛。

（二）全国总决赛

1．全国总决赛产生第十二届中国创新创业大赛"创新创业 50 强"，并产生一、二、三等奖。

2．全国总决赛采用公开路演方式，将通过网络平台进行直播。

全国总决赛比赛时间：2023 年 10 月底或 11 月初

七、服务政策

（一）择优向国家中小企业发展基金设立的子基金、国家科技成果转化引导基金设立的子基金、科技型中小企业创业投资引导基金设立的子基金、中国互联网投资基金等国家级投资基金推荐。

（二）大赛合作银行择优给予贷款授信支持。

（三）促进与大企业的对接与合作，打造资源共享、合作共赢的创新链、产业链和生态圈，促进产业融通创新。

7.3 全国大学生电子商务"创新、创意及创业"挑战赛

7.3.1 大赛简介

全国大学生电子商务"创新、创意及创业"挑战赛（以下简称三创赛）是 2009 年由教育部委托教育部高校电子商务类专业教学指导委员会主办的全国性在校大学生学科性竞赛。根据教育部、财政部（教高函〔2010〕13 号）文件精神，三创赛是激发大学生兴趣与潜能，培养大学生创新意识、创意思维、创业能力以及团队协同实战精神的比赛。

三创赛在中国高等教育学会发布的全国普通高校大学生竞赛排行榜的 57 项赛事中排名第 13 位，是全国广大师生信赖、支持的比赛。

大赛的目的：强化创新意识、引导创意思维、锻炼创业能力、倡导团队精神。

大赛的价值：大赛促进教学，大赛促进实践，大赛促进创造，大赛促进育人。

三创赛一直秉持着"创新、创意及创业"的目的，致力于培养大学生的创新意识、创意思维和创业能力，为高校师生搭建一个将专业知识与社会实践相结合的平台，提供一个自由创造、自主运营的空间。

三创赛自 2009 年至 2022 年，已成功举办了 12 届，全国总决赛分别在浙江大学、西安交通大学、西南财经大学、华中师范大学、成都理工大学、太原理工大学、河南科技大学、云

南工商学院、湖北经济学院举办。经过多年的发展，大赛的参赛队伍不断增加，从第一届的1 500 多支到第十二届的 13 万多支；参赛项目的内涵逐步扩大，从最初的校园电商到"三农"电商、工业电商、服务电商、跨境电商，以及 AI、5G、区块链等领域的创新应用；同时，创造性地举办了跨境电商实战赛。大赛的规则也在不断完善，从而保证了大赛更加公开、公平和公正。随着比赛规模越来越大，影响力越来越强，三创赛现已成为颇具影响力的全国性品牌赛事。

基于教育部落实国家"放管服"政策，从第十届三创赛开始，大赛主办单位由教育部高等学校电子商务类专业教学指导委员会转变为全国电子商务产教融合创新联盟和西安交通大学。以此为契机，三创赛竞赛组织委员会对大赛的生态服务体系进行了多方面创新建设与探索：2021 年对外正式发布了原创的《三创赛之歌》（获得了著作权证书）；为了助推产教融合的成功转化，在第十一届全国总决赛中引入了投资商参加。

2021 年 3 月，三创赛竞赛组织委员会秘书处所在高校西安交通大学联合全国 20 多所高校积极响应教育部的号召，创新地提出了"基于'三创赛'的新文科创新创业人才培养研究与实践"项目，并最终获得教育部首批新文科研究与改革实践项目立项。由此，三创赛为新文科创新人才培养以及跨学科创新人才培养提供了更好和更大的舞台。

第十三届三创赛将分为常规赛和实战赛两类进行。常规赛包含《三创赛指南》中主题；实战赛包含跨境电商实战赛、乡村振兴实战赛、产教融合（BUC）实战赛等。两类赛事都按校级赛、省级赛和全国总决赛三级赛事进行比赛。

7.3.2　以 2022 年的三创赛为例

三创赛由全国电子商务产教融合创新联盟和西安交通大学主办，由三创赛竞赛组织委员会作为执行组织，负责统一策划、组织、管理与实施。三创赛采用校赛、省赛和国赛三级竞赛体制，是激发大学生兴趣与潜能，培养大学生创新意识、创意思维、创业能力以及团队协同实战精神的学科性竞赛。大赛对开展创新教育和实践教学改革、加强产学研之间联系发挥了积极作用，得到了社会的广泛认可。

多年来，三创赛不仅得到了从教育部、商务部到各省、自治区、直辖市教育厅（教委）和商务厅（局）的大力支持，更得到了许多地方政府（如重庆市石柱土家族自治县政府）以及知名企业（如汾酒集团、中庸集团等）的鼎力相助，也受到了诸多媒体（如央视新闻频道等）单位的广泛报道和宣传。

从第十二届大赛创新性拓展出了三创赛的实战赛，如跨境电商实战赛，开始了三创赛分为常规赛和实战赛两类赛事，既相互关联又差异化发展的新里程。

现将有关事项通知如下。

一、比赛时间安排

1. 校赛注册及备案时间：2022 年 9 月 27 日—2022 年 11 月 15 日。

（请参赛学校务必在 11 月 15 日之前完成注册和备案，否则该校学生的报名将受到影响，比赛也会受到影响。）

2. 参赛队报名时间：2022 年 9 月 27 日—2022 年 12 月 31 日。

3. 学校管理员审核团队时间：2022 年 9 月 27 日—2023 年 3 月 1 日。

4. 校赛举办时间：2023 年 3 月 1 日—2023 年 4 月 15 日。

5. 颁发校赛证书时间：2023 年 4 月 20 日—2023 年 4 月 30 日。

6. 省赛承办单位申请时间：2022 年 9 月 27 日—2022 年 11 月 30 日。

7. 省级赛举办时间：2023 年 4 月 20 日—2023 年 6 月 20 日。

8. 颁发省赛证书时间：2023 年 6 月 25 日—2023 年 6 月 30 日。

9. 全国总决赛时间：2023 年 7 月 20 日—2023 年 7 月 22 日。

10. 全国总决赛承办单位：中国矿业大学（徐州市）。

11. 全国总决赛成绩公示期：2023 年 7 月 23 日—2023 年 7 月 31 日。

12. 颁发全国总决赛证书时间：2023 年 8 月 1 日—2023 年 8 月 10 日。

二、主办单位

全国电子商务产教融合创新联盟、西安交通大学

三、执行单位

第十三届全国大学生电子商务"创新、创意及创业"挑战赛竞赛组织委员会

四、赛事分类

（一）常规赛

本届大赛常规赛主题如下。

1. "三农"电子商务。

2. 工业电子商务。

3. 跨境电子商务。

4. 电子商务物流。

5. 互联网金融。

6. 移动电子商务。

7. 旅游电子商务。

8. 校园电子商务。

9. 其他类电子商务。

（二）实战赛

1. 跨境电商实战赛。

2. 乡村振兴实战赛。

3. 产教融合（BUC）实战赛。

五、参赛题目

1. 参赛队伍应该围绕大赛主题给出具体作品名称，参赛作品名称（不超出 30 个字符）及内容应当充满正能量、符合主旋律，不能含有色情、暴力和低俗等内容，更不能与中华人民共和国法律相抵触。团队名不能超过 16 个字符。

2. 欢迎合作企业围绕大赛主题给出具体题目（见官网公布），引导和指导学生参加竞赛。

六、大赛参赛资格和指导原则

1．凡是经教育部批准的普通高等学校全日制在校大学生，每位选手经本校教务处等机构证明都有资格参赛；高校教师既可以作为指导老师（在学生队中）也可以作为参赛选手（在混合队中做队长或队员）组成师生混合队参赛。

2．参赛选手有两种组队方式。

（1）学生队：学生作为队长，队长和队员须全部为全日制在校学生。

（2）混合队：高校教师作为队长，队员中学生数量必须多于教师。

3．参赛选手每人可以同期参加一个常规赛和一个实战赛（同一团队如果参加两个比赛也必须注册两个团队 ID 号）。一个团队成员 3～5 名，其中一名为队长。可以跨校组队，以队长所在学校为该队报名学校。队员的身份信息的真实性由队长负责。提倡合理分工，学科交叉，优势结合。

4．一个团队可以有 0～2 名高校指导老师，0～2 名企业指导老师参加。

5．参赛团队的成员信息、参赛作品名及作品摘要必须在报名之后上传到官网，在 3 月 1 日校赛管理员审核截止前可以修改，3 月 1 日（大赛规定的校赛开始时间）后不得更改。若遗漏或者填写错误导致在比赛时提交的团队成员信息、参赛作品名及作品摘要与官网上填写的信息不一致，则按规则作为违规处理，将取消团队比赛成绩。

七、大赛报名方式

1．校级赛注册

（1）如果学校承办过第十二届三创赛校赛，则不用提交《第十三届三创赛校赛备案申请书》，在学校账号单击继续使用；如果校名、负责人、联系人及联系方式等重要信息需要修改直接联系秘书处处理（需提供相应的证明材料）。

（2）首次承办学校必须在官方网站上注册（由承办单位负责人或联系人注册）填写学校信息、负责人和联系人等信息；注册时必须提交《第十三届三创赛校赛备案申请书》（加盖校级公章）。

2．参赛团队报名

在确认队长所在学校已经注册为承办学校之后，参赛队伍到官方网站（www.3chuang.net）上统一注册（由队长注册），以便规范管理和提供必要的服务。报名时选择所在省份及学校并填写参赛队员信息、高校指导老师信息、企业指导老师信息，参赛作品名、作品摘要等信息。请参赛团队的队长认真填写准确的（高校指导老师、企业指导老师）姓名和数量，若填写内容有误，则后果由团队自负。所有参赛队伍必须由本校三创赛承办负责人在官网上对参赛队伍进行审核通过后才视为报名成功的团队。

第十三届三创赛的实战赛作为与常规赛同等规范化的赛事，仍然强调原创和迭代创新两种形式参赛。但考虑到第十二届三创赛的实战赛作为试验，尚未达到与常规赛相同的规范化程度，所以对参加了第十二届三创赛实战赛的团队在参加第十三届三创赛实战赛时，不考虑重复参赛（迭代创新）的情况。即参加第十三届三创赛实战赛的团队都不考虑实战赛重复参赛的问题，都被认为是第一次参加实战赛。

八、注意事项

1. 三创赛所有文档均放在三创赛官方网站（www.3chuang.net）"资料下载"栏，所有赛事通知、公告均通过官方网站、微信公众号（名称：电子商务三创赛）发布。请各校教务处等管理、组织部门和有关各方注意查看相关信息。

2. 参赛团队、承办高校若有意见、建议可以发邮件至 3chuang@xjtu.edu.cn，并注明："三创赛**事项"，或通过微信公众号、微信工作群交流反馈。

3. 为了方便参赛团队、指导老师、校赛评委、校赛纪检委、校赛仲裁委、校赛负责人等更方便地深入了解大赛的具体情况，三创赛竞组委组织编写了《三创赛指南》，已由西安交通大学出版社出版发行，需要购买者详见官网信息。

7.3.3　竞赛评分细则

评分项目 （5 项积分制）	评分说明	常规赛分值	实战赛分值
1. 创新	参赛项目具备了明确的创新点：在新产品、新技术、新模式、新服务等方面至少有一个明确的创新点	0～25	0～15
2. 创意	进行了较好的、创新性的项目商务策划和可行性分析。商务策划主要是对业务模式、营销模式、技术模式、财务支持等进行的设计。项目可行性分析主要是对经济、管理、技术、市场等方面的可行性分析	0～25	0～15
3. 创业	开展了一定的实践活动，包括（但不限于）：创业的准备、注册公司或与公司合作、电商营销、经营效果等，并需要提供相应的佐证材料	0～25	0～45
4. 演讲	团队组织合理、分工合作、配合得当；服装整洁，举止文明，表达清楚；有问必答，回答合理	0～15	0～15
5. 文案	提交的文案和演讲 PPT 逻辑结构合理，内容介绍完整、严谨，文字、图表清晰通顺，附录充分	0～10	0～10
合并得分		0～100	0～100

7.4　中国国际"互联网+"大学生创新创业大赛

7.4.1　大赛背景

2015 年 5 月，国务院办公厅发布《关于深化高等学校创新创业教育改革的实施意见》（国办发〔2015〕36 号）（以下简称《意见》），《意见》指出，近年来高校创新创业教育不断加强，取得了积极进展，对提高高等教育质量、促进学生全面发展、推动毕业生创业就业、服务国家现代化建设发挥了重要作用。但也存在一些不容忽视的突出问题，主要是一些地方和高校重视不够，创新创业教育理念滞后，与专业教育结合不紧，与实践脱节；教师开展创新创业教育的意识和能力欠缺，教学方式方法单一，针对性实效性不强；实践平台短缺，指导帮扶不到位，创新创业教育体系亟待健全。强调、深化高等学校创新创业教育改革，是国家实施创新驱动发展战略、促进经济提质增效升级的迫切需要，是推进高等教育综合改革、促进高校毕业生更高质量创业就业的重要举措。由此可见，创新创业教育改革已经被上升为国家实施创新驱动发展战略的一部分，足见其重要程度。

为深入贯彻落实该《意见》，进一步激发高校学生创新创业热情，展示高校创新创业教育成果。2015 年 6 月，教育部发布《关于举办首届中国'互联网+'大学生创新创业大赛的通知》（以下简称《通知》）。把深化高等教育综合改革，激发大学生的创造力，培养造就"大众创业、万众创新"的生力军；推动赛事成果转化，促进"互联网+"新业态形成，服务经济提质增效升级；以创新引领创业、创业带动就业，推动高校毕业生更高质量创业就业等作为举办该赛事的宗旨。

7.4.2　大赛实质

中国"互联网+"大学生创新创业大赛不仅仅是一场单纯的全国性创新创业比赛，它还肩负着多重职责和使命。对此，马德富将解读的重点放在了以赛促建，"深化高等教育综合改革"上。

而这一点，也正是教育部在《通知》中着重强调的：把大赛作为深化创新创业教育改革的重要抓手，引导各地各高校主动服务创新驱动发展战略，创新人才培养机制，切实提高高校学生的创新精神、创业意识和创新创业能力。

中国"互联网+"大学生创新创业大赛是一项系统的而非单一的工程。也就是说，大赛只是一种途径和手段，其根本目的在于通过大赛推动我国的创新创业教育改革。

7.4.3　以第九届中国国际"互联网+"大赛为例

为贯彻落实党的二十大精神，深入贯彻落实习近平总书记给第三届中国"互联网+"大学生创新创业大赛"青年红色筑梦之旅"大学生重要回信精神，"三位一体"统筹推进教育、科技、人才工作，把创新教育贯穿教育活动全过程，以创造之教育培养创造之人才，为全面建设社会主义现代化国家提供基础性、战略性支撑，定于 2023 年 5 月至 10 月举办第九届中国国际"互联网+"大学生创新创业大赛。现将有关事项通知如下。

一、大赛主题

我敢闯，我会创。

二、总体目标

更中国、更国际、更教育、更全面、更创新、更协同，落实立德树人根本任务，传承和弘扬红色基因，聚焦"五育"融合创新创业教育实践，开启创新创业教育改革新征程，激发青年学生创新创造热情，打造共建共享、融通中外的国际创新创业盛会，让青春在全面建设社会主义现代化国家的火热实践中绽放绚丽之花。

——更中国。更深层次、更广范围体现红色基因传承，充分展现新发展阶段高水平创新创业教育的丰硕成果，集中展示新发展理念引领下创新创业人才培养的中国方案，提升新时代中国高等教育的感召力。

——更国际。深化创新创业教育国际交流合作，汇聚全球知名高校、企业和创业者，服务以国内大循环为主体、国内国际双循环相互促进的新发展格局，搭建全球性创新创业竞赛平台，提升新时代中国高等教育的影响力。

——更教育。推动思想政治教育、专业教育与创新创业教育深度融合，弘扬劳动精神，加强学生创新实践能力培养，造就敢想敢为又善作善成的新时代好青年，提升新时代中国高等教育的塑造力。

——更全面。推进职普融通、产教融合、科教融汇，鼓励各学段学生积极参赛，形成创新创业教育在高等教育、职业教育、基础教育、留学生教育等各类各学段的全覆盖，打通人才培养各环节，提升新时代中国高等教育的引领力。

——更创新。积极开辟发展新领域新赛道，不断塑造发展新动能新优势，丰富竞赛内容和形式，激发全社会创新创业创造动能，促进高校创新成果转化应用，服务国家创新发展，提升新时代中国高等教育的创造力。

——更协同。充分发挥大赛平台纽带作用，促进优质资源互联互通，推动形成开放大学、开放产业、开放问题的良好氛围，助推大赛项目落地转化，营造支持青年大学生创新创业、共同合作、互相包容、互相支持的良好生态。

三、主要任务

以赛促教，探索人才培养新途径。全面提高人才自主培养质量，强化高校课程思政建设，深入推进新工科、新医科、新农科、新文科建设，深化创新创业教育改革，引领各类学校人才培养范式深刻变革，形成新的人才培养质量观和质量标准，切实提高学生的创新精神、创业意识和创新创业能力。

以赛促学，培养创新创业生力军。着力造就拔尖创新人才，激励广大青年扎根中国大地了解国情民情，在创新创业中增长智慧才干，怀抱梦想又脚踏实地，敢想敢为又善作善成，做有理想、敢担当、能吃苦、肯奋斗的新时代好青年。

以赛促创，搭建产教融合新平台。把教育融入经济社会发展，推动成果转化和产学研用融合，促进教育链、人才链与产业链、创新链有机衔接，以创新引领创业、以创业带动就业，推动形成高校毕业生更高质量创业就业的新局面。

四、大赛内容

（一）主体赛事。包括高教主赛道、"青年红色筑梦之旅"赛道、职教赛道、产业命题赛道和萌芽赛道。

（二）"青年红色筑梦之旅"活动。

（三）同期活动。即世界大学生创新创业联盟成立仪式、世界大学生创新创业指数发布会、大赛优秀项目资源对接会等系列活动。

五、组织机构

（一）大赛由教育部、中央统战部、中央网信办、国家发展改革委、工业和信息化部、人力资源社会保障部、农业农村部、中国科学院、中国工程院、国家知识产权局、国家乡村振兴局、共青团中央和天津市人民政府共同主办，天津大学承办。

（二）大赛设立组织委员会（以下简称大赛组委会），由教育部和天津市人民政府主要负责同志担任主任、教育部和天津市分管负责同志担任副主任、教育部高等教育司主要负责同志担任秘书长、有关部门（单位）负责同志作为成员，负责大赛的组织实施。

（三）大赛设立专家委员会，负责项目评审等工作。

（四）大赛设立纪律与监督委员会，负责对赛事组织、参赛项目评审、协办单位相关工作等进行监督，对违反大赛纪律的行为予以处理。

（五）大赛总决赛由中国建设银行冠名支持，各省级教育行政部门可积极争取中国建设银行分支机构对省级赛事的赞助支持。

（六）各省级教育行政部门可成立相应的赛事机构，负责本地比赛的组织实施、项目评审和推荐等工作。

六、参赛要求

（一）参赛项目能够紧密结合经济社会各领域现实需求，充分体现高校在新工科、新医科、新农科、新文科建设方面取得的成果，培育新产品、新服务、新业态、新模式，促进制造业、农业、卫生、能源、环保、战略性新兴产业等产业转型升级，促进数字技术与教育、医疗、交通、金融、消费生活、文化传播等深度融合（各赛道参赛项目类型详见附件）。

（二）参赛项目应弘扬正能量，践行社会主义核心价值观，真实、健康、合法。不得含有任何违反《中华人民共和国宪法》及其他法律法规的内容。所涉及的发明创造、专利技术、资源等必须拥有清晰合法的知识产权或物权。如有抄袭盗用他人成果、提供虚假材料等违反相关法律法规或违背大赛精神的行为，一经发现即刻丧失参赛资格、所获奖项等相关权利，并自负一切法律责任。

（三）参赛项目只能选择一个符合要求的赛道报名参赛，根据参赛团队负责人的学籍或学历确定参赛团队所代表的参赛学校，且代表的参赛学校具有唯一性。参赛团队须在报名系统中将项目所涉及的材料按时如实填写提交。已获本大赛往届总决赛各赛道金奖和银奖的项目，不可报名参加本届大赛。

（四）参赛人员（不含产业命题赛道参赛项目成员中的教师）年龄不超过35岁（1988年3月1日及以后出生）。

（五）各省级教育行政部门及各有关学校要严格开展参赛项目审查工作，确保参赛项目的合规性和真实性。审查主要包括参赛资格以及项目所涉及的科技成果、知识产权、财务状况、运营、荣誉奖项等方面。

七、比赛赛制

（一）大赛主要采用校级初赛、省级复赛、总决赛三级赛制（不含萌芽赛道以及国际参赛项目）。校级初赛由各院校负责组织，省级复赛由各地负责组织，总决赛由各地按照大赛组委会确定的配额择优遴选推荐项目。大赛组委会将综合考虑各地报名团队数（含邀请国际参赛项目数)、参赛院校数和创新创业教育工作情况等因素分配总决赛名额。

（二）大赛共产生 4 100 个项目入围总决赛（港澳台地区参赛名额单列），其中高教主赛道 2 300 个（国内项目 1 800 个、国际项目 500 个）、"青年红色筑梦之旅"赛道 600 个、职教赛道 600 个、产业命题赛道 400 个、萌芽赛道 200 个。

（三）高教主赛道每所高校入选总决赛项目不超过 5 个，"青年红色筑梦之旅"赛道每所院校入选总决赛项目不超过 3 个，职教赛道每所院校入选总决赛项目不超过 3 个，产业命题赛道每道命题每所院校入选项目不超过 3 个，萌芽赛道每所学校入选总决赛项目不超过 2 个。

八、赛程安排

（一）参赛报名（2023 年 5—8 月）。参赛团队通过登录全国大学生创业服务网进行报名，在"资料下载"板块可下载学生操作手册指导报名参赛。通过微信公众号（名称为"全国大学生创业服务网"或"中国互联网+大学生创新创业大赛"）进行赛事咨询。评审规则将于近期公布，请登录全国大学生创业服务网查看具体内容。

报名系统开放时间为 2023 年 5 月 29 日，报名截止时间由各地根据复赛安排自行决定，但不得晚于 8 月 15 日。国际参赛项目通过全球青年创新领袖共同体促进会官网进行报名，具体安排另行通知。

（二）初赛复赛（2023 年 6—8 月）。各地各学校登录全国大学生创业服务网进行大赛管理和信息查看。省级管理用户使用大赛组委会统一分配的账号进行登录，校级账号由各省级管理用户进行管理。初赛复赛的比赛环节、评审方式等由各校、各地自行决定。各地应在 8 月 31 日前完成省级复赛，并完成入围总决赛的项目遴选工作（推荐项目应有名次排序，供总决赛参考）。国际参赛项目的遴选推荐工作另行安排。

（三）总决赛（2023 年 9—10 月）。大赛设金奖、银奖、铜奖；另设省市组织奖、高校集体奖及若干单项奖。入围总决赛的项目将通过评审，择优进入总决赛现场比赛，决出各类奖项。大赛组委会通过全国大学生创业服务网、国家大学生就业服务平台为参赛团队提供项目展示、创业指导、人才招聘、资源对接等服务，各项目团队可登录上述网站查看相关信息，各地各校可充分利用网站资源，为参赛团队做好服务。

九、工作要求

（一）宣传发动。各地各校要认真做好大赛的宣传动员和组织工作，确保参赛师生充分了解大赛、积极参与大赛。

（二）协调组织。各省级教育行政部门要统筹协调高教、职教和基教等职能处室共同参与，组织做好省域内比赛和项目推荐工作。

（三）提供支持。各校要做好学校初赛组织工作，为在校生和毕业生参赛提供必要的条件和支持。华为技术有限公司将为参赛团队提供多种资源支持。

（四）扩大共享。各地各校要结合实施教育数字化战略行动，依托国家智慧教育公共服务平台，加强创新创业教育资源共享，推动创新创业项目对接和落地转化。

附件 1

第九届中国国际"互联网+"大学生创新创业大赛设高教主赛道（含国际参赛项目），具体实施方案如下。

一、参赛项目类型

（一）新工科类项目

大数据、云计算、人工智能、区块链、虚拟现实、智能制造、网络空间安全、机器人工程、工业自动化、新材料等领域，符合新工科建设理念和要求的项目。

（二）新医科类项目

现代医疗技术、智能医疗设备、新药研发、健康康养、食药保健、智能医学、生物技术、生物材料等领域，符合新医科建设理念和要求的项目。

（三）新农科类项目

现代种业、智慧农业、智能农机装备、农业大数据、食品营养、休闲农业、森林康养、生态修复、农业碳汇等领域，符合新农科建设理念和要求的项目。

（四）新文科类项目

文化教育、数字经济、金融科技、财经、法务、融媒体、翻译、旅游休闲、动漫、文创设计与开发、电子商务、物流、体育、非物质文化遗产保护、社会工作、家政服务、养老服务等领域，符合新文科建设理念和要求的项目。

参赛项目团队应认真了解和把握"四新"发展要求，结合以上分类及项目实际，合理选择参赛项目类别。参赛项目不只限于"互联网+"项目，鼓励各类创新创业项目参赛，根据"四新"建设内涵和产业发展方向选择相应类型。

二、参赛方式和要求

（一）本赛道以团队为单位报名参赛。允许跨校组建参赛团队，每个团队的成员不少于3人，不多于15人（含团队负责人），须为项目的实际核心成员。参赛团队所报参赛创业项目，须为本团队策划或经营的项目，不得借用他人项目参赛。

（二）按照参赛学校所在的国家和地区，分为中国大陆参赛项目、中国港澳台地区参赛项目、国际参赛项目三个类别。国际参赛项目和中国港澳台地区参赛项目可根据当地教育情况适当调整学籍和学历的相关参赛要求。

（三）所有参赛材料和现场答辩原则上使用中文或英文，如有其他语言需求，请联系大赛组委会。

三、参赛组别和对象

根据参赛申报人所处学习阶段，项目分为本科生组、研究生组。根据所处创业阶段，本科生组和研究生组均内设创意组、初创组、成长组，并按照新工科、新医科、新农科、新文科设置参赛项目类型。

具体参赛条件如下。

（一）本科生组

1．创意组

（1）参赛项目具有较好的创意和较为成形的产品原型或服务模式，在大赛通知下发之日前尚未完成工商等各类登记注册。

（2）参赛申报人须为项目负责人，项目负责人及成员均须为普通高等学校全日制在校本专科生（不含在职教育）。

（3）学校科技成果转化项目不能参加本组比赛（科技成果的完成人、所有人中参赛申报人排名第一的除外）。

2．初创组

（1）参赛项目工商等各类登记注册未满 3 年（2020 年 3 月 1 日及以后注册）。

（2）参赛申报人须为项目负责人且为参赛企业法定代表人，须为普通高等学校全日制在校本专科生（不含在职教育），或毕业 5 年以内的全日制本专科学生（即 2018 年之后的毕业生，不含在职教育）。企业法定代表人在大赛通知发布之日后进行变更的不予认可。

（3）项目的股权结构中，企业法定代表人的股权不得少于 1/3，参赛团队成员股权合计不得少于 51%。

3．成长组

（1）参赛项目工商等各类登记注册 3 年以上（2020 年 3 月 1 日前注册）。

（2）参赛申报人须为项目负责人且为参赛企业法定代表人，须为普通高等学校全日制在校本专科生（不含在职教育），或毕业 5 年以内的全日制本专科学生（即 2018 年之后的毕业生，不含在职教育）。企业法定代表人在大赛通知发布之日后进行变更的不予认可。

（3）项目的股权结构中，企业法定代表人的股权不得少于 10%，参赛团队成员股权合计不得少于 1/3。

（二）研究生组

1．创意组

（1）参赛项目具有较好的创意和较为成形的产品原型或服务模式，在大赛通知下发之日前尚未完成工商等各类登记注册。

（2）参赛申报人须为项目负责人，须为普通高等学校全日制在校研究生。项目成员须为普通高等学校全日制在校研究生或本专科生（不含在职教育）。

（3）学校科技成果转化项目不能参加本组比赛（科技成果的完成人、所有人中参赛申报人排名第一的除外）。

2．初创组

（1）参赛项目工商等各类登记注册未满 3 年（2020 年 3 月 1 日及以后注册）。

（2）参赛申报人须为项目负责人且为参赛企业法定代表人，须为普通高等学校全日制在校研究生，或毕业 5 年以内的全日制研究生学历学生（即 2018 年之后的研究生学历毕业生）。企业法定代表人在大赛通知发布之日后进行变更的不予认可。

（3）项目的股权结构中，企业法定代表人的股权不得少于 1/3，参赛团队成员股权合计不得少于 51%。

3．成长组

（1）参赛项目工商等各类登记注册 3 年以上（2020 年 3 月 1 日前注册）。

（2）参赛申报人须为项目负责人且为参赛企业法定代表人，须为普通高等学校全日制在校研究生，或毕业 5 年以内的全日制研究生学历学生（即 2018 年之后的研究生学历毕业生）。企业法定代表人在大赛通知发布之日后进行变更的不予认可。

（3）项目的股权结构中，企业法定代表人的股权不得少于 10%，参赛团队成员股权合计不得少于 1/3。

四、奖项设置

（一）本赛道设置金奖、银奖、铜奖，中国大陆参赛项目设金奖 180 个、银奖 360 个、铜奖 1 260 个，中国港澳台地区参赛项目设金奖 10 个、银奖 20 个、铜奖另定，国际参赛项目设金奖 50 个、银奖 100 个、铜奖 350 个。

（二）本赛道设置最佳创意奖、最佳带动就业奖、最具商业价值奖等若干单项奖。

（三）获得金奖项目的指导教师为"优秀创新创业导师"（限前五名）。

附件 2

第九届中国国际"互联网+"大学生创新创业大赛继续在更大范围、更高层次、更有温度、更深程度上开展"青年红色筑梦之旅"活动。具体方案如下。

一、活动主题

强国有我新征程 乘风破浪向未来

二、主要目标

紧扣学习贯彻习近平新时代中国特色社会主义思想主题教育，不断拓展"青年红色筑梦之旅"活动的时代内涵，引导广大青年学生"上山下乡出海"，乘风破浪向未来。通过扎实开展"青年红色筑梦之旅"活动，推动习近平新时代中国特色社会主义思想入眼入耳入脑入心，使广大青年学生深刻理解"两个确立"、坚决做到"两个维护"，坚定不移听党话、跟党走，厚植家国情怀，成为社会主义合格建设者和可靠接班人，为全面建设社会主义现代化国家贡献青春力量。

三、主要活动与时间安排

（一）制定方案（2023 年 5—6 月）

各省级教育行政部门要聚焦"新农村、新农业、新农民、新生态"建设，围绕乡村"产业振兴、人才振兴、文化振兴、生态振兴、组织振兴"要求，结合地方实际需求，制定本地 2023 年"青年红色筑梦之旅"活动方案，要明确活动时间、地点、规模、形式、支持条件等内容，并于 2023 年 6 月 15 日前报送至大赛组委会（电子邮箱：internetplus@moe.edu.cn）。

（二）活动报名（2023 年 5—8 月）

各省级教育行政部门要积极挖掘本地优质创新创业项目参与活动，组织团队登录全国大学生创业服务网或微信公众号（名称为"全国大学生创业服务网"或"中国互联网十大学生创新创业大赛"）进行报名，报名系统开放时间为 5 月 29 日至 8 月 15 日。

（三）启动仪式（2023 年 6 月）

大赛组委会将于 6 月在天津市举行 2023 年"青年红色筑梦之旅"活动全国启动仪式，举办多项同期活动，具体安排另行通知。

（四）组织实施（2023 年 5—9 月）

各省级教育行政部门在全面总结历届"青年红色筑梦之旅"活动的基础上，负责组织本地"青年红色筑梦之旅"活动，关注农业农村绿色发展，挖掘乡村多元价值，认真做好需求对接、培训宣传及创造项目落地环境等工作。大学生项目团队要积极深入基层，利用专业知识开展创新创业，助力乡村振兴。高校要通过大学生创新创业训练计划项目、创新创业专项经费、校地协同等多种形式，努力实现项目长期对接，助力实现巩固拓展脱贫攻坚成果同乡村振兴有效衔接。

（五）总结表彰（2023 年 9—10 月）

各地各高校要及时做好本次活动的经验总结和成果宣传。

四、"青年红色筑梦之旅"赛道安排

参加"青年红色筑梦之旅"活动的项目，符合大赛参赛要求的，可自主选择参加"青年红色筑梦之旅"赛道。

（一）参赛项目要求

1. 参加"青年红色筑梦之旅"赛道的项目应符合大赛参赛项目要求，同时在推进农业农村、城乡社区经济社会发展等方面有创新性、实效性和可持续性。

2. 以团队为单位报名参赛。允许跨校组建团队，每个团队的参赛成员不少于 3 人，不多于 15 人（含团队负责人），须为项目的实际核心成员。参赛团队所报参赛创业项目，须为本团队策划或经营的项目，不得借用他人项目参赛。

3. 参赛申报人须为项目负责人，须为普通高等学校全日制在校生（包括本专科生、研究生，不含在职教育），或毕业 5 年以内的全日制学生（即 2018 年之后的毕业生，不含在职教育）；国家开放大学学生（仅限学历教育）。企业法定代表人在大赛通知发布之日后进行变更的不予认可。

（二）参赛组别和对象

参加"青年红色筑梦之旅"赛道的项目，须为参加"青年红色筑梦之旅"活动的项目。否则一经发现，取消参赛资格。根据项目性质和特点，分为公益组、创意组、创业组。

1. 公益组

（1）参赛项目不以营利为目标，积极弘扬公益精神，在公益服务领域具有较好的创意、产品或服务模式的创业计划和实践。

（2）参赛申报主体为独立的公益项目或社会组织，注册或未注册成立公益机构（或社会组织）的项目均可参赛。

2. 创意组

（1）参赛项目基于专业和学科背景或相关资源，解决农业农村和城乡社区发展面临的主要问题，助力乡村振兴和社区治理，推动经济价值和社会价值的共同发展。

（2）参赛项目在大赛通知下发之日前尚未完成工商等各类登记注册。

3. 创业组

（1）参赛项目以商业手段解决农业农村和城乡社区发展面临的主要问题、助力乡村振兴和社区治理，实现经济价值和社会价值的共同发展，推动共同富裕。

（2）参赛项目在大赛通知下发之日前已完成工商等各类登记注册，项目负责人须为法定代表人。项目的股权结构中，企业法定代表人的股权不得少于 10%，参赛成员股权合计不得少于 1/3。

（三）奖项设置

1. 本赛道设置金奖 60 个、银奖 120 个、铜奖 420 个。

2．本赛道设置乡村振兴奖、最佳公益奖等单项奖。

3．获得金奖项目的指导教师为"优秀创新创业导师"（限前五名）。

五、工作要求

（一）高度重视、精心组织

各地要成立专项工作组，推动形成政府、企业、社会联动共推的机制，确保各项工作落到实处。

（二）统筹资源、加强保障

各地要积极协调地方政府有关部门，以及行业企业、公益机构、投资机构等，通过政策倾斜、资金支持、设立公益基金等方式为活动提供保障。

（三）广泛宣传、营造氛围

各地应认真做好本次活动的宣传工作，通过提前谋划、集中启动、媒体传播，线上线下共同发力，全面展示各地各高校青年大学生参与活动的生动实践和良好精神风貌。

（四）敢于尝试、积极创新

利用网络直播、短视频等新型传播与销售途径，引导、助力红旅项目团队把握机会，积极创新创业。

附件 3

第九届中国国际"互联网+"大学生创新创业大赛设立职教赛道，推进职业教育领域创新创业教育改革，组织学生开展就业型创业实践。具体工作方案如下。

一、参赛项目类型

（一）创新类：以技术、工艺或商业模式创新为核心优势。

（二）商业类：以商业运营潜力或实效为核心优势。

（三）工匠类：以体现敬业、精益、专注、创新为内涵的工匠精神为核心优势。

二、参赛方式和要求

（一）职业院校（包括职业教育各层次学历教育，不含在职教育）、国家开放大学学生（仅限学历教育）可以报名参赛。

（二）大赛以团队为单位报名参赛。允许跨校组建团队，每个团队的参赛成员不少于3人，不多于15人（含团队负责人），须为项目的实际核心成员。参赛团队所报参赛创业项目，须为本团队策划或经营的项目，不得借用他人项目参赛。

三、参赛组别和对象

本赛道分为创意组与创业组。

（一）创意组

1．参赛项目具有较好的创意和较为成形的产品原型、服务模式或针对生产加工工艺进行创新的改良技术，在大赛通知下发之日前尚未完成工商等各类登记注册。

2．参赛申报人须为团队负责人，须为职业院校的全日制在校学生或国家开放大学学历教育在读学生。

3．学校科技成果转化项目不能参加本组比赛（科技成果的完成人、所有人中参赛申报人排名第一的除外）。

（二）创业组

1．参赛项目在大赛通知下发之日前已完成工商等各类登记注册，且公司注册年限不超过 5 年（2018 年 3 月 1 日及以后注册）。

2．参赛申报人须为企业法定代表人，须为职业院校全日制在校学生或毕业 5 年内的学生（即 2018 年之后的毕业生）、国家开放大学学历教育在读学生或毕业 5 年内的学生（即 2018 年 6 月之后的毕业生）。企业法人在大赛通知发布之日后进行变更的不予认可。

3．项目的股权结构中，企业法定代表人的股权不得少于 1/3，参赛团队成员股权合计不得少于 51%。

四、奖项设置

（一）本赛道设置金奖 60 个、银奖 120 个、铜奖 420 个。

（二）获得金奖项目的指导教师为"优秀创新创业导师"（限前五名）。

五、其他

各地要成立由职业教育部门参与的职教赛道工作小组，推进各阶段的赛事组织工作。

附件 4

第九届中国国际"互联网+"大学生创新创业大赛设立产业命题赛道，推进产教融合、科教融汇。具体工作方案如下。

一、目标任务

（一）发挥开放创新效用，打通高校智力资源和企业发展需求，协同解决企业发展中所面临的技术、管理等现实问题。

（二）引导高校将创新创业教育实践与产业发展有机结合，促进学生了解产业发展状况，培养学生解决产业发展问题的能力。

（三）立足产业发展，深化新工科、新医科、新农科、新文科建设，校企协同培育产业新领域、新市场，推动大学生更高质量创业就业。

二、命题征集

（一）本赛道针对企业开放创新需求，面向产业代表性企业、行业龙头企业、专精特新企业等征集命题。

（二）企业命题应聚焦国家"十四五"规划战略性新兴产业方向，倡导新技术、新产品、新业态、新模式。围绕新工科、新医科、新农科、新文科对应的产业和行业领域，基于企业发展真实需求进行申报。

（三）命题须健康合法，弘扬正能量，知识产权清晰，无任何不良信息，无侵权违法等行为。

三、参赛要求

（一）本赛道以团队为单位报名参赛，每支参赛团队只能选择一题参加比赛，允许跨校组建、师生共同组建参赛团队，每个团队的成员不少于 3 人，不多于 15 人（含团队负责人），须为揭榜答题的实际核心成员。

（二）项目负责人须为普通高等学校全日制在校生（包括本专科生、研究生，不含在职教育），或毕业 5 年以内的全日制学生（即 2018 年之后毕业的本专科生、研究生，不含在职教育）。参赛项目中的教师须为高校教师（2023 年 8 月 15 日前正式入职）。

（三）参赛团队所提交的命题对策须符合所答企业命题要求。参赛团队须对提交的应答材料拥有自主知识产权，不得侵犯他人知识产权或物权。

（四）所有参赛材料和现场答辩原则上使用中文或英文，如有其他语言需求，请联系大赛组委会。

四、赛程安排

（一）征集命题

请命题企业于 2023 年 6 月 10 日 24:00 前进入全国大学生创业服务网进行第九届中国国际"互联网+"大学生创新创业大赛产业命题赛道命题申报。

（二）命题发布

大赛组委会组织专家，对企业申报的产业命题进行评审遴选。入选命题于 6 月下旬在全国大学生创业服务网公开发布和全球青年创新领袖共同体促进会（PILC）官网公开发布。

（三）参赛报名

各省级教育行政部门及各有关学校负责审核参赛对象资格。中国大陆和港澳台地区参赛团队通过登录全国大学生创业服务网进行报名。国际参赛团队通过登录全球青年创新领袖共同体促进会（PILC）官网进行报名。参赛报名及对策提交的截至时间为北京时间 2023 年 8 月 15 日 24:00。请命题企业、学校及参赛团队登录全国大学生创业服务网，查看校企对接的具体流程，积极开展对接，确保供需互通。

（四）初赛复赛

初赛复赛的比赛环节、评审方式等，由各地结合参赛报名等情况自行决定，项目评审可邀请出题企业的专家共同参与。各地应在 8 月 31 日前完成入围总决赛的项目遴选与推荐工作。各地推荐项目应有名次排序，供总决赛参考。

（五）总决赛

入围总决赛项目通过对策讲解、实物展示和专家答辩等环节，决出各类奖项。具体安排与大赛整体安排保持一致。

五、奖项设置

本赛道设置金奖 40 个、银奖 80 个和铜奖 280 个。

六、其他说明

（一）大赛组委会不保障所有命题均可揭榜及提交对策满足命题企业要求。本届大赛未获揭榜的产业命题，经命题企业同意，将在大赛平台持续发布，可申请参加下一届大赛。

（二）命题企业须遵守大赛的规章制度，按照大赛的流程和要求参与大赛的相关活动。鼓励企业和高校在赛后积极启动项目对接会，进一步推动项目落地。

附件 5

第九届中国国际"互联网+"大学生创新创业大赛设立萌芽赛道，推动形成各学段有机衔接的创新创业教育链条，发现和培养基础学科和创新创业后备人才。具体工作方案如下。

一、目标任务

推动创新创业素质教育，探索基础教育阶段创新创业教育的新模式，引导中学生开展科技创新、发明创造、社会实践等创新性实践活动，培养创新精神、激发创新思维、享受创造乐趣、提升创新能力。

二、参赛对象

普通高级中学在校学生。参赛学生须为项目的实际成员，鼓励学生以团队为单位参加（团队成员不超过 15 人），允许跨校组建团队。

三、参赛项目要求

（一）项目应紧密融合学习、生活、社会实践，能创造性地解决问题或提供解决思路，具有可预见的应用性与成长性，可以是教育部公布的面向中小学生的全国性竞赛活动名单中学生赛事获奖项目或作品。项目不只限于"互联网+"项目，鼓励各类创新创业项目参赛。

（二）项目须真实、健康、合法，无任何不良信息，不得借用他人项目参赛。项目立意应弘扬正能量，践行社会主义核心价值观。参赛项目不得侵犯他人知识产权；所涉及的发明创造、专利技术、资源等必须拥有清晰合法的知识产权或物权，涉及他人知识产权的，报名时须提交完整的具有法律效力的所有人书面授权许可书、专利证书等；抄袭盗用他人成果、提供虚假材料等违反相关法律法规的行为，一经发现即刻丧失参赛相关权利并自负一切法律责任。

四、赛程安排

各地成立由基础教育部门参与的大赛萌芽赛道工作小组，研究、制定工作方案，推进各阶段的赛事组织工作。

（一）项目遴选（2023 年 5—8 月）
各地要做好本地优秀创新项目的遴选工作，遴选环节和方式等可自行决定。

（二）项目推荐（2023 年 8 月）
请各地于 8 月 31 日前，向大赛组委会推荐不超过 10 个参加全国总决赛萌芽赛道的项目。

（三）网络评审（2023 年 9 月）
根据萌芽赛道评审规则评选出 200 个入围全国总决赛的项目，其中前 60 个项目参加总决赛现场比赛。

（四）总决赛（2023 年 10 月）
进入总决赛现场比赛的 60 个项目参加现场展评，通过项目讲解、实物展示和专家答辩，决出奖项。

五、奖项设置

本赛道设置创新潜力奖 20 个。入围总决赛但未获创新潜力奖的项目，发放"入围总决赛"证书。

附件6
第九届中国国际"互联网+"大学生创新创业大赛评审规则

一、高教主赛道项目评审要点：创意组

评审要点	评审内容	分值
教育维度	1. 项目应弘扬正确的价值观，厚植家国情怀，恪守伦理规范，有助于培育创新创业精神。 2. 项目符合将专业知识与商业知识有效结合并转化为商业价值或社会价值的创新创业基本过程和基本逻辑，展现创新创业教育对创业者基本素养和认知的塑造力。 3. 体现团队对创新创业所需知识（专业知识、商业知识、行业知识等）与技能（计划、组织、领导、控制、创新等）的娴熟掌握与应用，展现创新创业教育提升创业者综合能力的效力。 4. 项目充分体现团队解决复杂问题的综合能力和高级思维；体现项目成长对团队成员创新创业精神、意识、能力的锻炼和提升作用。 5. 项目能充分体现院校在"三位一体"统筹推进教育、科技、人才工作，扎实推进新工科、新医科、新农科、新文科建设方面取得的成果；体现院校在项目的培育、孵化等方面的支持情况；体现产教融合、科教融汇、多学科交叉、专创融合、产学研协同创新等模式在项目的产生与执行中的重要作用	30
创新维度	1. 项目遵循从创意到研发、试制、生产、进入市场的创新一般过程，进而实现从创意向实践、从基础研发向应用研发的跨越。 2. 团队能够基于学科专业知识并运用各类创新的理念和范式，解决社会和市场的实际需求。 3. 项目能够从产品创新、工艺流程创新、服务创新、商业模式创新等方面着手开展创新创业实践，并产生一定数量和质量的创新成果以体现团队的创新力	20
团队维度	1. 团队的组成原则与过程是否科学合理；团队是否具有支撑项目成长的知识、技术和经验；是否有明确的使命愿景。 2. 团队的组织构架、人员配置、分工协作、能力结构、专业结构、合作机制、激励制度等的合理性情况。 3. 团队与项目关系的真实性、紧密性情况；对项目的各项投入情况；创立创业企业的可能性情况。 4. 支撑项目发展的合作伙伴等外部资源的使用以及与项目关系的情况	20
商业维度	1. 充分了解所在产业（行业）的产业规模、增长速度、竞争格局、产业趋势、产业政策等情况，形成完备、深刻的产业认知。 2. 项目具有明确的目标市场定位，对目标市场的特征、需求等情况有清晰的了解，并据此制定合理的营销、运营、财务等计划，设计出完整、创新、可行的商业模式，展现团队的商业思维。 3. 项目落地执行情况；项目对促进区域经济发展、产业转型升级的情况；项目已有盈利能力或盈利潜力情况	20
社会价值维度	1. 项目直接提供就业岗位的数量和质量。 2. 项目间接带动就业的能力和规模。 3. 项目对社会文明、生态文明、民生福祉等方面的积极推动作用	10

二、高教主赛道项目评审要点：初创组、成长组

评审要点	评审内容	分值
教育维度	1. 项目应弘扬正确的价值观，厚植家国情怀，恪守伦理规范，有助于培育创新创业精神。 2. 项目符合将专业知识与商业知识有效结合并转化为商业价值或社会价值的创新创业基本过程和基本逻辑，展现创新创业教育对创业者基本素养和认知的塑造力。 3. 体现团队对创新创业所需知识（专业知识、商业知识、行业知识等）与技能（计划、组织、领导、控制、创新等）的娴熟掌握与应用，展现创新创业教育提升创业者综合能力的效力。 4. 项目充分体现团队解决复杂问题的综合能力和高级思维；体现项目成长对团队成员创新创业精神、意识、能力的锻炼和提升作用。 5. 项目能充分体现院校在"三位一体"统筹推进教育、科技、人才工作，扎实推进新工科、新医科、新农科、新文科建设方面取得的成果；体现院校在项目的培育、孵化等方面的支持情况；体现产教融合、科教融汇、多学科交叉、专创融合、产学研协同创新等模式在项目的产生与执行中的重要作用。	20
商业维度	1. 充分掌握所在产业（行业）的产业规模、增长速度、竞争格局、产业趋势、产业政策等情况；具有明确的目标市场定位，充分掌握目标市场的特征、需求等情况；具有完整、创新、可行的商业模式。 2. 经营绩效方面，重点考察项目存续时间、营业收入（合同订单）现状、企业利润、持续盈利能力、市场份额、客户（用户）情况、税收上缴、投入与产出比等情况。 3. 经营管理方面，是否有清晰的企业发展目标；是否有完备的研发、生产、运营、营销等制度和体系；是否采用先进、科学的管理方法，以确保企业具有较强的竞争力。 4. 成长性方面，是否有清晰、有效、全方位的企业发展战略，并拥有可靠的内外部资源（人才、资金、技术等方面）实现企业战略，以建立企业的持续竞争优势。 5. 现金流及融资方面，关注项目融资情况、获取资金渠道情况、企业经营的现金流情况、融资需求及资金使用情况是否合理。 6. 项目对促进区域经济发展、产业转型升级的情况	30
团队维度	1. 团队的组成原则与过程是否科学合理；团队是否具有独特的支撑项目成长的知识、技能、经验以及成熟的外部资源网络；是否有明确的使命愿景。 2. 公司是否具有合理的组织构架、清晰的指挥链、科学的决策机制；是否有合理的岗位设置、分工协作、专业能力结构；是否有良好的内部沟通机制；是否有合理的股权结构、激励制度等。 3. 团队对项目的各项投入情况及团队成员的稳定性情况。 4. 支撑公司发展的合作伙伴等外部资源的使用以及与公司关系的情况	20
创新维度	1. 项目遵循从创意到研发、试制、生产、进入市场的创新一般过程，进而实现从创意向实践、从基础研发向应用研发的跨越。 2. 团队能够基于专业知识并运用各类创新的理念和范式，解决社会和市场的实际需求。 3. 项目能够从产品创新、工艺流程创新、服务创新、商业模式创新等方面着手开展创新实践，产生一定数量和质量的创新成果，获得相应的市场回报。 4. 项目能够从创新战略、创新流程、创新组织、创新制度与文化等方面进行设计协同，对创新进行有效管理，进而保持公司的竞争力	20
社会价值维度	1. 项目直接提供就业岗位的数量和质量。 2. 项目间接带动就业的能力和规模。 3. 项目对社会文明、生态文明、民生福祉等方面的积极推动作用	10

三、"青年红色筑梦之旅"赛道项目评审要点：公益组

评审要点	评审内容	分值
教育维度	1. 项目应弘扬正确的价值观，厚植家国情怀，恪守伦理规范，有助于培育创新创业精神。 2. 项目体现团队扎根中国大地了解国情民情，遵循发现问题、分析问题、解决问题的基本规律，将所学专业知识、技能和方法应用于解决各类社会问题，展现创新创业教育对创业者基本素养和认知的塑造力和提升创业者综合能力的效力。 3. 项目充分体现团队解决复杂问题的综合能力和高级思维；体现项目成长对团队成员创新创业精神、意识、能力的锻炼和提升作用。 4. 项目能充分体现院校在"三位一体"统筹推进教育、科技、人才工作，扎实推进新工科、新医科、新农科、新文科建设方面取得的成果；项目充分体现专业教育、思政教育、创新创业教育的有机融合；体现院校在项目的培育、孵化等方面的支持情况	30
公益维度	1. 项目以社会价值为导向，以谋求公共利益为目的，以解决社会问题为使命，不以营利为目标，有一定公益成果。 2. 在公益服务领域具有较好的创意、产品或服务模式的创业计划和实践，追求社会效益的最大化	10
团队维度	1. 团队的组成原则与过程是否科学合理；是否具有从事公益创业所需的知识、技术和经验；是否有明确的使命愿景。 2. 团队内部的组织构架、人员配置、分工协作、能力结构、专业结构、激励制度的合理性情况；团队外部服务支撑体系完备（如志愿者团队等）、具有一定规模、实施有效管理使其发挥重要作用的情况。 3. 团队与项目关系的真实性、紧密性情况；团队对项目的各项投入情况；团队的延续性或接替性情况。 4. 支撑项目发展的合作伙伴等外部资源的使用以及与项目关系的情况	20
发展维度	1. 项目通过吸纳捐赠、获取政府资助、自营收等方式确保持续生存能力情况。 2. 团队基于一定的产品、服务、模式，通过高效管理、资源整合、活动策划等运营手段，确保项目影响力与实效性。 3. 项目在促进就业、教育、医疗、养老、环境保护与生态建设等方面的效果。 4. 项目的模式可复制、可推广、具有示范效应。 5. 项目对带动大学生到农村、城乡社区从事社会服务就业创业的情况	20
创新维度	1. 团队能够基于科学严谨的创新过程，遵循创新规律，运用各类创新的理念和范式，解决社会实际需求。 2. 项目能够从产品创新、服务创新等方面着手开展公益创业实践，并产生一定数量和质量的创新成果。 3. 鼓励将高校科研成果运用到公益创业中，以解决相应的社会问题	20
必要条件	参加由学校、省市或全国组织的"青年红色筑梦之旅"活动	

四、"青年红色筑梦之旅"赛道项目评审要点：创意组

评审要点	评审内容	分值
教育维度	1. 项目应弘扬正确的价值观，厚植家国情怀，恪守伦理规范，有助于培育创新创业精神。 2. 项目体现团队扎根中国大地了解国情民情，遵循发现问题、分析问题、解决问题的基本规律，将所学专业知识、技能和方法应用于乡村振兴和农业农村现代化、城乡社区发展，展现创新创业教育对创业者基本素养和认知的塑造力和提升创业者综合能力的效力。 3. 项目充分体现团队解决复杂问题的综合能力和高级思维，体现项目成长对团队成员创新创业精神、意识、能力的锻炼和提升作用。 4. 项目能充分体现院校在"三位一体"统筹推进教育、科技、人才工作，扎实推进新工科、新医科、新农科、新文科建设方面取得的成果；项目充分体现专业教育、思政教育、创新创业教育的有机融合；体现院校在项目的培育、孵化等方面的支持情况	30
团队维度	1. 团队的组成原则与过程是否科学合理；团队是否具有支撑项目成长的知识、技术和经验；是否有明确的使命愿景。 2. 团队的组织构架、人员配置、分工协作、能力结构、专业结构、合作机制、激励制度等的合理性情况。 3. 团队与项目关系的真实性、紧密性情况；对项目的各项投入情况；创立创业企业的可能性情况。 4. 支撑项目发展的合作伙伴等外部资源的使用以及与项目关系的情况	20
发展维度	1. 充分了解乡村振兴、农业农村现代化、城乡社区发展的内容和要求，了解其中的痛点、难点，进而形成对所要解决问题完备的认知。 2. 在服务乡村振兴、农业农村现代化、城乡社区发展等方面有较好的创意、产品或服务模式，追求经济效益和社会效益的平衡。 3. 项目对推动乡村振兴、农业农村现代化、城乡社区发展等方面的贡献度。 4. 项目的持续生存能力，模式可复制、可推广、具有示范效应等	20
创新维度	1. 团队能够基于科学严谨的创新过程，遵循创新规律，运用各类创新的理念和范式，解决乡村振兴、农业农村现代化、城乡社区发展中遇到的各类问题。 2. 项目能够从产品创新、服务创新等方面着手开展创新创业实践，并产生一定数量和质量的创新成果。 3. 鼓励院校科研成果和文创成果在乡村或社区进行产业转化落地与实践应用。 4. 鼓励组织模式或商业模式创新，鼓励资源整合优化创新	20
社会价值维度	1. 项目直接提供就业岗位的数量和质量。 2. 项目间接带动就业的能力和规模。 3. 项目对社会文明、生态文明、民生福祉等方面的积极推动作用	10
必要条件	参加由学校、省市或全国组织的"青年红色筑梦之旅"活动	

五、"青年红色筑梦之旅"赛道项目评审要点：创业组

评审要点	评审内容	分值
教育维度	1. 项目应弘扬正确的价值观，厚植家国情怀，恪守伦理规范，有助于培育创新创业精神。 2. 项目体现团队扎根中国大地了解国情民情，遵循发现问题、分析问题、解决问题的基本规律，将所学专业知识、技能和方法应用于乡村振兴和农业农村现代化实践，展现创新创业教育对创业者基本素养和认知的塑造力与提升创业者综合能力的效力。 3. 项目充分体现团队解决复杂问题的综合能力和高级思维，体现项目成长对团队成员创新创业精神、意识、能力的锻炼和提升作用。 4. 项目能充分体现院校在"三位一体"统筹推进教育、科技、人才工作，扎实推进新工科、新医科、新农科、新文科建设方面取得的成果；项目充分体现专业教育、思政教育、创新创业教育的有机融合；体现院校在项目的培育、孵化等方面的支持情况	20
团队维度	1. 团队的组成原则与过程是否科学合理；团队成员的教育和工作背景、创新能力、价值观念、分工协作和能力互补情况；是否有明确的使命愿景。 2. 公司是否具有合理的组织构架、清晰的指挥链、科学的决策机制；是否有合理的岗位设置、分工协作、专业能力结构；是否有良好的内部沟通机制；是否有合理的股权结构、激励制度。 3. 团队对项目的各项投入情况及团队成员的稳定性情况。 4. 支撑公司发展的合作伙伴等外部资源的使用以及与公司关系的情况	20
发展维度	1. 充分了解乡村振兴、农业农村现代化、城乡社区发展的内容和要求，了解其中的痛点、难点，进而形成对所要解决问题完备的认知。 2. 在服务乡村振兴、农业农村现代化、城乡社区发展等方面有较好产品或服务模式，追求经济效益和社会效益的平衡。 3. 项目通过商业方式推动乡村振兴、农业农村现代化、城乡社区发展等方面的贡献度。 4. 项目的持续生存能力，模式可复制、可推广、具有示范效应等	30
创新维度	1. 团队能够基于科学严谨的创新过程，遵循创新规律，运用各类创新的理念和范式，解决乡村振兴、农业农村现代化、城乡社区发展中遇到的各类问题。 2. 项目能够从产品创新、服务创新、组织创新等方面着手开展创新创业实践，并产生一定数量和质量的创新成果，获得相应的市场回报。 3. 鼓励院校科研成果和文创成果在乡村或社区进行产业转化落地与实践应用	20
社会价值维度	1. 项目直接提供就业岗位的数量和质量。 2. 项目间接带动就业的能力和规模。 3. 项目对社会文明、生态文明、民生福祉等方面的积极推动作用	10
必要条件	参加由学校、省市或全国组织的"青年红色筑梦之旅"活动	

六、职教赛道项目评审要点：创意组

评审要点	评审内容	分值
教育维度	1. 项目应弘扬正确的价值观，厚植家国情怀，恪守伦理规范，有助于培育创新创业精神。 2. 项目符合将专业知识与商业知识有效结合并转化为商业价值或社会价值的创新创业基本过程和基本逻辑，展现创新创业教育对创业者基本素养和认知的塑造力。 3. 体现团队对创新创业所需知识（专业知识、商业知识、行业知识等）与技能（计划、组织、领导、控制、创新等）的娴熟掌握与应用，展现创新创业教育提升创业者综合能力的效力。 4. 项目充分体现团队解决复杂问题的综合能力和高级思维；体现项目成长对团队成员创新创业精神、意识、能力的锻炼和提升作用。 5. 项目能充分体现院校在职业教育建设方面取得的成果；体现院校在项目的培育、孵化等方面的支持情况；体现职普融通、产教融合、科教融汇、多学科交叉、专创融合、产学研协同创新等模式在项目的产生与执行中的重要作用	30

评审要点	评审内容	分值
创新维度	1. 具有原始创意、创造。 2. 具有面向培养"大国工匠"与能工巧匠的创意与创新。 3. 项目体现产教融合模式创新、校企合作模式创新、工学一体模式创新。 4. 鼓励面向职业和岗位的创意及创新，侧重于加工工艺创新、实用技术创新、产品（技术）改良、应用性优化、民生类创意等	20
团队维度	1. 团队的组成原则与过程是否科学合理；团队是否具有支撑项目成长的知识、技术和经验；是否有明确的使命愿景。 2. 团队的组织构架、人员配置、分工协作、能力结构、专业结构、合作机制、激励制度等的合理性情况。 3. 团队与项目关系的真实性、紧密性情况；对项目的各项投入情况；创立创业企业的可能性情况。 4. 支撑项目发展的合作伙伴等外部资源的使用以及与项目关系的情况	20
商业维度	1. 充分了解所在产业（行业）的产业规模、增长速度、竞争格局、产业趋势、产业政策等情况，形成完备、深刻的产业认知。 2. 项目具有明确的目标市场定位，对目标市场的特征、需求等情况有清晰的了解，并据此制定合理的营销、运营、财务等计划，设计出完整、创新、可行的商业模式，展现团队的商业思维。 3. 其他：项目落地执行情况；项目促进区域经济发展、产业转型升级的情况；已有盈利能力或盈利潜力情况	20
社会价值维度	1. 项目直接提供就业岗位的数量和质量。 2. 项目间接带动就业的能力和规模。 3. 项目对社会文明、生态文明、民生福祉等方面的积极推动作用	10

七、职教赛道项目评审要点：创业组

评审要点	评审内容	分值
教育维度	1. 项目应弘扬正确的价值观，厚植家国情怀，恪守伦理规范，有助于培育创新创业精神。 2. 项目符合将专业知识与商业知识有效结合并转化为商业价值或社会价值的创新创业基本过程和基本逻辑，展现创新创业教育对创业者基本素养和认知的塑造力。 3. 体现团队对创新创业所需知识（专业知识、商业知识、行业知识等）与技能（计划、组织、领导、控制、创新等）的娴熟掌握与应用，展现创新创业教育提升创业者综合能力的效力。 4. 项目充分体现团队解决复杂问题的综合能力和高级思维；体现项目成长对团队成员创新创业精神、意识、能力的锻炼和提升作用。 5. 项目能充分体现院校在职业教育建设方面取得的成果；体现院校在项目的培育、孵化等方面的支持情况；体现职普融通、产教融合、科教融汇、多学科交叉、专创融合、产学研协同创新等模式在项目的产生与执行中的重要作用	20
商业维度	1. 充分掌握所在产业（行业）的产业规模、增长速度、竞争格局、产业趋势、产业政策等情况；具有明确的目标市场定位，充分掌握目标市场的特征、需求等情况；具有完整、创新、可行的商业模式。 2. 经营绩效方面，重点考察项目存续时间、营业收入（合同订单）现状、企业利润、持续盈利能力、市场份额、客户（用户）情况、税收上缴、投入与产出比等情况。 3. 经营管理方面，是否有清晰的企业发展目标；是否有完备的研发、生产、运营、营销等制度和体系；是否采用先进、科学的管理方法，以确保企业具有较强的竞争力。 4. 成长性方面，是否有清晰、有效、全方位的企业发展战略，并拥有可靠的内外部资源（人才、资金、技术等方面）实现企业战略，以建立企业的持续竞争优势。 5. 现金流及融资方面，关注项目融资情况、获取资金渠道情况、企业经营的现金流情况、融资需求及资金使用情况是否合理。 6. 项目促进区域经济发展、产业转型升级的情况	30

续表

评审要点	评审内容	分值
团队维度	1. 团队的组成原则与过程是否科学合理；团队是否具有独特的支撑项目成长的知识、技能、经验以及成熟的外部资源网络；是否有明确的使命愿景。 2. 公司是否具有合理的组织构架、清晰的指挥链、科学的决策机制；是否有合理的岗位设置、分工协作、专业能力结构；是否有良好的内部沟通机制；是否有合理的股权结构、激励制度等。 3. 团队对项目的各项投入情况及团队成员的稳定性情况。 4. 支撑公司发展的合作伙伴等外部资源的使用以及与公司关系的情况	20
创新维度	1. 具有原始创意、创造。 2. 具有面向培养"大国工匠"与能工巧匠的创意与创新。 3. 项目体现产教融合模式创新、校企合作模式创新、工学一体模式创新。 4. 鼓励面向职业和岗位的创意及创新，侧重于加工工艺创新、实用技术创新、产品（技术）改良、应用性优化、民生类创意等	20
社会价值维度	1. 项目直接提供就业岗位的数量和质量。 2. 项目间接带动就业的能力和规模。 3. 项目对社会文明、生态文明、民生福祉等方面的积极推动作用	10

八、产业命题赛道项目评审要点

评审要点	评审内容	分值
教育维度	1. 项目应弘扬正确的价值观，厚植家国情怀，恪守伦理规范，有助于培育创新创业精神。 2. 项目符合将专业知识与产业实际问题有效结合，并转化为商业价值或社会价值，展现创新创业教育对创业者基本素养和认知的塑造力和提升创业者综合能力的效力。 3. 项目充分体现团队解决复杂问题的综合能力和高级思维，体现项目成长对团队成员创新创业精神、意识、能力的锻炼和提升作用。 4. 项目能充分体现院校在"三位一体"统筹推进教育、科技、人才工作，扎实推进新工科、新医科、新农科、新文科建设方面取得的成果；体现院校在项目的培育、孵化等方面的支持情况；体现产教融合、科教融汇、多学科交叉、专创融合、产学研协同创新等模式在项目的产生与执行中的重要作用	30
命题分析	1. 全方位开展与所选命题相关产业（行业）的产业规模、增长速度、竞争格局、产业趋势、产业政策以及市场的定位、特征、需求等方面的调研，形成一手资料。 2. 系统、深入了解企业（机构）内外部环境情况，通过与企业对接，准确把握其实际需求与痛点，明确解决该命题所需的各类资源。 3. 结合企业（机构）的产品、技术、模式、管理、制度等现实情况与本团队的创意、技术、方案、人才等实际情况，展开解题可行性和匹配度分析，为形成解决方案奠定基础	10
创新维度	1. 用于解决命题的创意、技术、方案、模式等的先进性情况。 2. 团队基于科学严谨的创新过程，遵循创新规律，运用各类创新的理念和范式解决命题。 3. 基于产业命题赛道开放创新的内在要求，促进企业（机构）将内外部资源有机整合，提高其创新效率的情况	20
团队维度	1. 团队的组成原则与过程是否科学合理，是否具有支撑解决命题的知识、技术和经验。 2. 团队的组织构架、人员配置、分工协作、能力互补、专业结构的合理性情况。 3. 团队与项目关系的真实性、紧密性情况，团队对项目的各项投入情况，团队与企业（机构）持续合作的可能性情况。 4. 支撑项目发展的合作伙伴等外部资源的使用以及与项目关系的情况	20

续表

评审要点	评审内容	分值
实现维度	1. 解决命题过程的规划和工作进度安排问题，在各阶段工作目标清晰、难点明确、重点突出，并能兼顾目标与资源配置。 2. 解决方案匹配企业（机构）命题要求，具备先进性、现实性、经济性、高完成度等特点。 3. 命题解决方案是否解决企业（机构）命题中涉及的问题，以及为企业（机构）带来经济效益、社会效益的潜力情况	20

九、萌芽赛道项目评审要点

评审要点	评审内容	分值
创新性	1. 项目的想象力和创造力，就发现的问题和解决途径进行创意设计，创意设计过程符合客观规律。 2. 科技创意证据充分，有足够的科学研究参与度（调查、实验、制作、验证等）。 3. 文化创意逻辑清晰、完整，调研和分析数据充分	40
实践性	1. 项目的可行性、应用性和完整性。 2. 项目具备可执行的计划或实践方案。 3. 项目具有可预见价值，能够让未来的生活更美好	20
自主性	1. 项目符合团队成员年龄段的知识结构和实施项目能力。 2. 项目选题、创意模式构建主要由学生提出和完成。 3. 团队成员能够准确表述项目内容及原理，真实可信。 4. 涉及科技成果和专利发明的，须提供证明材料或授权证明材料	20
团队情况	1. 团队成员的创新精神和创新意识与能力。 2. 项目团队成员的教育背景、基本素质、价值观念、知识结构、擅长领域。 3. 团队构成和分工协作合理	20

思考问题

1. 请比较各类创新创业大赛文件，分析不同比赛的目标和评选规则有哪些不同？如何设计比赛和提供相应的服务，才能激励更多赛事的目标人群积极参与比赛？

2. 请实地考察或者网络搜索：你所在的城市或者大学里的创业孵化器、众创空间，比较不同机构对于大学生创业的扶持政策，你认为哪些政策更能吸引你尝试创业，更好地支持你的创业行动？

拓展阅读

奔跑在奋发有为的赛道上：中国国际"互联网+"大学生创新创业大赛 8 年综述

2023 年 4 月的山城重庆，迎来了一批敢闯会创的年轻力量，第八届中国国际"互联网+"大学生创新创业大赛冠军争夺赛 4 月 9 日在重庆大学举行。本届大赛自 2022 年 4 月启动以来，共有来自国内外 111 个国家和地区、4 554 所院校的 340 万个项目、1 450 万名学生报名参赛，参赛人数首次突破千万。

累计 943 万个团队、3 983 万名大学生参赛……创办 8 年来，中国国际"互联网+"大学生创新创业大赛已经成为我国深化创新创业教育改革的重要平台，为许多有理想、有本领、有担当的青年插上创新创业的"翅膀"。

1. 赋能乡村振兴 传承红色精神

累计有 98 万个创新创业项目精准对接农户 255 万余户、企业 6.1 万余家，签订合作协议 7 万余项。2017 年 8 月，参加第三届中国"互联网+"大学生创新创业大赛"青年红色筑梦之旅"的大学生收到了习近平总书记的回信，总书记勉励他们扎根中国大地了解国情民情，用青春书写无愧于时代、无愧于历史的华彩篇章。参赛者兰雨潇对总书记的话语仍然记忆犹新："创业是一个困难而又漫长的过程，总书记的鼓励让我们坚定信念，我们定当志存高远、奋勇向前。"

为鼓励更多青年学子走出实验室，走进革命老区、贫困地区和城乡社区，接受思想教育、加强实践锻炼，大赛自 2017 年开设"青年红色筑梦之旅"赛道。从延安到古田、从井冈山到西柏坡……5 年来，共有 177 万支团队、813 万名大学生积极投身于革命老区乡村振兴中。

获得第六届大赛金奖的贵州大学"博士村长"项目开创了产业振兴、造血扶贫的崭新模式，将科研与扶贫有机融合，扶贫足迹遍布整个贵州，下乡服务上万次，真正做到"把论文写在祖国大地上"。

"村里的乡亲们，是朋友也是同事!"疫情防控期间，电子科技大学的"沈厅·筑梦家庭农场"项目通过新媒体平台直播带货，创新"红旅"赛道精准扶贫模式，一个月内帮助果农销售柑橘超 1 500 万千克，增加岗位 6 万人次，销售收入增长 5 倍。

各地各高校依托"青年红色筑梦之旅"赛道，结合红色资源优势开展了形式多样的活动。从井冈山老区走出的"百年好合"项目，针对井冈山旅游胜地和当地林地多的特点，打造了"大百合生态农业+旅游"的产业模式，为当地带来了良好的经济效益和社会效益。如今，项目团队负责人赵延宽创办了自己的公司，继续为革命老区贡献力量。"红旅"已成为一堂融合了党史学习教育、创新创业与乡村振兴的"思政金课"，助力更多青年学子为脱贫攻坚、乡村振兴贡献青春力量。

2. 紧跟时代需求 贡献青春力量

大赛中涌现诸多紧跟前沿科技、瞄准国家重大战略需求的项目。"我们团队研发的头盔运用了点阵结构缓冲层，较中国队上一代雪车头盔减重了 500～700 克，安全性能提升 25.1%。"东莞理工学院研究的拓扑优化智能运动头盔已在 2022 年北京冬奥会中被中国雪车队使用。这支由多个学院、不同专业学生组成的新工科复合型学科交叉团队，用 4 年时间打破国外技术封锁，实现国产化转型。"让我国运动员在参加自己国家举办的冬奥会时能戴上国产头盔，这不仅仅是综合国力的体现，也是我们自信的体现。"项目成员钟宇航道出了众多创新创业学子的心声。南昌大学中科光芯——硅基无荧光粉发光芯片，天津大学心脉联衢——全球首款体内可视化小口径人工血管，北京理工大学研制的我国首套卫星通信阵列参数矩阵并行测量仪……这些成果，都来自中国国际"互联网+"大学生创新创业大赛。

8 年来，大赛涌现出许多紧跟前沿科技、瞄准国家重大战略需求的项目。纵观其中，不少涵盖学科交叉和跨行业创新，体现了大数据、云计算、人工智能等新一轮工业革命重点领域的前沿趋势和最新成果。从课堂教学到实践教学，再到服务国家经济发展，8 年来，大赛以赛促教、以赛促学、以赛促创，形成了创新创业教育的新模式。把创新创业教育融入人才培养全过程，高校重任在肩。有高校负责人介绍："学校通过设置创新创业学分、开展多学科交叉融合创新创业项目等方式，助力学生创新创业，努力培养更多拔尖创新人才和团队。"

以赛促学、以赛促教、以赛促创，大赛带动了高等教育人才培养范式的变革。据介绍，本届大赛进一步突出育人功能，强化"四新"引领，面向新一轮科技革命和产业变革，正式设置产业赛道，提升大学生的创新精神、创业意识和创新创业能力。产业出题、高校揭榜、学生答题、同题共答。8 年来，"互联网+"大赛架起了教育端与产业端深度融合的桥梁枢纽，有力提升了学生解决实际问题的能力，有效推动了大学生更高质量地创业就业。激励广大青年学生把"青春梦""创新创业梦"融入伟大的中国梦。

3. 加强国际交流 构建开放平台

本届大赛吸引了国外 107 个国家和地区的 1 340 所学校、7 944 个项目、25 260 人报名参赛。"'互联网+'对我来说是一次改变人生的经历，也让我了解到中国是一片研究环境科学的沃土。"上届大赛季军，来自英国的威廉作为海外选手代表，在本届大赛同期活动——世界青年大学生创业论坛上分享自己的参赛感受，如今，他正在清华大学环境学院攻读博士学位。

自第三届大赛首次设立国际赛道，到第六届大赛首次以国际命名，越来越多海外创新青年汇聚于此。"互联网+"赛事国际化程度逐年提升，大赛成为增进世界大学生交流沟通的桥梁纽带及世界大学生青春追梦、共创未来的重要平台。本届大赛与 2021 年相比，参赛项目数和参赛人数分别增长了 44% 和 62%。规模增长的同时，参赛项目也"含金量"十足，牛津大学、剑桥大学、哈佛大学等世界百强大学共有 2 873 个项目报名参赛，达到国际项目总数的 37%。大赛成为世界大学生高度关注、广泛参与的创新创业赛事国际品牌，有力促进了不同国家、不同文化、不同肤色大学生创新创业的跨时空交流。

在本届大赛挺进冠军争夺战的六强团队中，两支国外队伍也呈现了亮眼的项目成果：苏黎世联邦理工学院（瑞士）带来的智子科技——电源自动化设计软件平台，实现从需求到样机的研发全自动化，将电源研发成本降低一半、周期缩短一半；卡内基梅隆大学（美国）开发的临床级直肠癌诊疗评估一体化 AI 系统，可用于直肠癌手术术前决策与手术规划等。

本届大赛冠军争夺赛期间还举办了第四届教学大师奖、杰出教学奖和创新创业英才奖颁奖典礼，首届世界青年大学生创业论坛，大学生创新创业成果展等同期活动，邀请创新创业教育知名专家学者、优秀企业家代表、历届大赛冠军以及海外名校代表等共同参与并交流经验。

8 年来，从 20 万大学生到 3 983 万大学生，从 5 万个团队到 943 万个团队，中国国际"互联网+"大学生创新创业大赛记录着当代大学生奋发有为、昂扬向上的故事，让青春在创新创业中闪光。

思考：

（1）根据材料，请分析：为什么那么多人热衷于参加"互联网+"大赛？对在校大学生来说，参赛最大的动力是什么？对大学生最大的成长价值可能是什么？

（2）"互联网+"大赛有哪些赛道和组别？参赛的过程需要准备哪些材料？大学生参赛从哪里找到项目和团队？请整合身边的资源，访谈一位参加过"互联网+"大赛的同学，探索你参赛可能的起点。

参 考 文 献

[1] 布鲁斯·R·巴林格，R·杜安·爱尔兰，创业管理——成功创建新企业[M]. 北京：机械工业出版社，2010.

[2] 韩国文，创业学. 武汉：武汉大学出版社[M]. 2007.

[3] 李家华，创业基础[M]. 2版. 北京：清华大学出版社，2015.

[4] 李克敏，孙娟. 创业概论[M]. 北京：经济管理出版社，2012.

[5] 李时椿. 创业管理[M]. 北京：清华大学出版社，2008.

[6] 李肖鸣，孙逸. 大学生创业基础[M]. 3版. 北京：清华大学出版社，2016.

[7] 李志能，郁义鸿，罗博特·D·希斯瑞克. 创业学[M]. 上海：复旦大学出版社，2005.

[8] 刘国新，王光杰. 创业风险管理[M]. 武汉：武汉理工大学出版社，2004.

[9] 祁伟宏，李泽卉. 创业者对创业机会识别的影响机制研究[J]. 科学学研究，2017，35（3）：419-427.

[10] 夏清华. 创业管理[M]. 武汉：武汉大学出版社，2007.

[11] 张玉利. 创业管理[M]. 5版. 北京：机械工业出版社，2020.

[12] 加里·阿姆斯特朗，菲利普，科特勒. 市场营销学（全球版）[M]. 12版. 北京：人民大学出版社，2017.

[13] 葛建新. 创业学[M]. 北京：清华大学出版社，2004.

[14] 罗伯特 A·巴隆（Robert,A.B.）；张玉利，谭新生，陈立新译. 创业管理：基于过程的观点[M]. 北京：机械工业出版社，2005.

[15] 崔东红. 选项选址选人[M]. 北京：中国经济出版社，2006.

[16] 潘玉香，吴芳. 企业创办实务教程[M]. 北京：经济科学出版社，2012.

[17] 潘玉香，李学东. 现代信息技术在创业教育实践教学中的应用[J]. 实验室研究与探索，2006（11）：1333-1338.

[18] 潘玉香，李学东. 应用 Excel 编制创业财务计划[J]. 中国管理信息化，2006（06）：36-38.

[19] 李雯，解佳龙.创新集聚效应下的网络惯例建立与创业资源获取[J].科学学研究，2017,35(12):1864-1874.

[20] 李伟，海本禄. 基于创业资源需求认知差异性的孵化器干预行为研究[J]. 中国科技论坛，2020（01）：60-68.

[21] 赵玲，田增瑞，常焙筌. 创业资源整合对公司创业的影响机制研究[J]. 科技进步与对策，2020，37（06）：27-36.

[22] 刘肇民，高士杰. 创业资源对大学生创业绩效的影响：创业胜任力的作用[J]. 辽宁大学学报（自然科学版），2020，47（01）：82-90.

[23] 王歆，聂艳萍. 基于财务视角的大学生创业商业计划书探究[J]. 科技创业月刊，2020，33（12）：98-102.

[24] 傅赟. 大学生创新创业训练计划项目的实践与探索[J]. 创新创业理论研究与实践，2020，3（22）：169-170+176.

[25] 吴伯凡，阳光等. 这，才叫商业模式[M]. 北京：商务印书馆，2011.

[26] 卢克·威廉姆斯，房小冉译. 颠覆性思维[M]. 2版. 北京：人民邮电出版社，2016.

[27] 刘帆. 大学生 KAB 创业精讲. [M]. 北京：知识产权出版社，2013.

[28] 汤锐华. 大学生创新创业基础[M]. 北京：高等教育出版社，2016.

[29] 蔡剑，吴戈等. 创业基础与创新实践[M]. 北京：北京大学出版社，2015.

[30] 石泽杰. 商业模式创新设计路线图[M]. 北京：中国经济出版社，2018.

[31] 吉姆·米尔豪森，付婧瑛译. 商业模式设计与完善[M]. 北京：人民邮电出版社，2018.

[32] 陈又星. 创业基础[M]. 北京：高等教育出版社，2016.

[33] 魏炜，朱武祥. 发现商业模式[M]. 北京：机械工业出版社，2014.

[34] 吴霁虹. 众创时代[M]. 北京：中信出版社，2015.

[35] 杰费里·蒂蒙斯，小斯蒂芬·斯皮内利·创业学：21 世纪的创业精神[M]. 8 版. 北京：人民邮电出版社，2014.

[36] 亚历山大·奥斯特瓦德，伊夫·皮尼厄·商业模式新生代[M]. 北京：机械工业出版社，2016.

反侵权盗版声明

电子工业出版社依法对本作品享有专有出版权。任何未经权利人书面许可，复制、销售或通过信息网络传播本作品的行为；歪曲、篡改、剽窃本作品的行为，均违反《中华人民共和国著作权法》，其行为人应承担相应的民事责任和行政责任，构成犯罪的，将被依法追究刑事责任。

为了维护市场秩序，保护权利人的合法权益，我社将依法查处和打击侵权盗版的单位和个人。欢迎社会各界人士积极举报侵权盗版行为，本社将奖励举报有功人员，并保证举报人的信息不被泄露。

举报电话：（010）88254396；（010）88258888

传　　真：（010）88254397

E-mail：　dbqq@phei.com.cn

通信地址：北京市万寿路 173 信箱

　　　　　电子工业出版社总编办公室

邮　　编：100036